法律与科技译丛

# 自动不平等

—— 高科技如何锁定、管制和惩罚穷人

〔美〕弗吉尼亚·尤班克斯 著

李明倩 译

Virginia Eubanks
**AUTOMATING INEQUALITY**
How High-Tech Tools Profile, Police, and Punish the Poor

Copyright © 2017 by Virginia Eubanks
Published by arrangement with Frances Goldin Literary Agency, through
The Grayhawk Agency Ltd.
根据圣·马丁出版社 2018 年版译出

济贫院是如此普遍，以至于美国20世纪初一些具有冒犯性、过于理想化，甚至是表达不祥意味的明信片上都会出现济贫院的影像。

# 译　序

美国印第安纳州在三年内拒绝了一百万民众的医保、食品券和现金福利补助申请——仅仅因为新试用的计算机资格认证系统将申请流程中出现的所有问题统统归为申请者"未予配合"。在洛杉矶，当地政府引入计算几十万无家可归者"弱势指数"的算法，以在住房资源有限的情况下，对需要救助的对象进行优先性排列。匹兹堡的一个儿童福利机构运用统计模型来预测哪些孩童可能会在日后受到虐待或忽视。这些听上去能高效快速解决社会问题、救助穷人的算法，经过纽约州立大学奥尔巴尼分校政治学副教授弗吉尼亚·尤班克斯在《自动不平等》一书的深入分析，却呈现出不同的样貌——事实上，它们为全美贫困和工人阶层家庭带来了巨大的风险。

标榜高效的自动化系统，并未实质上改善贫困家庭的处境，恰恰相反，嵌入偏见的高科技工具使政府在做出和民众生活息息相关的决定时，"名正言顺"地摆脱了道德障碍。令人更加后怕的是，尤班克斯在本书中揭露了伴随数据分析、统计模型与算法的监管网络，边缘人群正面临着更加严格的数字追踪、监控甚至惩罚，牢牢困在这张网中。

## 三个故事："数字济贫院"中的生活

弗吉尼亚·尤班克斯在《自动不平等》中，以三个深入调查访问的案例分析，系统地研究了数据挖掘、政策算法和预测风险模型对美国贫困和工人阶层的影响。

"济贫院"这个比喻源于19世纪美国政府为减轻缓解贫困问题而建造的实体济贫院。尤班克斯认为"现在我们正在建设一所数字济贫院",一所无形的"锁定穷人、管制穷人甚至惩罚穷人"的机构,一旦他们求助政府获取公共援助或者寻求其他公共服务,就会被这所看似中立的数字济贫院"瞄准"。

印第安纳州试行的福利资格自动认证系统推行福利资格自动化运营制度,脆弱不堪的规则和设计不当的操作指标意味着一旦发生错误,往往会被解释成是申请人而不是州政府或承包商的错误。自动决策工具永不出错,这种假设意味着计算机化的决策优于旨在为申请人提供程序公正的人工程序。成百万人的福利申请遭到了拒绝。这其中包括出生时就是脑瘫儿、医疗费用寄希望于政府的小苏菲。因为当地家庭与社会服务管理局社工的失误,苏菲家被径直归为"未能配合"政府工作,而被拒绝给予福利的申请。贫困人士成了"天然的福利欺诈者"。

洛杉矶为无家可归者提供服务的机构希望高效地利用资源,更加有效地与各方合作,但是将选取受助对象的工作外包了出去。根据其设计者的说法,该市的协调入住系统旨在将最亟需帮助的群体与最合适的资源相匹配。然而,大批无家可归者的个人信息被录入无家可归者管理信息系统,生成了所谓的"弱势指数"。次贷危机中失去一切的加里·伯特莱特大叔流落街头,因为"弱势指数"不够高,他只能在无尽等待中消磨掉自己的希望。包括他在内的无数无家可归者的信息也成了执法部门可以随意获取的数据。他们被当成了"天然的罪犯"。

阿勒格尼县的家庭筛查系统根据一个人以往的行为模式来推测他将来可能采取的行动。在新的预测方式下,你不仅会受到自己行为的影响,还会受到恋人、室友、亲戚和邻居行为的影响。预测模型和算法将穷人标记为"风险"和"问题父母"。大量社会服务、执法活动和社区监督结合在一起,使他们的一举一动变得清晰可见,贫困成了"天然的风险指标"。

译 序

# 贫困不容否认

《自动不平等》涉及的一个关键问题是算法对社会不同阶层，特别是贫困群体的影响。这是人工智能伦理和算法治理无可回避的问题。

算法应该怎样对待贫困？尤班克斯认为，这不仅仅是需要改变技术的问题。在美国，对贫困和工人阶层家庭的看法与态度也需要有更广泛的转变。她在书中写到，全美各地贫困民众面临主要几种困难，比如，领取福利救济时因为一些"无心之失"而成为了福利欺诈的调查对象，无家可归者艰难地寻求可供容身的庇护住所，以及被迫与子女分离、将儿童送到寄养机构。

社会学家斯坦利·科恩将美国公众对贫困的态度称为"文化否认"。文化否认是一种使我们得以了解残忍、歧视和压迫，但从不公开承认其存在的过程。这是我们如何知悉那些不愿知晓之物的方式。文化否认不是一种个体才有的人身或心理属性；它是一个由学校、政府、宗教、媒体和其他机构组织和支持的社会过程。当我们在喧闹的街口路过流浪汉或者乞讨者时，已经习惯了避免对视。"无动于衷"和"视而不见"是因为我们默认对方的贫困是他个人的过错，是因为媒体已将穷人描绘成病态性地依赖社会的少数群体，是因为公共政策往往倾向于指责贫困，而不是纠正贫困造成的负面影响或消除贫困的根源，是因为穷人和贫困社区早被打上了毫无希望与价值的标签。

在美国，贫困还是一种可被塑造的政治筹码。右翼往往谴责穷人是寄生虫，主张减少资助；左翼则以家长姿态对穷人无力改变自己生活表示痛心，总是希望改造穷人。不管怎么样，数量庞大、花费高昂的公共服务机构被主要用来调查个人的痛苦际遇是否可能由其自身过错导致。这种片面的想法使得人们可能身处贫困，却试图对之轻描淡写或予以否认，小心翼翼地求助社会服务项目，将自己固化于社会底层。这种偏颇的观念使得包括精英阶层在内的普罗大众对穷人的遭遇冷漠以待，这种狭隘的认识使得旨在更加高效为有需要之人提供帮助的新技术被早早嵌入了对穷人的偏见和对贫困的否认。

更深层次限制我们视野的是将穷人与其他人相区分的叙述方式。直视贫困，承认贫困，聆听穷人的故事，建立理解贫困的同理心，改变我们对贫困的看法、言论和感受，虽然无法从根本上解决贫困问题，但至少不会令这场正在改变我们生活的数字革命在惩罚穷人的道路上越走越远。

## 算法治理：寻找效率背后的正义

自从所谓的数字时代来临，金融财政、就业、医保等诸多领域都在经历根本性的变革。今天，自动化系统控制着哪些社区可能会被重点管制，哪些家庭能够获得资源救助，哪些群体面临欺诈调查，美其名曰算法治理。它突出了以数字技术解决社会问题、以特定方式产生社会秩序的特点。算法科技被用以开展诸多政府项目，包括为无家可归者提供庇护场所、向生活困难者提供援助以及儿童福利项目等。很难想象未来社会大数据和人工智能会停滞不前。决策者们日益依赖于大数据分析，这本无可厚非，既可以提升效率，也可以节省资源。然而，算法的高科技面貌下，隐藏着重要的伦理道德问题。

本书的作者尤班克斯指出："今天，我们基于数据库、算法和风险模型造了一个'数字济贫院'，它的覆盖范围和恶劣影响很有可能超越任何以往的类似机构。"如果不重视算法中可能隐藏的偏见，如果不去规制算法可能产生的风险缺陷，致力于解决贫困问题的技术进步和效率提升可能只会模糊贫困与犯罪之间的界限，将穷人永远桎梏在这所"数字济贫院"中。

李明倩<br>
2020 年 6 月

# 献给苏菲

## 作者承诺

本书 50% 的版税将捐献给匹兹堡的少年法庭项目、印第安纳波利斯的印第安纳法律服务中心和洛杉矶社区行动网络（LA CAN）。

# 目　录

引　言：标红警示 …………………………………………… 1

第一章　从济贫院到数据库 ………………………………… 11

第二章　美国中部地区的福利资格自动化处理系统 ……… 33

第三章　天使之城的高科技无家可归服务 ………………… 71

第四章　阿勒格尼县算法 …………………………………… 108

第五章　数字济贫院 ………………………………………… 148

结　论：拆除数字济贫院 …………………………………… 171


致　谢 ………………………………………………………… 185

文献和方法 …………………………………………………… 188

索　引 ………………………………………………………… 210

# 引　言

## 标红警示

2015年10月，我刚刚着手写作本书。我交往了十三年的男友，善良又睿智的杰森在从街角商店回家——我们住在纽约州特洛伊市——时遭到了四个人的袭击。他只记得挨上第一拳前有人问他是否带了香烟。后面的记忆断断续续：从商店里的折叠椅上醒过来……老板叫他坚持住……警察询问问题……躺在救护车里看到的模糊光影。

他几乎什么都不记得了，这可能是件好事。他的下巴被打破了六个洞，受伤的还有两个眼窝和一处颧骨，袭击者偷走了他钱包里的35美元。离开医院时，他的头看起来像一个畸形的腐烂南瓜。我们不得不再等两周直到肿胀消下去才可以做面部修复手术。10月23日，整形外科医生花了六个小时为他修复损伤，用钛板和骨螺钉复原杰森的头骨，并缝合他的下巴伤口。

万幸的是，杰森的视力和听力都没有受损。他虽然非常痛苦，精神还不错，仅仅掉了一颗牙齿。社区的邻居都过来给我们打气，几乎不间断地送汤和奶昔到我们家来。朋友们组织了筹款，帮我们应对保险自费部分、工资损失，以及其他因创伤和治疗带来的意外开支。尽管最初的几周里，我们担惊受怕，但依旧感到庆幸。

然而，在他手术几天后，我去药店取他的止痛药时，药剂师告诉我，处方已被取消。他们的系统显示我们并没有相应的医疗保险。

慌乱之中，我打电话给我们的保险公司。在经过语音邮件系统的层层转接后，终于接通了一位客户服务代表。我向她解释，不知为何我们的处方医疗保险遭到了拒绝。她态度友好，语言充满关切，回复说电脑系统里并没有我们医疗保险的"起始日期"。"这太奇怪了！"我回答道，因为将杰森送往急诊的费用已经得到理赔，那时我们的保险一定已经开始生效了。在那之后，我们的保险出了什么问题？

她向我保证，这应该只是一个错误，一个技术故障。她做了一些后端数据库操作，并恢复了我们的处方医保。那天晚些时候，我拿到了杰森的止痛药。但是那张一度"消失"的保单却一直萦绕在我心头。我们在 9 月份收到了参保卡，保险公司也在 10 月 8 日支付了急诊科医生和放射科医师的医疗服务费用。我们怎么会没有保单的起始日期呢？

我在保险公司的网站上查询了我们的理赔历史，心里很不是滋味。10 月 16 日前已经获赔。但一周后，手术产生的所有费用——超过 62,000 美元——都被拒绝赔付。我再次给保险公司打电话，又一次根据语音邮件系统的提示被层层转接，在线等待，直到被接通，这次我不只惊慌失措，还非常生气。客服代表不断重复说是"系统显示"我们的保险服务尚未开始，所以我们不在医保范围之内。这期间的所有赔付请求都遭到了拒绝。

细想这件事的前因后果，我不禁打了一个寒颤。就在袭击发生前几天，我刚开始一份新工作；我们刚刚更换保险公司。杰森和我没有结婚，他作为我的家庭伴侣被投保。我们购买新保险一周后便提交了价值数万美元的理赔申请。起始日期的缺失可能是由呼叫中心的失误引起。但我的直觉是，他们用了一种可以将我们筛选出来的算法，对我们进行欺诈调查，在保险公司调查结束前，我们应当享受的福利被保险公司暂停了。我们一家已被"标红警示"了。

随着数字时代的到来，金融、就业、政治、健康和公共服务领域的决策已经发生了革命性的变化。四十年前，几乎所有影响我们生活的重大决策——是否有就业机会、抵押贷款、保险、信贷或政府服务——都由人类做出。他们经常借助精算程序，让自己在思考问题时更像计算机而不是普通人，但是人的决定权仍旧占据主导位置。如今，我们把大部分决策权交给了复杂的机器。资格自动认证系统、排名算法和风险预测模型决定了哪些社区会受到治安巡查，哪些家庭能够获得所需资源，谁会被列入工作候选名单，谁又要接受欺诈调查。

医疗欺诈的确是一个不容忽视的问题。据联邦调查局称，雇主、保单持有人和纳税人一年都要损失近300亿美元，但大部分损失系保险公司而非其客户造成。我不是要谴责保险公司自行使用工具去欺诈识别，或以此预测可能存在的保险欺诈行为。但是，"标红预警"给民众带来的影响可能是灾难性的，特别是它可能导致某些群体丧失能够挽救生命的重要福利项目。当你感到最脆弱无助时，当你所爱之人承受着身体衰弱的痛苦时，被中断医疗保险会让你感到走投无路，绝望不堪。

在与保险公司交涉的同时，我还照顾着杰森，他的眼睛肿得没法睁开，修复过的下巴和眼窝让他饱受煎熬。我压碎他的各种药片——止痛药、抗生素、抗焦虑药物——并将它们混合到奶昔里喂给他。我帮他如厕。我找到了他在遇袭当晚穿的衣服，硬下心帮他清理了沾满血的口袋。当他辗转反侧而无法入睡时，我来安慰他。我对朋友和家人的大力支持充满感激，当然，也不免疲惫。

我一次又一次地拨打客户服务电话。我要求与主管通话，但呼叫中心的工作人员告诉我，只有我的雇主才可以和他们的老板说话。当我终于联系到人力资源部门寻求帮助后，他们立即采取了行动。几天之内，我们的保险服务就被"恢复"了。这让我们长舒了一口气，我们终于能够继续后续的医疗预约并安排疗程，不用担心破产。但是，在莫名其妙失去保险的那一个月里的赔付申请仍然是被拒状态。我必须费力地逐一进行纠正。很多账单被转入催收机构代收。我们收到的每一封可怕的粉色小信封都意味着我必须从头开始，不断重复整个过程：打电话给医生、保险公司、催收机构。只是因为"丢失了"保险生效日期，就花了我们一整年的时间来纠正这个错误造成的后果。

我永远不会知道我的家庭与保险公司的这场斗争是否是人为错误带来的不幸后果。但是有充分的理由相信，我们成了调查目标——医疗保险欺诈检测算法的调查目标。我们的日常生活成了医疗欺诈最常见的判断指标：我们的保险理赔申请发生在新保单生效后不久；许多理赔申请都是因为一些深夜提供的服务项目；杰森的处方中含有受管控的物质，如帮助他减缓疼痛的羟考酮；我们并非传统的夫妻关系，他需要依靠我的收入，这也会引起疑问。

保险公司一再告诉我，问题是因为技术错误造成，是因为数据库中有一些数据缺失。但那正是被算法锁定、成为目标后产生的问题：在纷繁杂乱的数据中，你会感觉存在着一种模式，有一只电子眼在转向你，但是你无法准确地指出究竟哪里不对劲。你无需知道自己已被标红警示，也没有一条成文的法律规定公司必须公布他们数字化欺诈检测系统的细节。除了信用报告这一显而易见的例外，我们对影响自己人生境遇的方程式、算法和模型的访问权限全都非常有限。

在我们的世界里，信息哨兵纵横交错，如对我家庭进行调查的系统。数字安全警卫收集我们的信息，推断我们的行为，并管控资源的访问权限。有些监控是显而易见的：闭路摄像机耸立在我们的街角，手机全球定位设备记下了我们的行踪，警用无人机飞越在政治抗议活动的上空。但是还有许多收集我们信息并监控我们行为的设备都是神秘莫测的隐形代码。它们嵌入在社交媒体的互动中，流经政府服务应用程序，包含在我们试用或购买的每一件产品里。它们被深深地融入社会生活的方方面面，而大多数时候，我们甚至都没有注意到自己正在被观察和分析。

我们全部被桎梏在这种新型的数据体制中，但感知的方式不甚相同。我的家庭经历的一切尚可忍受，是因为我们能够获取信息，有自主判断的时间，能够做出自我决定，这些都是职业中产阶级认为理所当然的事情。我对算法决策足够了解，可以立刻推测出我们成了欺诈调查的目标。由于我的工作时间灵活，我可以花几个小时打电话处理遭遇的保险问题。我的雇主也非常关心我的家庭幸福，肯为我站出来说话。我们从没有一刻放弃过自己享有医疗保险的念头，因此杰森最终也得到了他需要的护理。

此外，我们也有重要的物质来源。朋友们为我们筹集了 15,000 美元。我们聘请了一名助手来帮助杰森重返工作岗位，利用剩余的资金支付保险自费部分的费用，补偿损失的收入，并用于食品和治疗等增加的开销。当这笔钱用尽时，我们开始花自己的积蓄。我们不再支付房产抵押贷款。最后，我们办了一张新的信用卡，并累积额外负债 5,000 美元。我们需要一些时间才能从这场袭击和后续保险调查造成的经济和情感双重影响中恢复过来。但整体来看，我们很幸运。

一旦被数字决策系统锁定，并非所有人都能如此走运。有些家庭没有我们这样的物质资源和社区支持。许多人不知道他们已然成了被锁定的对象，或是缺少精力或专业知识让他们的生活回归如初。更重要的是，杰森和我所经历的这种数字调查对许多人来说已经如同家常便饭，而非一次偶然的反常遭遇。

乔治·奥威尔在他的著名小说《1984》中说错了一件事，老大哥不是在看着你一个人，他正在看着我们所有人。大部分民众在数字审查下，成了某个社会群体的成员，而不再是个体公民。有色人种、移民、不受欢迎的宗教团体、性少数群体、穷人以及其他被压迫和被剥削的人群比那些优势群体要承担更重的受监督和追踪负担。

边缘化群体在获取公共福利、穿行高警戒街区、进入医保系统或跨越国境时都不得不接受级别更高的数据采集。一旦他们成为怀疑对象而需要接受额外审查时，这些数据便愈加会强化他们的边缘性。那些被视为"不配"获得帮助的群体会被筛选出来，成为惩罚性公共政策的对象，接受更加严格的监视。这个循环还会往复进行。它是一种集体性的标红警示行为，是一个不公正的信息反馈循环。

例如，2014 年，缅因州的共和党州长保罗·勒帕吉（Paul

LePage）抨击了该州从贫困家庭临时援助计划（Temporary Assistance for Needy Families，以下简称 TANF）中获得微薄现金补助的家庭。这些补助发放到电子给付转账（electronic benefits transfer，以下简称 EBT）卡上，每每取现金时会留下时间和地点的数字记录。勒帕吉政府从诸多联邦和州立国家机关处收集了大量数据，编制了一个列有 3,650 笔交易的清单，显示 TANF 领受人的取钱地点包括烟酒店和外州的自动取款机。之后，这些数据通过谷歌文档被发布给公众。

然而，勒帕吉所发现的"可疑"交易数量仅占该期间内共取出的 110 万现金交易的 0.03%，而且数据仅显示钱在哪里取出，并没有显示在哪里使用。州长利用披露公众数据试图向公众说明，TANF 的领受家庭购买了酒类、彩票和卷烟，他们领受补助是在欺骗纳税人。勒帕吉从这样一连串漏洞百出的数据中编造出的误导性故事却被立法者和职业中产阶级人士热切地接受了。

缅因州立法机构于是提出了一项议案，拟要求接受 TANF 援助的家庭保留取现收据 12 个月，以便州政府对该笔费用进行审计。民主党立法者敦促州检察长使用勒帕吉的清单来调查和起诉欺诈行为。州长提出禁止 TANF 领受人使用州外自动取款机的议案。这些拟议的法律很难得到遵守，它们显然违宪，不可执行，但这不是重点，重点在于这是一种表演型政治。此类立法意不在生效；而是旨在对社会项目污名化，强调一种文化叙事，把那些获得公共援助的人描述成罪犯、懒人以及挥霍无度的瘾君子。

勒帕吉使用 EBT 数据来追踪、羞辱贫困和工人阶层的决策对我来说并不是什么新鲜事。截至 2014 年，我已经思考和撰写关于技术和贫困的文章整整二十年。我在社区技术中心任教，为基层组织工作者举办数字正义的研讨会，与低收入家庭的女性共同领导参与设计项目，并采访了数百名福利项目和儿童保护服务的客户和社工，了解他们对政府技术的感受。

引言：标红警示

在做这项工作的前十年，我对新信息技术对美国经济正义和政治活力的影响持谨慎乐观态度。在我的研究和活动组织中，我发现在我的家乡纽约州特洛伊市，贫困和工人阶层的女性并不像其他学者和政策制定者所认定的那样"置身技术之外"。基于数据的各种系统在他们的生活中无处不在，尤其是在低薪工作场所、刑事司法系统和公共援助系统中。我确实发现了许多令人不安的趋势，即使那时是在 2000 年初：高科技经济发展正加剧我家乡的经济不平等，密集的电子监督被纳入公共住房和福利项目，政策制定者们煽动忽视贫困和工人阶层的需求和意见。尽管如此，我的合作者们还是表达了一些充满希望的愿景：信息技术能够帮助他们讲述自己的故事、与他人相互沟通，并改善他们艰难处境的社区。

自从 2007 年经济衰退以来，我越来越关注高科技工具对贫困和工人阶层社区产生的影响。过去十年间，公共服务中基于数据的复杂技术问题——预测算法、风险模型和自动资格认证系统——所带来的经济不安全问题迅猛增加。资本大规模介入公共项目的数据管理中，这是因为人们追求效率、想用更少的资源做更多的事情，向真正需要它的人提供帮助。但是，人们开始大规模使用这些工具的时机却恰恰是服务于贫困人士的项目不再像以往受欢迎时。这绝不是巧合。贫困管理的技术并非中立，它们受到我们国家对经济不安全问题的担忧和对穷人的仇恨的影响；反过来，他们也塑造了贫困政治和公众对贫困的感知。

新数据体制的支持者鲜少承认数字决策对贫困和工人阶层的影响。经济等级地位较低的人不会这么目光短浅，他们常常视自己为政策的针对者，而不是这些系统的受益者。例如，在 2000 年初的某一天，我和一位年轻的母亲坐下谈论她对技术的体验。当我们的话题转到 EBT 时，多萝西·艾伦（Dorothy Allen）说："它们很棒。只是［社会服务］会使用它们作为一种跟踪设备。"我当时一定看起来很震惊，因为她解释说，负责她的社工经常查看她的购买记录。多萝西告诉我，贫困女性是监控技术的考察对象。然后她补充说："你应该留心我们身上正在发生的事。你将是下一个。"

多萝西的认识果然具有先见之明。她所描述的那种侵入式电子审查如今已经不再局限于某一个阶层。数字跟踪和决策系统在治安管理、政治预测、市场营销、信用报告、刑事判决、企业管理、金融和公共福利项目管理等领域中已成常态。随着这些系统发展地越来越精细复杂，覆盖范围越来越广泛，我开始听到人们将它们描述为施加控制、操纵和惩罚的措施。现在，越来越难以找到新科技有助于沟通和扩大机会的故事了。今天，我最常听到的是新数据体制限制了贫困和工人阶层的机会，解散了他们的政治组织，限制他们的行动，剥削他们的人权。2007年以来发生了什么，使这么多人的希望和梦想被改变？数字革命何以成为这么多人的噩梦？

为了回答这些问题，我于2014年开始系统研究高科技分类和监测系统对美国贫困和工人阶层的影响。我选择了三个故事来深入展开：印第安纳州福利系统尝试采用自动化资格认证流程；洛杉矶在为无家可归者的服务中引入电子登记注册；宾夕法尼亚州阿勒格尼县采用风险预测模型，旨在预测哪些儿童可能成为虐待或忽视行为的潜在受害者。

这三个故事涵盖了人类服务系统的不同方面：公共援助计划，如TANF、补充营养援助项目（Supplemental Nutrition Assistance Program，SNAP）和印第安纳州医疗补助计划；洛杉矶为无家可归者提供的服务；阿勒格尼县的儿童福利项目。这些故事也体现了地理范围上的多样性：我从美国中部的蒂普顿县开始，花了一年的时间在洛杉矶的贫民街（Skid Row）和南部中心街区调研，最后对生活在匹兹堡外围的贫困郊区家庭进行访谈。

我选择这些特定的故事是因为它们阐释了自动化决策在道德和技术层面的复杂程度在过去十年间如何急剧上升。2006年印第安纳州的福利资格自动化实验相当简单直接：系统接受在线服务申请，核验收入和其他个人信息，然后设定福利等级。我在洛杉矶调研的无家可归人士电子注册表被称为协调入住系统，于七年后开始试用。它运用电脑算法将注册系统中的无家可归人士与最合适的可用住房资源进行匹配。2016 年 8 月投入使用的阿勒格尼家庭筛查工具以统计学模型为热线电话收案筛选员提供预测风险评分，该评分决定是否展开虐待和忽视儿童的调查。

我在各地进行调研时，均是通过联系与最受这些系统直接影响的家庭有密切合作的组织。三年多来，我进行了 105 次采访，出席家事法庭审判，观察虐待儿童热线电话中心的工作，查阅检索公共记录，提交"信息自由法"申请，钻研法院的卷宗，并参加了数十次社区会议。虽然我认为从贫困家庭的角度出发考虑很重要，但我并没有止步于此。我与社工、社会活动家、政策制定者、项目管理者、记者、学者和警察都进行了交谈，希望能够从事物两面去了解济贫制度的新型数字基础设施。

我的发现令人瞠目。在全国范围内，贫困和工人阶层被作为新型数字贫困管理工具的目标，攸关性命。自动化资格认证系统阻碍了他们申请维系生存所需的公共资源。复杂的集成数据库收集了他们最私密的个人信息，几乎没有隐私保障或数据安全保障，而且，这些被采集的信息基本上都是无偿的。预测模型和算法将它们标记为"风险"和"问题父母"。大量社会服务、执法活动和社区监督结合在一起，使他们的一举一动变得清晰可见，也使得他们的各项行为暴露在政府、商业和大众的审查之下。

这些系统正在以极其惊人的速度被整合到全国的人类和社会服务中，然而，它们的影响却几乎没有引起政治关注。现在自动化资格认证几乎是各州公共援助项目办公室的标准做法。协调入住是无家可归者管理项目的首选系统，受到美国无家可归者机构间委员会（United States Interagency Council on Homeless）和美国住房和城市发展部（U.S. Department of Housing and Urban Development）的推崇。甚至在阿勒格尼家庭筛查工具推出之前,其设计师已经在加利福尼亚州商讨创建另一个虐待儿童风险预测模型。

虽然这些新系统对低收入有色人群社区最具破坏性影响,但它们也会影响该群体之外的贫困和工人阶层。虽然福利领受人、无家可归者和贫困家庭面临着最严苛的高科技审查,但他们并非唯一受自动化决策影响之人。这些系统的广泛使用影响了我们所有人得享的民主质量。

自动化决策瓦解了社会安全网,将贫困人群定性为罪犯,加剧了歧视,损害了我们国家最根深蒂固的价值观。它将"我们是谁"和"我们希望成为谁"这些原本共同完成的社会决策进行重构,将之变成了一项系统工程问题。尽管最广泛使用的数字决策工具仅在所谓的"低权环境"——政治责任感和透明度的期待值都很低——中加以测试,但这些最初为贫困者设计的系统终将用到我们所有人身上。

美国的贫困和工人阶层长期受到侵略性监视、午夜突袭,成为惩罚性公共政策的目标人群,使其愈加遭受羞辱,陷入更加艰难的处境。19 世纪时,他们被隔离在县济贫院中;20 世纪时,他们受到社工的调查,被当作接受审判的罪犯;今天,我们基于数据库、算法和风险模型造了一个我称之为"数字济贫院"的东西。它的覆盖范围和恶劣影响很有可能超越任何以往的类似机构。

如同早期的贫困管理技术创新,数字追踪和自动化决策将贫困从职业中产阶级群体周围消失,给国家在做出不人道决定时——谁能获得食物、谁会继续挨饿;谁可以得到住房,谁将仍旧无家可归;哪些家庭会被国家拆散——得以摆脱道德障碍。数字济贫院在美国有着漫长的历史传统。我们管理着一个又一个的穷人,只是为了逃避消除贫困的共同责任。

# 第一章　从济贫院到数据库

"你要送我去济贫院！"

我们中的大多数人今天提起济贫院时并不会有任何波澜。然而，济贫院曾经是一个真实存在且非常恐怖的机构。数量最多时期，济贫院会出现在明信片上，被写在流行歌曲中。当地社区为心怀慈善的公民和普通看客安排观光时间。全国各地的城市乡镇都有以当地曾经的济贫院命名的街道。在缅因州布里斯托尔市和密西西比州纳切兹市有"贫农路"；在俄亥俄州马雷斯维尔市和北卡罗来纳州格林维尔市有"县家园路"；弗吉尼亚州温彻斯特市和加利福尼亚州圣马特奥市有"济贫院路"。有些路名已被改过，为的是掩盖它们的过去，例如弗吉尼亚海滩上的"济贫院路"现在已经改叫"繁荣路"了。

我家乡纽约州特洛伊市的济贫院建于1821年。大部分居民要么病得太重，要么年龄太大或太小而无法从事体力劳动，一些尚能劳作的居民在一个152英亩的农场和附近的采石场工作，这家机构因此而得名：伦斯勒县勤劳之家（House of Industry）。1824年，约翰·范内斯·耶茨（John Van Ness Yates）被纽约州委任对"济贫与穷人定居"问题展开长达一年的调查，他以特洛伊市为例，提出纽约州应该在每个县都建立一个济贫院。他的计划成功了：不到十年，纽约州55个县内都建起了济贫院。

尽管人们乐观预测济贫院将缓解"经济和人道"问题，但事实证明，济贫院只会成为会让贫困和工人阶层群体感到无比恐怖的机构。1857年，一项立法调查发现，勤劳之家将精神病患者关在一间4.5英尺×7英尺大的牢房内长达6个月之久，他们只能睡稻草，而且没有卫生设施。冬天，稻草和尿液的混合物在他们身上冻结成块，"只有等它们融化了才能清除掉"，这也造成了他们永久性的残疾。

1857年2月，《特洛伊辉格党日报》写道："济贫院里的状态普遍很糟糕，每一个方面都很糟糕。""这种合同制度负有很大责任，竞价最低者中标后，负责承担穷人的生活费用……这个制度本身已经腐朽不堪，问题重重。"该县济贫负责人贾斯汀·E.格雷戈里承诺每周花1美元照顾穷人，从而赢得了该济贫院的合同。作为合同规定的一部分，他有权无限制地剥削他们的劳动力。那年，济贫院的农场依靠售卖那些饱受饥饿的居民种植的蔬菜，获得总收入2,000美元。

1879年，《纽约时报》在其头版报道说，"贫民区"（Poorhouse Ring）正在把勤劳之家已故居民的尸体卖给县医生做解剖之用。1885年，一项针对管理不善的调查发现，有人从伦斯勒县贫困管理部门盗窃了2万美元，致使济贫院管理人艾拉·B.福特辞职。1896年，继任者卡尔文·B.邓纳姆由于自己的经济不正当行为败露而自杀。

1905年，纽约州慈善委员会展开了一项调查，揭露了勤劳之家猖獗的性虐待现象。护士露丝·席林格证实，一名男性医护人员威廉·威尔默特经常试图强奸女性患者。同住者认定玛丽·墨菲因瘫痪而受到过威尔默特的侵犯。席林格作证说："人们听到大厅里有脚步声，他们说又是威尔默特。第二天早上我发现那个女人双腿分开，她自己动不了，因为她的双腿瘫痪了。"①

勤劳之家的管理人、威尔默特的老板约翰·基特尔作证时称，他

① State Board of Charities, 1905.

的这套管理方法使该县"每年节省5,000到6,000美元"。最终，威尔默特没有受到控告；改善条件的行动也在1910年才开始。特洛伊市的济贫院直至1954年才关闭。

虽然济贫院已经被拆除，但他们的遗毒却活跃在今天的自动化决策系统中。这种系统同样把穷人圈禁起来。我们的现代贫困管理系统——自动化决策、数据采集和预测分析——虽然被高科技粉饰，却与过去的济贫院保持着非同寻常的亲密联系。我们的新型数字工具依旧源于对惩罚性、说教性的贫困观，只是它创建了一个高科技遏制与调查系统。数字济贫院阻止穷人获得公共资源政策；监管他们的劳动、支出、性行为和子女教育；试图预测他们未来的行为；惩罚那些不遵守其指令的人，并将其定罪。在这个过程中，它对"值得帮助"和"不值得帮助"的穷人进行了更精细的划分，而这种分类恰恰能合理地解释我们国家人与人之间漠不关心的现象。

本章按时间顺序记述我们如何走到了这一步：砖泥结构的实体济贫院如何转型为基于数据的济贫院。从19世纪遍布全国的县济贫院到今天的数字济贫院贯穿着一场格外持久的争论：一方希望消除和减轻贫困，另一方责备、监禁并惩罚贫困群体。

美国第一家济贫院于1662年在波士顿建立，直到19世纪20年代，将贫困人口监禁于公共机构才成为国家管理贫困的主要方法。1819年的那场灾难性经济萧条是推动力。1812年战争后，金融投机活动泛滥，美国第二银行几乎面临倒闭。企业关门，农产品价格下跌，工资下降了80%，房地产价格暴跌。50万美国人失业——约占自由成年男性的四分之一。但政治评论家对贫困人口所受苦难的关心远远少于对"赤贫现象"或人们依赖公共福利的担忧。他们尤为关心院外救济（outdoor relief）：在公共机构以外向穷人提供食物、燃料、医疗、衣物和其他基本必需品。

一些州委托他人对"赤贫问题"进行调研。约西亚·昆西三世是马萨诸塞州一个富裕且有影响力的独神论家族的后裔，他受委任完成这项任务。昆西发自内心地想要减轻贫困人口的苦难，但他认为贫困是由个人习惯不良导致，而非遭受经济重创的后果。他认为存在着两种类型的穷人。正如他在1821年所写，无能力的穷人（impotent poor）指的是"完全无法工作的人，包括老人、婴幼儿、病人或身体衰竭之人"，而有能力的穷人（able poor）只是在偷懒逃避工作。①

对昆西而言，贫困问题由院外救济造成：在未对无能力和有能力的穷人加以区分的情况下即提供援助。他认为这种不加区分的给予摧毁了"社会劳动阶层"勤勉与节俭的品质，产生了永久依赖他人的贫困阶层。对此，他的解决方案是，"除进入［济贫院的］公共机构外，停止其余所有公共供给"。②

他的这一观点成功吸引了精英阶层的注意。俄亥俄州至少建造了77家济贫院，得克萨斯州建造了79家，弗吉尼亚州有61家。到1860年，马萨诸塞州共有219家济贫院，每5600名居民中就有一名住在其中，而此时的约西亚·昆西在他漫长且广受赞誉的政治生涯结束后，正享受着退休生活。

从建立伊始，济贫院的目的就存在不可调和的分歧，这带来了可怕的灾难，也产生了高昂的费用。一方面，济贫院是一家半自愿式的机构，为老年人、身体虚弱、患有疾病的人、残疾人、孤儿和患有精神疾病的人提供帮助；另一方面，它严苛的筛选条件旨在阻碍有工作能力的穷人来寻求帮助。这种限制性规定很大程度上削弱了该机构提供帮助的能力。

济贫院居住者必须发誓放弃他们享有的任何基本公民权利（如果他们是白人和男性的话）。他们不能投票、结婚或任职。他们的家庭

---

① Massachusetts General Court Committee on Paupers Laws and Josiah Quincy 1821: 14.
② Ibid: 10.

将被拆散，因为当时的改革者认为，与富裕家庭接触可以拯救贫穷的孩子，于是孩子们从父母身边被带走，去做学徒或家佣，或者被送往孤儿列车，作为先锋农场（pioneer farms）的免费劳动力。

济贫院为其经营者提供了无数获取私利的机会。管理人员的部分工资来自于对土地和济贫院居民劳动力的无限制使用权。机构的许多日常活动因而转变成了会盈利的副业：管理者可以迫使济贫院居民种植额外的食物进行销售，开设洗衣房和缝补商店获利，或雇佣济贫院居民做家佣或农场工人。

一些济贫院的条件还算过得去，但大多数济贫院过于拥挤，通风不良，肮脏不堪，冬冷夏热。医疗和卫生设施不足，居民缺乏水、床上用品和衣物等基本用品。

虽然管理人员经常为了节省开支而偷工减料，但济贫院的成本还是很高。济贫院支持者所承诺的规模效益需要一支身体健全的劳动力队伍，但不让有劳动能力的穷人入内的规定实际上造成了大量居民无法工作的情况。到1856年，纽约约有四分之一的济贫院居民是儿童。另外四分之一是精神病、聋哑人或发育迟缓的人。其余大多数是老人、病患、残疾人或刚刚生完孩子的贫穷母亲。

尽管他们的居住环境很糟糕，但济贫院成功地为居住者提供了一种社区感，帮助他们熬过自己的难关。他们在一起工作、忍受漠视和虐待、护理病患、照看对方的孩子、一起吃饭、睡在拥挤的公共房间。许多人还会周期性地回到济贫院，在播种季节或劳动力市场低迷期间，依赖它们得以生存。

济贫院是全国首批综合性公共机构之一。W.E.B. 杜波依斯在他1899年出版的《费城黑人》（The Philadephia Negro）一书中写到，济贫院中大多是非裔美国人，因为他们的院外救济被全是白人的贫困管理者所拒绝。从康涅狄格州到加利福尼亚州的济贫院日志中可以看到，居民常常被描述为黑人、黑鬼、有色人种、黑白混血、中国人和墨西哥人。济贫院的种族和民族融合于本土出生的白人精英而言是一个痛处。正如历史学家迈克尔·卡茨（Michael Katz）所报道："1855年，一位纽约评论家抱怨道，'阶级不同、肤色不同、年龄不同和习惯不同的所有穷人一起分享共同的食物、共同的餐桌和共同的居所'。"[1]

济贫院既非关押债务人的监狱，也不是施行奴隶制的地方。因流浪、酗酒、非法性行为或乞讨而遭到逮捕的人可能会被强行拘禁于此。但严格来说，许多人是自愿住到济贫院里。对于那些养不起孩子的家庭、碰上倒霉事的旅行者、孤苦伶仃的老年人、遭到遗弃和丧偶之人、单身母亲、身患疾病和残疾的人、获得自由的奴隶、移民和其他靠着补贴过日子的人来说，济贫院是他们最后的家园。虽然大部分人来济贫院都住不满一个月，但老年人和残疾人却往往可以待几十年。一些济贫院机构的死亡率每年接近30%。[2]

支持济贫院制度的人认为，该机构可以提供护理，同时灌输节俭和勤劳的道德价值观。但现实情况是，济贫院是一个制造恐慌甚至加速死亡的机构。根据社会工作历史学家沃尔特·特拉特纳（Walter Trattner）所写，当时的美国精英阶层"相信贫穷可以，而且应该被消灭——从某种程度来说，放任穷人自生自灭"。19世纪的社会哲学家纳撒尼尔·韦尔（Nathanial Ware）写道，"这种做法毫无人性，但是杀死这些社会寄生虫可以实现社会的最大利益"。[3]

尽管手段残酷，成本高昂，县济贫院仍然是全国主要的贫困管理模式，直到1873年大恐慌来临。在镀金时代腐败的重压下，战后的经济繁荣逐渐坍塌瓦解。猖獗的投机行为造成了一系列银行倒闭，金

---

[1] Katz, 1996.
[2] 1857年的一份报告显示，在纽约阿尔斯特县的济贫院，177名囚犯中有50人在前一年死亡。See also David Wagner, *Ordinary People*: "for nearly thirty years almost every one of the many hundreds of foundlings sent to [Massachusetts state poorhouse] Tewksbury died."(Wagner, 2008: 25).
[3] Trattner, 1999: 53–54.

融恐慌又导致了另一场灾难性的经济萧条。铁路建设率下降三分之一，该国近一半的工业炉关闭，成千上万的劳动者被迫失业。工资降低，房地产市场暴跌，取消抵押品赎回权和驱逐行动接踵而至。地方政府不得不建造施食处、免费膳宿点以及分发现金、食品、衣服和煤炭。

1877年，巴尔的摩与俄亥俄铁路公司的工人得知他们的工资将再次被削减——削减到1873年工资水平的一半——而铁路公司股东却可以拿走10%的分红，开始大罢工行动。铁路工人跳下火车，拆掉发动机，不让火车从调车场发车。历史学家迈克尔·贝里尔（Michael Bellesiles）在《1877：美国的暴力生活年》（1877: America's Year of Living Violently）一书中回忆道，当警察和民兵用刺刀和加特林枪来打击罢工时，矿工和运河工人起身支持。在美国历史上的第一次全国罢工中，有50万工人——码头工人和驳船船长、矿工和熔炉工人、工厂生产线工人和食品罐头厂工人——最终都离开了工作岗位。

贝里尔说，在芝加哥，以往势不两立的捷克人和爱尔兰人为彼此加油欢呼。在西弗吉尼亚州的马丁斯堡，白人和黑人铁路工人协力关闭火车站场。纽约州霍内尔斯维尔的工薪阶层家庭在伊利铁路轨道上涂抹肥皂。当破坏罢工的火车试图上山时，便会失去了牵引力，只能滑回城镇。

这场萧条也影响了德国、奥匈帝国和英国。为了应对这个局面，欧洲政府引入了现代福利国家模式。但在美国，中产阶级评论员则在煽动人们对阶级斗争和"共产主义大潮"的恐惧[1]。1819年大恐慌过后，白人精英阶级抨击福利制，认为福利制度是导致贫困和工人阶层战斗力愈加增强的原因。他们质疑：如何检验对公共住房的需求是否正当合法？如何在强制人工作的同时又向其提供免费汤水？作为回应，一种新的社会改革——科学慈善运动——应运而生，对公共贫困救济展开全面攻击。

---

[1]　 The Washington National Republican, 1877, quoted in Bellesiles, 2010: 144.

科学慈善主张采用更加严谨的数据驱动方法将值得帮助的穷人与不值得帮助的穷人加以区分。深入调查便是实现该目标的一种道德分类和社会控制机制。每个贫困家庭都成了一个亟待解决的"案件";早年间,慈善组织协会甚至调用一个城市的警察来调查救济申请。负责调查申请者个人和家庭情况的社会工作(casework)由此诞生。

社工认为穷人的言辞并不可靠。他们会向警察、邻居、当地店主、神职人员、教师、护士和其他援助性社会团体进一步予以证实。玛丽·里奇蒙德(Mary Richmond)在其1917年所著的社会工作程序教科书《社会诊断》(*Social Diagnosis*)里写道:"[社工]做决定时的依据,应当接受可靠性审查,就如同辩方律师所呈上的法律证据一般,必须接受严格审查一样。"[①]科学慈善默认将穷人视为犯罪嫌疑人。

科学慈善工作者建议对救济申请者进行深入调查,因为他们认为在值得救济和不值得救济的白种穷人之间存在遗传性的区别。援助那些不值得救济的穷人只能让他们生存下来,繁衍基因上低人一等的后代。对于彼时的中产阶级改革者来说,社会诊断是必要的,借用社工弗雷德里克·艾尔米的话,这是因为"杂草不应拥有与花朵同样的文明"。[②]

科学慈善运动对遗传的关注是受到彼时颇为风行的优生运动的影响。弗朗西斯·高尔顿爵士(Sir Francis Galton)开创了英国优生学研究,鼓励哺育具有"杰出能力"的精英。但在美国,优生学的追随者迅速将注意力转至消除其所认定的穷人负面特征:低智商、易犯罪、无限制性行为。

优生学创建了第一个贫困人口数据库。美国社会科学家散布各地,从位于纽约州冷泉港的卡内基研究资助的实验室到佛蒙特州,再到加利福尼亚州的优生学记录办公室,收集有关穷人性生活、智力习惯和行为的信息。他们填写冗长的问卷、拍摄照片、采集指纹、测量

---

① Richmond, 1917: 39.
② Almy, 1910: 31.

头部、计算儿童数量、绘制家谱，并用"低能""愚笨""妓女""瘾君子"等字眼填写日志。

优生学是19世纪80年代席卷全国的白人至上浪潮中的重要组成部分。吉姆·克劳法和限制性移民法被颁布，以保护白人种族免受"外部威胁"。优生学旨在以临床手段找出阿尔伯特·普里迪博士所称的"不思进取、不学无术、无利用价值的反社会南方白人"，在其内部进行种族清除。优生学和科学慈善机构汇总了成千上万的家庭个案研究，据布鲁克林慈善局秘书长乔治·布泽尔描述，该研究试图"根据智力、发展、优势、劣势来安排所有家庭，各家都被打上了标签，用作查找和归档"。①

这场运动夹杂着精英阶级对贫困白人阶层的焦虑感、新移民增多给其带来的恐惧感，以及对非裔美国人天生就是劣等种族的种族歧视态度。优生学理论的流行加深了这些区别：非裔美国人完全被社会遗弃，北欧的富裕白人阶级处于优生学等级的顶层，夹在中间层的每个人都是嫌疑对象。从各州宣传优生学的展会来看，更佳家庭比赛的优胜者总是那些浅色皮肤的家庭。经济上捉襟见肘的人群被认为耗费了大量公共财政，他们也常常受到种族歧视：具有"退化"遗传标记的人总是皮肤更黑、眉毛更低、身型更宽。

大规模的生殖限制可能是科学慈善和优生学不可避免地指向。在巴克诉贝尔（*Buck v. Bell*）案中，最高法院大法官奥利弗·温德尔·霍姆斯（Oliver Wendell Holmes）有一个著名的观点："与其等着处决他们犯罪的后代，或是眼睁睁看着这些孩子们因为愚笨而活活饿死，不如防止这种恶果代代相传，世界将会变得更美好。既然强制性疫苗接种已经被广泛接受，基于同样理由，切除输卵管也无可非议。"②鉴于第二次世

---

① Priddy from Lombardo, 2008: 128; Buzelle from Trattner, 1999: 100.
② *274 U.S. 200* (1927), Justia U.S. Supreme Court Center, https://supreme.justia.com/cases/federal/us/274/200/case.html#207. [Accessed July 21, 2017.]

界大战期间纳粹的各种暴行，这种做法已经淡出了人们的视线，但优生学却致使美国贫困和工人阶层的群体进行了 6 万多次的强制绝育。

不同于将各种族融合在一起的济贫院，科学慈善机构把非洲裔美国人与白人的贫困问题视作两个问题，并且，据社会历史学家马克·皮尔（Mark Peel）所言，他们"多多少少故意忽略了 19 世纪末美国人所称的'黑人问题'"。① 因此，该运动为少数"值得帮助"的贫困白人提供了少到可忽略不计的资源。他们使用调查技术和尖端科技阻碍其他人来寻求援助。面对所有需要帮助的人群，科学慈善转向制度化：那些道德上不够纯粹或其道德水平不足以获得慈善帮助的人会被送到济贫院。

科学慈善运动的开展有赖于一系列新事物：社工、救济调查、优生学记录、数据清算所。它依据了律师、学者和医生所认定的当时经验上最精密的科学。科学慈善机构的主张建立在所谓的证据上，以便将自己与过去救济穷人的方法区分开来，它的支持者认为过去那些方法缺乏科学依据，相对感性，或是腐败成风的政治产物。但是该运动使用的高科技工具和科学理论实际上是在剥夺贫困和工人阶层的权力，侵犯他们的人权和僭越他们的自治权。如果说济贫院是一台将贫困和工人阶层从公共资源中转移出来的机器，科学慈善就是一种为精英寻找合理推诿借口的技术。

就像之前的济贫院一样，科学慈善主导了两代人的贫困救济。但即便是这场强大的运动也无法在大萧条时期幸存下来。最极端的时候，估计有 1,300 万至 1,500 万美国工人失业，全国失业率接近 25%，一些城市失业率高达 60%。在大萧条时期前一直稳坐中产阶级的家庭第一次寻求公众救济。面对这场全国性的危机，值得救济的穷人和不值得救济的穷人之间这条总是模糊不清的界线已被打破。

---

① Peel, 2007: 133.

随着大萧条在1930年和1931年愈加严重，科学慈善的发展已超出了极限。面包生产线供不应求，受驱逐的家庭挤在共用公寓和市寄宿处中，当地紧急救援计划因面临压倒性需求而崩溃。贫困和工人阶层奋起抗议日益恶化的环境，团结一心，互帮互助。

成千上万的失业工人有组织地抢劫商店；矿工们抢走并分发非法制造的煤炭；面包生产线、汤加工线、白菜生产线接连出现。弗朗西斯·福克斯·皮文（Frances Fox Piven）和理查德·克罗沃德（Richard Cloward）在《管制穷人》（Regulating the Poor）中写到，当地的援助机构被大量罢工示威、喧哗叫嚷的抗议者骚扰，直到向等待的人群发钱和物品之后他们才散去。抗议租金的罢工者抵制取消抵押品赎回权和驱逐行动，恢复了天然气和电力的供应。1932年，有43,000名"红利军"游行者在美国国会大厦附近的空地和波多马克河岸扎营。

富兰克林·D.罗斯福在这场动荡中坐上了总统的位置。他决定重新开始大规模的院外救济：实施联邦紧急救济管理项目（Federal Emergency Relief Administration，以下简称FERA），向有需要的家庭分发商品和现金。他的政府还创建了新的联邦就业计划，如平民保育团（Civilian Conservation Corps，以下简称CCC）和土木工程署（Civil Works Administration，以下简称CWA），使失业人员参与到基础设施改善项目、公共设施建设、政府管理、医疗保健、教育和艺术领域的工作中来。

新政不再延续私人慈善的趋势。1934年初，在FERA、CCC和CWA等联邦计划的资助下，2800万人获得工作或家庭救济。由于有足够的公共资金保障，这些项目得以如此迅速地惠及众人——单FERA已逾40亿美元，另一个因素是这些项目不再使用科学慈善社工主导的深入调查模式。

如同1819年和1873年经济萧条时救济计划遭到的批评，新政项目同样被指使人们太过于依赖公共援助。罗斯福本人对于将联邦政府卷入提供直接救济一事也存在深深的疑虑。他很快屈服于中产阶级的强烈反对，叫停了发放现金和商品的 FERA 计划，并用公共事业振兴署（Works Progress Administration）将其替换。罗斯福阵营中的一些人表示抗议，呼吁建立联邦福利部门，政府将重心从分配资源转向鼓励工作。

新政立法无疑挽救了数千人的生命，避免了数百万人陷入贫困处境。新的劳动法使工会蓬勃发展，建立起一个强大的白人中产阶级。1935 年的《社会保障法》确立了现金支付原则，向失业者、老年人或失去维持生计支柱的家庭发放现金。这种做法是基于公民的基本权利而并非个人道德品质。但是，新政也造成了种族、性别和阶级分化问题，至今仍旧在我们的社会中制造不平等。

最终，罗斯福政府屈服于白人至上，产生了一系列苦果。尽管美国黑人在北方城市面临 80% 的失业率，但平民保育团还是规定获得联邦政府提供之工作救济的黑人比例不得超过 10%。1934 的《全国住房法》提倡住宅隔离、鼓励抵押贷款歧视，加重了黑人社区的困境。《瓦格纳法》（Wagner Act）规定工人有组织工会的权利，但却允许存在种族隔离的工会。最重要的是，为应对南方各州可能反对《社会保障法》通过所带来的威胁，农业工人和家政工人被明确排除在就业保护之外。此等"南方妥协"举措使得绝大多数非裔工人——以及相当一部分贫困白人农场主、佃农、家佣——没有最低工资、失业保障、养老保险和集体谈判权。

新政项目还将男性养家者视作在经济上补贴女性和供养家庭的主要力量。联邦保护措施与工资、工会成员资格、失业保险和养老金挂钩。但是，通过鼓励领取长期工资和全年无休工作，这些保护措施往往给予男性更多的优待。新政的另一个标志性项目是抚养未成年儿童援助计划（Aid to Dependent，简称 ADC，及 1962 年后的对有未成年子女的家庭援助计划，Aid to Families with Dependent Children，简称 AFDC），该计划旨在资助一小部分在丈夫死后独自抚养孩子的单身母亲。女性的经济安全由此与她们的身份——妻子、母亲或是寡妇——紧密联系在一起，确保她们在经济上的持续依赖性。

新政救济政策的各项设计重新确立了有能力穷人和无能力穷人之间的分野。但它又不同于约西亚·昆西的结论。此时，有能力的穷人仍然是暂时失业的白人男性工人。但是，与之前几百年的贫困政策不同，他们突然被视为值得帮助的穷人，并且得到了联邦援助，重新进入劳动力市场。而无能力的穷人仍然是因为各项困境或挑战——如种族歧视、单身父母、身患残疾或慢性疾病——而无法获得长期稳定就业的群体。但他们却突然被定性为不值得帮助的穷人，只能勉强地接受到吝啬苛刻、带有惩罚性的暂时性救济。

被排除在外的工人、单身母亲、上了年纪的穷人、病人和残疾人只能依靠福利史学者布勒密拉·那达森（Premilla Nadasen）所称的"扫尾性"公共援助项目。[①] 失业者和穷人之间的差异、贫困男性和贫困女性之间的差异、北方白人男性产业工人和其他所有人之间的差异形成了一个双层式福利国家：一方面是社会保险，另一方面是公共援助。

公共援助计划没有那么慷慨大方，因为其福利水平取决于州和市政府而非联邦政府。它们具有惩罚性，因为地方和州政府的福利部门负责制定资格限定规则，并实施财政激励措施，以保持较低的准入率。它们更具侵犯性，因为收入限制和经济情况调查等要求使得对申请人和受益人进行监督和管理的各种方式都具有了合理性。

正因为将社会保险和公共援助加以区分，新政民主党人为经济不平等、白人至上泛滥，贫困和工人阶层矛盾冲突激化、女性工作价值遭到贬损等日后种种恶果埋下了种子。罗斯福最终放弃了普遍性福利项目的想法，重新启动了科学慈善项目，由科学慈善机构负责实施调查、监管，将有关群体从公共资源中转移出去。但这些技术并没有广泛涉及所有贫困和工人阶层的人群，而是有选择性地被用于一类刚刚出现的新目标群体。她们被普遍称为"福利母亲"。

---

[①] Nadasen, 2012: 18.

尽管以《社会保障法》为依据而创立的所有项目都被视为公共援助，但最具争议的一项"扫尾"项目已经成为"福利"的代名词——抚养未成年儿童援助计划（ADC）。即便它并非因令贫穷女性成为大规模成功政治运动的焦点，也是历史上具有浓墨重彩的一个篇章。在该项目实行的最初三十五年，它仅帮助白人中产阶级的单身母亲。很少有家庭申请该补助，申请者中又有大约半数被拒之门外。

州和县政府制定的规则将大量符合条件的领受人排除在外，特别是有色人种女性。"可就业的母亲"规则将家政和农场工人排除在外，立法者认为她们赚取工资而需从事的相关劳动比养育孩子更重要。"合适的家庭"规则将未婚妈妈、离过婚的女性、受丈夫抛弃的女性、同性恋和福利部门认为性放荡的其他女性排除在外。根据"代理父亲"规则，任何与正在接受公共援助的女性交往的男性，在此期间必须对她的孩子负有经济责任。"居住限制"规定将不予任何跨州居民福利。贫困人群若要为他们的家庭获得微薄的福利，必须以自身权利来做交换——人身不受侵犯、在安全的工作环境中工作、自由迁徙、政治参与权、隐私和自决权。

这些带有歧视性质的资格限定规则给予社工广泛的自由度来调查申请者的关系网，挖掘他们生活的方方面面，甚至可以突袭他们的家庭。1958年，警察和福利工作者对俄勒冈州一个小型白人工薪阶层社区——美好家园（Sweet Home）联合突袭搜查，一切都发生在午夜到凌晨4点30分之间。1963年1月一个寒冷的夜晚，加州阿拉米达县的社工突然闯进700名福利领受人的家中，把母亲和孩子们从床上叫醒，企图搜寻单身母亲们是否藏有未经报备的恋人。据《洛杉矶时报》的肯尼迪·霍华德报道，受害者们控诉这些闯入者不仅没有自报身份，而且满嘴污言秽语，"甚至在遭到拒绝时破门而入"。全国有色人种促进会指称，阿拉米达县的突袭主要"针对领受贫困家庭儿童援助计划（Aid to Needy Children）福利的黑人和墨西哥裔美国人，其中可能涉及歧视"。①

对 ADC/AFDC 领受者重回科学慈善型调查是在回应正在发生变化的移民结构和民权运动。这些因素都在改变福利项目中含有种族歧视的部分。逃离白人至上者制造的恐怖主义活动，加上大批黑人佃农遭到驱逐，三千多万美国黑人在 1940 年至 1960 年间迁移到北方城市。许多人找到了更安全的住房、更好的工作，获得了更多的尊严和自由。但在就业、住房和教育方面的歧视仍导致非白种人的失业率大幅上升，很多移民申请公共援助项目来养家糊口。

与此同时，民权运动积极推动美国黑人享有平等的公共膳宿和政治参与的道德权利。支持公立学校种族融合和扩大公民投票权的主张自然而然地被发展到实施种族融合的公共援助。几名曾参加过 1963 年华盛顿争取就业和自由的大游行的人建立起一个早期争取福利权利的组织——"充分母亲福利组织"（Mothers for Adequate Welfare）。根据历史学家布勒密拉·那达森的研究，她们受到游行的启发，希望政府停止因其是黑人"福利母亲"而予以的侮辱和歧视，她们回到波士顿的家，开始积极启动一项食品发放的计划。② 在全国各地，很多地方组织纷纷加入其中，逐渐形成了一场全国性的运动，挑战当时不公正的现状：至少一半有资格获得 AFDC 援助的人没有得到相应的援助。

福利权利运动成员普及有关资格认定的信息，帮助填写申请表，在福利办公室里静坐示威，质疑他们带有歧视性的做法，游说立法机构，制定政策，并对新政中遗留下来的一些看似理所当然的问题提出质疑。最重要的是，福利运动的成员坚持主张，母亲所做的工作也是工作。他们支持在不违背女性意愿的前提下，任何一位女性都有权有偿就业，但福利组织强烈反对那些要求有低龄子女的单身母亲离家在外工作的项目。

---

① Kennedy, 1963.
② Nadasen, 2012: 12.

争取福利权利的运动取得了非凡的成功，它诞生了一个拥有3万名成员的全国福利权利组织（National Welfare Right Organization，以下简称NWRO），它争取到的权利日益增多，如获得家具、校服和其他家庭用品的特别补助金，带头呼吁为所有贫困家庭——无论其婚姻状况、种族及就业与否——提供最低收入保障。该运动认识到，将黑人女性和单身母亲排除在公共援助之外的行为违反了宪法规定，他们通过法律手段提出质疑，旨在推翻所有歧视性的资格限定规则。

1968年金诉史密斯案（King v. Smith）的胜利推翻了"代理父亲"规则，保障了个人隐私和性隐私的基本权利。在1969年夏皮罗诉汤普森案（Shapiro v. Thompson）中，最高法院判定限制个人迁徙权的居住限制规定违宪。1970年戈德伯格诉凯利案（Goldberg v. Kelly）确立了公共援助领受者得享正当程序保护的原则，未经公平听证，不可终止福利。这些法律上的胜利创造了一个真正的革命性先例：穷人应享有与中产阶级人士相同的权利。

AFDC计划的进行并不顺利，于是理查德·尼克松总统于1969年提出一项保障年度收入的计划，即家庭援助项目（Family Assistance Program，以下简称FAP），用以取代AFDC。该项目保障一户四口之家每年最低得到1,600美元的收入。这将为被排除在AFDC计划之外的低收入双亲家庭带来福利。它将不再对收入所得收取100%的罚款，允许福利领受者保留其年收入中第一笔720美元，而福利一分不减。

但尼克松提出的最低收入仍会使一个四口之家的生活水平远低于贫困线。NWRO提出了一项与之抗衡的《充分收入法》（Adequate Income Act），将一户四口之家的最低收入设定为5,500美元。尼克松的计划还包括强制工作的规定；这对于有孩子的单身母亲来说，并不容易。FAP在保守派和进步派中都不受欢迎，最终失败了，而AFDC计划面临的压力也愈加严峻。

在社会运动的鼓舞下，越来越多的家庭申请公共援助；在一个个法律胜利的保护下，越来越少的家庭被拒之门外。由于取消了资格认定限制，AFDC 计划的覆盖范围愈加广泛。原始数据令人吃惊：1961 年 AFDC 计划有 320 万领受者，但在 1971 年这个数字已经接近 1000 万。在十年里联邦政府在该项目上的支出从 10 亿美元（换算成 1971 年的美元）增加到 33 亿美元。大多数运动的收益都归于贫困儿童。1966 年，只有四分之一的贫困儿童获得 AFDC 计划的援助；到 1973 年，该计划帮助到了五分之四以上的贫困儿童。

全国福利权利组织的成员大多是贫穷的美国黑人女性，但福利权利运动还有中产阶级的盟友，他们认为有不同种族共同参与进来的组织对实现其长期目标至关重要。到 1967 年，美国黑人约占 AFDC 受助名单的 50%，他们开始反思自己为何大比例地陷入贫困。但是，全国福利权利组织的第一任女主席，约翰尼·蒂蒙（Johnnie Tillmon）认识到，白人福利领受人也遭受着同样的境遇，是潜在的盟友。她在 1971 年的采访中解释说："我们不能承受种族分离造成的危害。一些受救济的贫穷白人女孩告诉我她们饥饿时的感受，我感同身受。"[1]

然而，如果说积极支持福利权利者开始展望种族融合和种族团结，反对 AFDC 项目扩张的人也在竭力争取白人中产阶级的支持，以此让前者取得的成果——破产。对福利权利的强烈反对声越来越多，关于贫困新闻报道的措辞也愈发带有批评意味。政治科学家马丁·吉伦斯（Martin Gilens）写道："讲述穷人的新闻事件逐渐不再带有同情的口吻，新闻中充斥着越来越多的贫困黑人形象。"[2] 福利欺诈和福利滥用事件中出现的黑人形象比率最高。20 世纪 60 年代，美国黑人的贫困率急剧下降，AFDC 项目的黑人领受者比例有所降低。但是，1964 年至 1967 年间，新闻杂志报道中有关贫困黑人的比例从 27% 上升到 72%。

---

[1] Nadase, 2012: 107.
[2] Gilens, 2003: 102.

随着1973年经济衰退的到来，越来越多的人对福利成本、福利欺诈和低效产生了不满的情绪。在罗纳德·里根和其他保守派政治家的推动下，出现了反对AFDC计划的纳税人抗议活动，他们对穷人得享宪法承诺之全部权利的观点提出质疑。但是福利权利运动取得的成果已被载入法律，充满歧视性的资格限定规则不再能够将穷人挡在公共援助之外。

当选官员和政府官僚在日益严格的法律保护和控制公共援助支出的需求之间左右为难，他们开始采取政治手段，诉诸更高效地分配援助以节省资金的新技术。事实上，这些技术系统就像墙壁一样，横亘在穷人和他们的法定权利之间。在这一刻，数字济贫院诞生了。

20世纪70年代早期，电脑作为一种中立的工具，被成功地用于加强对福利领受人的审查和监督来缩减公共支出。1943年，路易斯安那州成为第一个颁布"可就业的母亲"规定的州，将大多数美国黑人女性排除在ADC计划之外。31年后，路易斯安那成了第一个应用计算机来进行薪资匹配的州。该电子系统负责核对福利申请人自己提交的收入数额与就业机构电子档案和失业补偿福利数据是否相匹配。

20世纪80年代，电脑收集、分析、存储和共享大量公共援助领受者的家庭数据。联邦卫生、教育和福利部（Health, Education and Welfare，以下简称HEW）与国防部、州政府、联邦雇主、民事和刑事法院、当地福利机构以及司法部共享福利领受人的信息，包括姓名、社保号码、生日和其他信息。新系统应用于激增的福利领受申请信息，试图搜索不一致的地方。欺诈检测系统经精心编程后启动生效。众多数据库联结在一起，以追踪领受不同社会项目福利的民众行为和支出情况。福利领受人日益扩大的法定权利和政府逐渐减少的公共援助之间的冲突就这样被一系列高科技工具解决了。

由于公共援助计划由联邦政府出资，地方政府控制资金使用，因此，福利管理技术因州而异。但纽约州所采取的方式提供了一种启发。纽约州曾开展过规模最大、最为激烈的福利权利运动，也是美国 AFDC 救济名单扩充最快的地方。到 20 世纪 60 年代末，全国十分之一的福利领受人住在纽约市，他们组建了大约 60 到 80 个地方性福利权利组织。

1968 年春天，福利权利运动始于整个城市的示威活动，其中包括在福利部门总部进行为期三天的静坐示威，最后以警察出面而告终。受到如此强烈的激进活动的影响，社工将自己的作用定位为帮助那些申请者，而非令其得不到援助。根据 1973 年兰德研究所题为《穷人的抗议》的调查报告所称，布朗克斯和布鲁克林的社工威胁要罢工，除非该市的社会服务部门"减少烦琐的公文程序以处理潮水般涌来的客户需求"。[1]

1969 年，纽约州请求参加一个由 HEW 所主导的全国示范性项目，旨在开发出一套"用于公共福利管理的计算机管理信息系统"。当时，共和党州长纳尔逊·洛克菲勒（Nelson Rockefeller）认为尼克松的 FAP 计划将会得到通过，并且，联邦政府将接管州和地方福利费用事宜，以解决州的福利问题。

然而，1970 年，国会未能通过 FAP 计划，洛克菲勒不得不宣布纽约州"别无选择，只能继续竭尽全力满足穷人的需求"，同时他称该州目前的福利制度"已经过时"，并造成"巨大的负担"。几个月后，他在对立法机构的发言中提出了他越发沉重的担忧，如果福利制度没有从根本上得到改变，它"将最终超负荷，压垮我们的社会"，因为"该系统的运作原理是鼓励永久地依赖政府，而不是鼓励人们维持他们的尊严、独立和承担个人责任"。[2]

洛克菲勒宣布在州内实施福利改革方案，提出一年居住权的申领要求，并推出"自愿移居安置计划"，如果福利领受人同意搬到州外

---

[1] Jackson and Johnson, 1973: 201.

[2] Rockefeller, 1959.

居住，他们将获得交通补助和现金奖励。他所提议的改革要求福利领受人要求从事任何一项他可以做的工作，否则就无法拿到福利补助。改革还取消了社工原有的自由裁量权，他们不再能决定哪些领受人"可就业"，也无法再自行决定福利补助金的数额。洛克菲勒取消了社工的最低工资要求，降低了获得该工作所需要的学历门槛，对"不正当地帮助福利领受人获得准入资格或额外福利"的社工则加重了惩罚。

洛克菲勒还设立了新的部门——福利管理监察处，任命他的竞选筹款人乔治·F.柏林格（George F. Berlinger）领导该部门。1972年2月，在该部门的第一份年度报告中，柏林格指责行政管理不善使得"舞弊者、欺诈犯和权利滥用者"的"恶疾"感染了福利救济领受群体。他写道，"大手术势在必行"。

柏林格提出使用一种集中性电子登记表，为州内的每一位福利、医疗补助和食品券领受人提供服务。方案制定者将洛克菲勒誓要终结所谓福利"美差"的思路纳入系统设计中。该州签约了罗斯·佩罗的电子数据系统，创建数字工具以"减少大量不符合资格的申请，解决管理不善问题和福利管理中的欺诈现象"，实施补助金金额计算和福利领受资格判定的自动化，"加强州对地方决策的监督水平"。[①] 福利管理系统（Welfare Management System，以下简称 WMS）的设计、开发和实施最终耗资 8,450 万美元。

20世纪70年代中期，随着 WMS 的上线应用，纽约州福利救济名单不再飞速增加，而是保持在一个稳定水平。之后，接受 AFDC 的贫困人口比例开始下降。这一模式被一个又一个州所效仿。新型限制性规则的出台加上高科技工具的使用，令福利权利运动取得的成果化为泡影。1973年，近一半生活在贫困线以下的美国人领受了 AFDC 的救济。然而，十年后，随着福利管理新技术的引入，这一比例已降至 30%。今天，该比例已经不足 10%。

---

① New York State Department of Social Services, 1975: 1.

## 第一章 从济贫院到数据库

1996年《个人责任和工作机会平衡法》（Personal Responsibility and Work Opportunity Reconciliation Act，以下简称 PRWORA）常常被认为是福利制度逐渐消亡的主要原因。该法规定，以 TANF 取代 AFDC，不惜一切代价强制人们离家工作。除了极少数个例外，TANF 将终身有效的公共援助资格限制在 60 个月，还引入了严格的工作要求，终止了对四年制大学教育的支持，并对违反规定的人员采取一系列处罚措施。

例如，对于社工规定的一系列活动，但凡有人迟到、未完成志愿者工作任务、不参加工作培训、未完成药物测试、不参加心理咨询、无视任何其他治疗性或工作培训活动，就会受到处罚。每项处罚都可能导致他们在一定期间或永远失去福利补助。

的确，PRWORA 大幅削减了接受公共援助的人数。1996年至2006年期间，有近850万人从福利救济名单中被除名。2014年获得现金补助的成年人数相较1962年更少。1973年，五分之四的贫困儿童从 AFDC 中获得福利补贴。如今，TANF 惠及的贫困儿童不到五分之一。

但是，早在比尔·克林顿承诺"终止现行的福利制度"之前，缩减福利救济名单的进程就已经开始。愈发具有压迫感的调查加上愈发精确的追踪技术为报道福利救济中存在的普遍腐败问题和欺诈现象提供了原材料，但它们的真实性存疑。而这些报道又会催生出更多惩罚性规定和更加严厉的处罚措施，由此带来了以数据为基础的技术爆炸性发展，来监督人们是否遵从这些规定。1996年的联邦改革只是完成了这个20年前就已开始的过程，彼时反对福利权利的抗议活动孕育了数字济贫院。

自动化和在公共服务中引入算法的倡导者们经常将新一代数字工具描述为"破坏性的"。他们告诉我们，大数据震慑了迂腐的官僚机构，刺激了创造性解决方案的出台，并且提高了透明度。但是，如果我们聚焦那些专门针对贫困和工人阶层群体的项目，就会发现数据分析这一新体制与其说是一场革命，不如说是一场进化。这不过是 19 世纪 20 年代以来便一直存在的说教性、惩罚性贫困管理策略的扩展与延续。

济贫院和科学慈善运动的故事表明，每每在经济危机时期，贫困救济就会变得更具惩罚性、更具羞辱性。贫困和工人阶层民众在权利遭到限制时奋起反抗，瓦解了各种带有歧视性的机构，联合起来生存互助。但他们一次又一次地遭到中产阶级的强烈抵制。经过一番重塑，社会救助成了慈善活动，互助救济变成了依赖行为，阻止减缓贫困进程的新技术却在与日俱增。

自 20 世纪 70 年代以来，一场否定贫困和工人阶层民众基本人权的运动逐渐加快了步伐，它资金充沛，获得广泛支持，不断取得成功。这场运动捏造并传播着关于贫穷的故事，充满误导性地将穷人贬损为不值得帮助的、善于欺诈且习惯不劳而获的少数人群。福利国家的保守派批评家仍在进行着非常有效的宣传活动，试图使美国人相信贫困和工人阶层必须在这场争夺有限资源的零和博弈游戏中势不两立。在悄然之中，程序管理员和数据科学家推出了新的高科技工具，有望在提高效率、识别欺诈和控制成本的同时帮助更多人、更加人性化。数字济贫院被打造成一种理性福利和精简福利的方式，但它真正的目标从来没有改变过：锁定、管制与惩罚穷人。

# 第二章　美国中部地区的福利资格自动化处理系统

印第安纳州中部——蒂普顿县。65岁的前新闻记者迈克尔·丹·斯金纳（Michael "Dan" Skinner）是我们此行的向导。斯金纳驾驶着他母亲已经开了19年的老爷车，载着我们在一条与铁轨平行的狭长公路上转向斯泰普斯家。一头白色小毛驴在路旁啃咬着栅栏。驶过火车轨道约一英里后，我们驶入了斯泰普斯家的车道。茫茫玉米田之中只有这么一栋白色房屋。此时是2015年3月，阳光灿烂，玉米田中留下了收割过后的低茬与即将融化成泥的积雪。基姆·斯泰普斯与凯文·斯泰普斯笑称他们必须将孩子养得高大些，否则七月到来时，个头小的孩子们就会被成片的玉米田淹没。我们到访是为了与基姆及凯文聊聊他们的女儿苏菲——她在印第安纳州试行的福利资格自动处理系统中失去了医疗补助。

2012年，我在印第安纳大学伯明顿校区讲演新型数据技术将如何影响公共服务。讲演结束时，一位衣着考究的男士举手提问："您知道印第安纳州的情况吧？"——正是这一问题促成了之后本书的写作。我茫然地看向他，摇了摇头。他大致做了解释：印第安纳州政府与私企签订了一笔高达13亿美元的合同，将该州福利资格的认定流程自动化，致使数以千计的人失去补助。最终印第安纳州高级法院判定这场备受关注的合同违约。那位男士将名片递过来，我看到了一排金色字体——"马特·皮尔斯"，印第安纳州众议院民主党议员。

两年半后，这场福利资格自动化试验将我带到了苏菲·斯泰普斯的面前。苏菲是一名活泼、阳光、倔强的小女孩，一头深棕色的秀发，一双巧克力色的大眼睛，还有脑性瘫痪患者典型的病理性低眉。2002年出生后不久，苏菲即被诊断为发育不良、全面发育迟缓、脑室周围白质软化——影响胚胎与新生儿的一种大脑白质损伤，以及新生儿发病率为0.01%至0.02%的1p36染色体缺失综合征，双耳存在重度听力丧失。医生告知基姆与凯文，苏菲可能永远无法坐起、行走或说话。在出生的最初两年内，苏菲所做的只有仰卧在床，几乎一动不动。

苏菲的父母联系到"第一步"计划（First Steps）的工作人员。这是一个由印第安纳州残疾人服务与康复训练部门开设、旨在帮助发育迟缓儿童的项目。通过该项目，苏菲接受了相应治疗与膳食营养指导，基姆与凯文也获得了咨询意见与精神支持。最为重要的是苏菲植入了胃管，向其胃部直接供给营养；在出生最初两年内，苏菲几乎很少摄入食物，而通过胃管直接供给营养后不久，苏菲开始能够坐起。

2015年我去探访苏菲时，她已经13岁了，能够自己走路、上学。她认识字母表上的所有字母。尽管医生最初告诉基姆手语交流对苏菲毫无益处，但通过基姆与凯文的自创手语，苏菲已能理解300至400个单词，且能与父母、朋友用这种方式交流。探访当日，苏菲已放学归来，穿着橙色与粉红色条纹的睡衣在房间看芝麻街。基姆向苏菲介绍了我们，大家互相挥手问好。

我请基姆用手语告诉苏菲，我很喜欢她的粉色电视，苏菲则笑着以手语回复，基姆翻译道："这是苏菲的荣幸。"基姆有着一头金色的秀发与一双淡蓝色的眼睛，脚穿一双便于行走的卡骆驰拖鞋，拇指则戴有一枚金戒指。基姆对我说道："如果其他孩子能有苏菲一半努力，他们都能成为身家百万的天才。苏菲就是如此努力。"

斯泰普斯一家从没有停止过辛勤劳动。凯文有一间金属管与塑料薄膜搭成的温室，密密麻麻地种了番茄、西兰花、生菜、甜椒、四季豆及南瓜，甚至还有桃子。他们将收获的农产品制成罐头冷冻起来，以供冬天食用。然而，2008年对于他们实在是非常艰难的一年：凯文失业了，无法再承担全家的健康保险。凯文与基姆在网上售卖汽车零部件，尽其所能供养七个孩子。不久之后，他们的儿子麦克斯被诊断为一型糖尿病。而苏菲的病情一直非常严重，时常呕吐。

失去了医疗补助制度（Medicaid）提供的资金，苏菲的医疗费用将是一笔极大的经济负担。她的特殊餐食相当昂贵，需要穿戴发育迟缓大龄儿童的专用尿布，每次更换植入胃管又要花费1700美元。苏菲一个月的医疗费用高达6000余美元。

真正的艰难于2007年年底悄然而至。那时基姆正在申请为低收入成人提供大病保险的印第安纳州健康计划（Healthy Indiana Plan）。尽管基姆与凯文有五个孩子可以申领到医疗补助，但他们本人却没有健康保险。基姆开始申请后不久，家中的四个成员纷纷病倒。基姆意识到她要照顾病人，没有足够时间填写所有申请所需的表格。

于是基姆前往家庭与社会服务管理局（Family and Social Services Administration, FSSA）设在蒂普顿的办公室询问社工是否能暂时搁置申请，却被告知，由于家庭与社会服务管理局近期在调整中，当地已无权对申请作出决定，她需要与40英里外的马里昂呼叫中心接线员沟通。基姆联系马里昂办公室的呼叫中心后，接线员告知她的申请"将得到妥善处理"。然而，蒂普顿办公室的社工和马里昂呼叫中心的接线员均未告知基姆她需要签署一份声明暂停申请程序的文件，也没有告诉她如果不能成功申请健康保险将会影响其子女的医疗补助。

不久之后，斯泰普斯一家收到一封来自家庭与社会服务管理局的信件，收件人为时年6岁的苏菲。信件通知，因"未能配合"确认其福利资格，家庭与社会服务管理局将于一个月内取消苏菲的医疗补助。这条通知的内容惊人简短，但风格极度官僚。原文如下：

邮寄日期：2008年3月26日

尊敬的苏菲·斯泰普斯，

MA D 01 (MI)

您的医疗补助将于2008年4月30日中止生效，原因如下：

– 未能配合福利资格确认程序

– 未能配合核实收入

相应法律法规：

470 IAC 2.1-1-2

重要提示：如您认为自己可能符合其他类别的医疗补助申请资格，或希望补充更多信息，请于本通知邮寄之日起10日内（若通过信件接收则为13日内）根据本通知顶部号码联系相关部门。

信件的送达时间为2008年4月5日，寄出已有10日，斯泰普斯一家还剩下最后三天时间联系家庭与社会服务管理局纠正错误。

基姆立即采取行动，撰写了一封长信解释情况，于4月6日（周日）传真至马里昂办公室。基姆在信中强调，医疗补助是维系苏菲生命的关键，她没有任何其他保险，她一个月的医疗费用总计数千美元。而苏菲的药物仅剩5日的用量。基姆联系马里昂办公室的呼叫中心，接线员告知苏菲的医疗补助将被取消，原因是基姆在中止申请印第安纳州健康计划程序时未能签署相应声明文件。基姆则提出抗议，说从未有工作人员告知需要签署相应文件。

但为时已晚。

根据印第安纳州的法律规定，斯泰普斯一家因未能配合福利资格确认程序，州政府将取消该户所有家庭成员的医疗补助。这一处罚将影响正在申请健康保险的基姆与凯文，以及已在接受医疗补助的苏菲。当基姆问及为何其余四个孩子没有被取消医疗补助时，得到的回复却是"已经全部取消"。其余四封通知他们被取消了医疗补助的信件正在寄送之中。

斯泰普斯一家联系到丹·斯金纳。斯金纳退休后，作为美国长者行动组织（United Senior Action）的志愿者，致力于维护印第安纳州老年人权益。2007年初，美国长者行动组织陆续收到印第安纳州中部个人或组织的各类来电：食物赈济处已无食物可供发放，联合劝募协会（the United Way）收到的紧急医疗救助请求已经超出接待上限。[44] 斯金纳开始在霍华德县对此情况展开独立调查，走访市长办公室、地区老年代表机构、天主教社会服务机构、老年人中心和美国心理卫生协会等机构组织。斯金纳发现，因"未能配合"福利资格确认程序而失去福利补助的人数惊人之高。

斯金纳对于苏菲的情况尤感震惊。"苏菲今年才6岁，她正在康复：她已经学会手语，开始学习走路了，"斯金纳说道，"她已能少量自主进食，医生说当她每天能够自主进食3000卡路里时，就无需再植入胃管。苏菲正在这个关键阶段，但她的医疗补助却因未能配合福利资格确认程序而被取消。"斯金纳回忆称，当斯泰普斯一家联系他时，他们的处境相当绝望，需要立即采取行动。

斯金纳立即致电约翰·卡德威尔（John Cardwell）——世代项目（The Generations Project）的创始人和负责人。该组织致力于解决印第安纳州的长期医疗问题。二人组织起美国退休人员协会（AARP）与美国退休人员联盟（Alliance for Retired Americans）的同事、游说相关机构、联系媒体，紧急召开新闻发布会。丹·斯金纳驾驶面包车将苏菲与她的父母接送至印第安纳波利斯州议会大楼。基姆回忆道："苏菲那天穿着一条小裙子。她那时不像现在这么快乐，她的小小生命还十分艰难。"斯金纳回忆道，他们一行推着坐在轮椅上的苏菲走向州长办公室，"身后跟随着电视媒体。凯文与基姆没有想到会如此场面。"

州长米奇·丹尼尔斯（Mitch Daniels）擦身而过。"坦白说，他完全有机会走向我们，"斯金纳回忆道，"但他与米奇·鲁布（家庭与社会服务管理局局长）却在我们面前径直走过。他们只看了我们一眼，就继续向前走去。"凯文在房间一头对着州长大喊，恳请他与他们一家谈谈,但丹尼尔斯与鲁布却置若罔闻。"他们的社会地位使得他们根本不愿直接处理这类问题。他们需要'层叠的屏障',"凯文后来总结道,"他们需要中间人来处理这类问题"。斯金纳一行随后请求与丹尼尔斯州长的公共服务政策主管劳伦·米尔斯(Lawren Mills)会面。次日下午4点,苏菲的医疗补助得到成功恢复。

苏菲的情况绝非个例。2006年,共和党州长米奇·丹尼尔斯开始启动福利改革计划,旨在与跨国公司合作,精简福利申请流程,将福利申请的个案调查工作私营化,识别福利欺诈行为。丹尼尔斯历来反对政府援助计划。1987年,时任罗纳德·里根总统政治与政府间事务助理的丹尼尔斯即高调支持取消AFDC(未成功)。20年后,他试图取消印第安纳州的TANF。但这一次,借助高科技工具而非政策制定,丹尼尔斯成功地实现了他的目标。

丹尼尔斯州长在政府服务中引入了著名的"黄页检测",即如果电话黄页中已列有某项私营产品或服务,则政府不应再提供类似服务。因而,丹尼尔斯2004年当选州长后立刻积极推动各类公共服务的私营化(包括印第安纳州的收费公路、机动车辆管理局以及政府援助计划)也不足为奇了。

丹尼尔斯后续任命米奇·鲁布为家庭与社会服务管理局局长。在《印第安纳波利斯星报》中,丹尼尔斯称赞时任联盟计算机服务公司(ACS)副总裁的鲁布"全心全意致力于维护社会弱势群体的利益以及利用税款最大限度地提供公共服务"。二人的第一项操作是委托审计:对丹尼尔斯于2007年《南本德论坛报》社论中所称的"极度官僚做派的家庭与社会服务管理局"进行审计。2005年6月对该部门的审计报告披露后,两名家庭与社会服务管理局雇员因盗窃、福利欺诈等罪行被逮捕、指控。其中一名雇员被控与印第安纳波利斯伟大信仰传教士浸信会(Great Faith Missionary Baptist Church)的教会领袖合谋,创建假名账户领取食品券及其他福利补助,非法获利共计 62,497 美元。这两名雇员在家庭与社会服务管理局的工作时间共计已达 45 年。

丹尼尔斯把握住了这一政治机遇。他开始在公开演讲、新闻发布会及各项报告中，反复将印第安纳州的福利制度描述为"无法挽救的失败"、充满浪费与欺诈，是"全美最差的福利制度"。鲁布援引了该福利制度的高错误率与低服务水平等数据，在州内各地反复强调，这一制度已经失败，仅凭政府雇员的能力已无法挽救。2006 年初，印第安纳州政府发布了一份招标书（RFP），旨在将 TANF、食品券及医疗补助制度的福利资格审查工作外包出去，采用自动化处理的方式。州政府于招标书中明确其目标是减少福利欺诈、降低开支、缩减福利补助人数。

"州政府已经意识到政策缺陷与运作不当是出现部分福利补助群体依赖福利这一现象的主要原因，"招标书如是写道，"投标者将协助州政府解决该问题，通过福利资格审查及其他计划减少福利补助群体的福利依赖、实现申领福利至有偿工作的转换"。印第安纳州政府没有丝毫促进福利申请者寻找合适工作岗位的意图，却在招标书中表示家庭与社会服务管理局将对发现不合格福利申领者和拒绝受理不合格福利申请提供额外的经济报酬。例如，州政府表示投标者若能通过识别"虚假陈述""剔除不合格的福利申领者"，"将为投标者提供额外的绩效激励"。

在此期间，家庭与社会服务管理局的福利补助人数为 100 万人左右，领取包括医疗、社会服务、心理健康咨询以及其他形式的援助。2006 年，家庭与社会服务管理局的部门规模相当可观：年度预算达 65.5 亿美元，雇员数量约达 6,500 人。但相较于 15 年前，已经缩小了许多。1991 年，印第安纳州州议会决定合并心理健康、公共福利与公共服务部门，将原有的大量工作外包了出去。印第安纳州试行福利资格自动化处理流程时，家庭与社会服务管理局已经裁减了 50% 的政府雇员，并且将 92% 的年度预算用于采购外部供应商服务。

所有人——福利制度改革的倡导者、福利申请者、行政部门人员、立法部门人员——都同意现有的福利制度正在面临严峻挑战。家庭与社会服务管理局使用的后台系统极其陈旧，名为印第安纳州福利资格系统（Indiana Client Eligibility System, ICES），用于计算福利资格、核实收入等常规行政职能。服务质量至多可被称为"质量不稳定"。一项2005年的调查显示，福利申请者的文件处理进程缓慢，电话系统几乎失效，社工难以联系。美国农业部（USDA）一项研究显示，食品券申请者为申领补助而前往县办公室的次数可多达四次，而超负荷运转的政府雇员已无法处理申请者的各类需求和堆积成山的纸质文件。[1]

丹尼尔斯领导的州政府坚持主张将线下对福利资格申请的个案调查转为电子通信设备处理将使各个部门的工作更清晰条理，效率更高。他们强调，将文件整理与信息收集工作交由私营承包商处理将使州政府雇员从现有的案头工作中解脱出来，能够与福利申请者更加密切地工作。丹尼尔斯及鲁布的理据貌似无懈可击，民众被说服了。

然而，丹尼尔斯关于家庭与社会服务管理局运作不当的另外一些观点则遭到了反对。例如，丹尼尔斯称印第安纳州的福利制度为全美最差，但这一观点的依据仅仅是该州获福利补助人数下降的记录。诚然，1996年美国福利改革后的十年内，印第安纳州获福利补助人数的减少慢于其他各州。但1996年之前，这一数字已经大幅下降，而在ICES安装至联邦福利改革的三年间，印第安纳州的福利申请个案处理总量已减少23%。丹尼尔斯当选州长后，仅有小部分贫困人口——38%——申领到TANF，而仅有74%符合条件的个人能够领取食品券。尽管州政府坚称福利资格的误差率已急剧上升、失去控制，但家庭与社会服务管理局的报告却显示，印第安纳州食品券申领误差率与全国平均水平持平：正误差率（不合格者成功申领补助）为4.4%，负误

---

[1] Schneider and Ruthhart, 2009.

差率（合格者未能申领补助）为 1.5%。

最终仅有两家公司提交了投标书——埃森哲有限责任公司（Accenture LLC）与名为印第安纳自助联盟的联合公司（Hoosier Coalition for Self-Sufficiency）。该联合公司由 IBM 与 ACS 主导，后者为鲁布的前任雇主。不久，埃森哲退出了投标程序。2006 年 12 月 27 日，州政府就此举行了唯一一场公开听证会后，丹尼尔斯与该 IBM/ACS 联合公司签订了总额 11.6 亿美元、为期 10 年的项目合同。

在庆祝该合作项目的新闻发布会中，丹尼尔斯宣布："今天，我们解决了福利浪费的顽疾，将为印第安纳州最需帮助的居民更有效地克服福利依赖，找到工作与尊严。我们将改善全美最差的福利制度，使之为印第安纳州居民提供更好的服务，对纳税人与政府雇员也将更为公平。"[1] 根据丹尼尔斯州政府的构想，该现代化项目将通过福利资格自动化处理流程——线上申请替代线下人工处理、在全州设立集中呼叫中心、1,500 名政府雇员被"调岗"至私营呼叫中心做接线员的工作——提升贫困、老年、残疾群体获取公共服务的机会，节约纳税人缴纳的税款。

2007 年，丹尼尔斯于《南本德论坛报》社论中鼓吹这一福利资格自动化、私营化方案。"当下的福利制度……毫无可取之处，"丹尼尔斯写道，"对于印第安纳州的纳税人而言，改革意味着节约巨额税款：未来 10 年仅行政方面将节约 5 亿美元，福利申领误差与福利欺诈被减少后，节约税款可能将突破 10 亿美元。"[2] 2007 年 3 月，家庭与社会服务管理局 70% 的政府雇员不得不转岗为私人雇员。10 月，福利资格自动化处理项目于印第安纳州中北部的 12 个县进行试点。

试点开始 9 周内，共有 143,899 人拨打免费申请电话，2,858 人

---

[1] Sedgwick, 2006.

[2] Daniels, 2007.

在线提交申请。系统故障频发。任职于印第安纳法律服务中心（为低收入居民提供法律援助的机构）的杰米·安德烈（Jamie Andree）回忆道："电话预约系统是一场彻底的灾难。预约系统将电话面谈安排至早晨 10 点至 12 点，福利申请者需要守候在电话旁等待系统呼叫，但呼叫往往不能如期而至，有时在 11 点 45 分时来电通知称电话面谈已改期次日。"

请假等待电话面谈的福利申请者们常常无法为改期面谈再次请假。其他福利申请者则会收到系统通知，将面谈时间改至某个已经过去的日期。美国农业部 2010 年的一份报告中有这样一个例子，有食品券（2008 年后称为补充营养援助计划或 SNAP）申领者花费了太多的时间与呼叫中心通话，以至于将呼叫中心号码添加在通讯录中的"朋友与家人"一栏。那些不能成功完成电话面谈的福利申请者将因"未能配合福利资格确认程序"而被终止申请。"这是一个非常非常非常糟糕的系统"，安德烈如是说道。

私营呼叫中心的接线员没有经过充分培训，难以处理福利申请者面临的棘手问题，对适用法规的相关信息了解不足。有福利改革倡导人士报告了呼叫中心接线员在通话时崩溃大哭的情况。在印第安纳州从事福利改革倡导工作 15 年的志愿者特里·韦斯特报告称："福利资格自动化处理试点后，我联系的第一位接线员是位年轻的女士……她显然没有任何经验……相关部门取消了一位患者的福利补助，我为此与她沟通了一个小时，提及了一些相关法规。大约半小时后，她突然崩溃大哭道：'我不知道我在做什么'，她的原话即是如此。我告诉她：'听着，没关系，我以前就是社工，我念的就是你们政策指南中的规定步骤'，她只是不停地哭泣。"

数以百万计的驾照、社会保障卡及其他证明文件的复印件被传真至位于格兰特县的文件集中处理中心。大量文件的丢失使福利维权人士称其为"马里昂的黑洞"。每个月，丢失的证明文件数量——在"编入索引"过程中未能正确附加于相应电子文档的文件——呈指数级增长。法院文件显示，2007年12月约有11,000份文件"未予编码"，2009年2月时，这个数字已经上升到283,000份左右，增长了2,473%。技术故障的增长速度远超系统用户的增长速度。任何一份丢失的文件都将导致福利申请者的申请遭拒，可以想象由此造成的后果触目惊心。

旨在加速福利资格确认程序的绩效指标却会对接线员形成不当的激励，诱使接线员提前终止福利资格确认程序。接线员很有可能直接拒绝本次申请，建议福利申请者等待30至60日后再次提出申请，以提升处理效率。造成福利资格自动化处理管理混乱的部分原因包括低级错误、文件汇总问题以及技术故障。但大量错误却是僵化规定所造成的，将任何不符合新出台之刻板申请流程的行为（即使微乎其微，即使无心之失）都理解为"主动拒绝配合福利资格确认程序"。

对于贫困和工人阶层的民众而言，福利资格自动化处理的影响是毁灭性的。2006年至2008年间，印第安纳州政府共拒绝100余万食品券、医疗补助及现金津贴的福利申请，相对2004年至2006年间增长了54%。

来自科科莫市的米歇尔·雪莉·伯登（Michelle "Shelli" Birden）是一位语调柔和、严肃认真的年轻女士，在福利资格自动化处理试行期间失去了她的福利补助。雪莉在出生6个月时被诊断患有癫痫，成年时，一天中癫痫剧烈发作的次数可多达5次。虽然已手术植入迷走神经刺激器（类似于针对大脑的心脏起搏器），但福利资格自动化处理试行时，雪莉仍然处于"重病"之中。2008年4月末，雪莉收到一封来自家庭与社会服务管理局的福利资格重新认证通知。8日后，雪莉将一系列表格及其他文件传真发出。6月25日，雪莉收到一封邮寄日期为6月12日的信件，信件通知她的医疗补助因"未能配合福利资格确认程序"而将于5日内取消。

这封信件最初被邮寄到了雪莉变更前的地址，延误了信件寄达。惊慌失措的雪莉收到信件后立即联系呼叫中心，一名ACS员工建议她线上更正福利申请。线上更正失败后，雪莉与男友杰夫·斯图尔特又多次联系呼叫中心，试图明确问题所在。杰夫回忆道："我反复向他们读雪莉收到的信件，想找到应当联系哪个政府部门的哪位工作人员处理这一问题。但完全没有任何进展，你就像是在与电脑说话一样。"

7月11日，呼叫中心接线员将雪莉的呼叫转接至马里昂县为数不多的一位社工。社工表示雪莉漏签了某份表格，却又没有说明是哪一份表格。此时，雪莉的抗惊厥药物已经所剩无几，她需要寻找免费的药物供应——每月已经为此支付近800美元，否则只能停止使用一切药物——面临癫痫剧烈发作、惊恐发作、眩晕、失眠、视力模糊以及死亡率上升的风险。

雪莉联系到了联合劝募协会，获得了够维持几日的紧急用药。工作人员建议雪莉立即就"未能配合"福利资格确认程序之事由提出申诉。雪莉于7月14日再次联系马里昂办公室要求提出申诉，却被工作人员告知她申诉的决定是6月12日做出，此时30天的申诉期限已过。一切为时已晚。她必须再次申请福利。

福利资格确认程序需要45天才能完成，而雪莉的药物仅剩3日用量。

州长和家庭与社会服务管理局承诺福利资格自动化处理将加强福利申领者的管理，使申请程序更公正、决定作出更及时。彼时主要以社工为中心的工作机制主要存在两方面问题：首先，社工手动处理文件、收集信息的时间多于"以其社会工作的专业技能协助福利申领者"的时间；其次，老旧的数据系统使得社工有机可乘，与他人合谋非法获利、骗取税款。原有机制使社工与个人、家庭建立一对一关系，跟进个案直至完成。而福利资格自动化处理则是"自助式"，以技术为中心，呼叫中心接线员需要处理的则是一系列任务而非一个个家庭。任何接线员均无法全程跟进某一个案申请。拨打1-800号码时，福利申领者往往总是在与一位新的接线员通话。因为丹尼尔斯政府认为社工与福利申领者间的个人关系将助长福利欺诈，因此，试行的福利资格自动化处理旨在阻断此类关系。

家庭与社会服务管理局将其所有记录打包移送至印第安纳波利斯的集中储存点。这些纸质记录将作为证据材料，留用于申诉听证，但未被扫描备份到自动化系统中。所有贫困家庭临时援助、食品券（补充营养援助）以及医疗补助的申领者均被要求再次提交所有证明文件，无论已获补助时间长短。杰米·安德烈回忆道，"证明家庭成员的所有文件——如出生证明等——在自动化试点前均储存在地方办公室。但试点后，所有文件就此消失，仿佛从未存在过一般。试点后，家庭与社会服务管理局要求福利申领者再次提交部分（令人费解的）已有资料，例如某辆 1988 年时即已出售或废弃的车辆所有权证明文件"。

当福利申领者终于设法找到并成功提交了文件时，接收材料的文件中心与负责处理文件的外包商之间却屡屡出现延迟现象，而且这种延迟一再被解释为福利申领者的过错。来自伯明顿市的专门负责医疗补助案件的律师克里斯·霍利（Chris Holly）估算称，福利资格自动化处理期间，他所代理的 95% 的医疗补助申请案件均存在福利资格确认方面的错误。霍利认为，所有错误都是州及其外包商造成，而非他的客户——福利申请者造成。"我们清楚自己已将所有文件于截止日期前提交完毕"，2014 年 12 月霍利回忆道，"但还是因未能配合福利资格确认程序而被拒绝福利申请"。文件处理通常需要三到四天，但工作人员"从不等待。他们会在截止日期当日，乃至之前，即拒绝申请。如果遭到拒绝，福利申请者则会认为自动化系统的决策必定有其根据，只得接受自身不具备福利资格的处理结果，最终放弃申请"。

然而，许多福利申请者仍在艰难抗争，希望保留自己的健康保险或食品援助。如同雪莉，许多福利申请者化身为坚持不懈的侦探，在数十页的复杂申请流程之中寻找是否有何错误之处。"未能配合福利资格确认程序"的通知不具任何指导意义，它仅告知福利申请者的"某些申请内容"存在错误，却不说明是哪些"错误"。是文件丢失、文件未签名或字迹不清？是福利申请者、家庭与社会服务管理局或工作人员的过错？现居维戈县的退休社工格伦·卡德威尔评论称："未能配合福利资格确认程序不过是一种托词。如此一来，任何问题都将只是福利申请者而非政府部门或工作人员的过错。"

在原有的福利资格处理程序下，申请中的错误或疏漏烦琐耗时，需要社工与福利申请者配合确认如出生证明、诊断报告、收入证明、社会保障卡、租金收据等文件。美国公民自由联盟律师加文·罗斯回忆道："在福利资格自动化处理试点前，福利申请者可以联系社工进行咨询：'我收到了这么一封通知，我该怎么做？'社工会回答，'你详细说明一下情况，立刻将通知传真给我。我会把你的文件存入档案，我们会解决这个问题的。'"在试点前，"未能配合福利资格确认程序"是社工对那些主动拒绝参与福利资格确认程序的申请者的"杀手锏"。自动化试点后，这个阶段却已成为政府用以减少福利补贴人数的手段，而无论是否会造成其他伤害。

雪莉·伯登谈及她人生中最为混乱与恐惧的一段时期，仍旧小心翼翼。她最终找到了所有文件中唯一遗漏的那处签名，"我有保存复印件的习惯，我再次检查了提交的所有文件，发现有一处问题没有回答。对，就因为这个，他们取消了我的福利补助。"2015年我探访雪莉时，她对自己在生死关头感到的孤立无援仍记忆犹新："家庭与社会服务管理局没有提供充分信息，他们不再安排社工协助处理问题，他们让我们自己去解决问题。"

但聪明、坚韧的雪莉并未彻底孤立无援：丹·斯金纳协助她联系到了家庭与社会服务管理局的工作人员，得以快速解决问题；男友杰夫·斯图尔特陪伴她在崩溃中继续前行；联合劝募协会则为她提供咨询与援助。雪莉的医疗补助于7月17日得到恢复，她的生命得以及时挽救。7年后，健康状态逐渐稳定的雪莉在沃尔玛工作，她说："我的身体状况很好，已经能够回到工作岗位，我感觉我的人生是有意义的。"

但许多人没有如此幸运。克里斯·霍利表示："我们作为律师可以找到能够解决问题的工作人员。但那些需要帮助的、没有动过歪脑筋的普通人呢？他们是最为悲惨的群体。"曾有 30 年工作经历的前家庭与社会服务管理局社工简·波特·格雷瑟姆对此表示同意："我们国家那些最为脆弱的群体——没有食物喂养孩子的父母、需要医疗救助的病患以及无法为自身发声的残疾人——只能忍气吞声、咬紧牙关。"

来自温德弗市的林赛·基德威尔同样在福利资格自动化处理试点中失去了她的福利补助。2008 年 12 月，诞下第一个孩子马德克斯 6 个月后，林赛收到信件通知：她须就食品券（补充营养援助计划）及印第安纳居民健康计划——印第安纳州对于低收入父母、孕妇及儿童提供的医疗补助计划进行重新认证。林赛于 12 月 10 日与马里昂呼叫中心的一位接线员进行电话面谈，了解需提供的证明文件。证明文件之一为她的伴侣杰克·威廉姆斯的薪资单。杰克于巴克霍恩餐厅工作一周的税前工资约为 400 美元，他的薪资支付方式是银行支票而非薪资单，于是，12 月 19 日，林赛将除薪资单以外的所有证明文件均传真至文件中心。杰克的雇主也联系呼叫中心，询问应当如何为杰克提供薪资证明。根据接线员的说明，杰克的雇主列出了一份薪资与具体金额的清单，于 12 月 23 日传真至文件中心。

1 月 2 日，林赛收到一份医疗费用账单，告知由于她的医疗补助已被取消，她需为最近一次产后检查支付 246 美元的医疗费用。林赛 1 月 4 日前往超市采购时，她的电子福利给付卡——存有食品券（补充营养援助计划）的借记卡——也已被注销。1 月 15 日，林赛收到一封来自家庭与社会服务管理局的信件。

  邮寄日期：2009 年 1 月 13 日
  尊敬的林赛·K. 基德威尔，
  FS01 (XD)
  您于 2008 年 12 月 10 日提交的食品券申请已被拒绝，原因如下：
  –未能配合核实收入

相应法律法规：

7CFR273.2(d)、

……

MA C 01 (MI)

您的印第安纳健康计划将于 2009 年 1 月 31 日中止生效，原因如下：

－未能配合核实收入

相应法律法规：

470IAC2.1-1-2

一周后，在提交"缺失"证明文件的 13 天窗口期内，林赛前往家庭与社会服务管理局在蒂普顿的办公室，提交了一份更为详尽的薪资清单以及过去 3 周银行支票的影印件。

林赛提交的薪资报告以及已注销的银行支票盖章为"已收到"。林赛保留了文件的复印件，全程目睹工作人员将文件扫描备份至系统，随后收到文件中心已确认收悉的"扫描成功"通知的复印件。林赛就先前的"未能配合"福利资格确认程序的决定提出申诉。行政法法官就取消福利补贴是否正确作出裁决后，林赛的食品券（补充营养援助计划）及医疗补助方可得到恢复。

蒂普顿办公室的社工强调，相较于提出申诉，再次进行福利申请将更为快速、简便。林赛拒绝了这一建议，她不愿再次申请，而是希望对这份在她看来不合理的决定提出申诉。

3 周后，林赛收到一位年轻男性的来电，告知她将收到一份有关听证安排的邮件通知，随后建议林赛放弃听证。他称，由于林赛未曾向系统提交杰克的薪资单信息，她很可能会败诉。但林赛保留了盖有"已收到"印章的薪资单信息复印件及"扫描成功"通知的复印件，她坚称其中一定出现了某种错误。但这似乎毫无意义，林赛回忆道，那位年轻男性只是简单地说道："系统中没有近期薪资单信息的证明文件。法官只会查看系统信息，如果没有证明文件，就会判决你败诉。"

20世纪60、70年代福利权利运动的伟大胜利之一在于将获取福利补助界定为福利申领者的财产权，而非可以随心所欲提供或取消的赈济。社会活动家呼吁对获取政府援助的机会不平等现象举行公平听证（行政法程序）。

1968年，著名的戈德伯格诉凯利案中，纽约州8名被剥夺正当程序保护的公民提起集体诉讼，此案后上诉至联邦最高法院。这一里程碑式的案件判决认定，终止福利申领者的福利之前，福利申领者有权要求证据听证（right to an evidentiary hearing）——包括获得及时充分的通知、要求公开反对证据、决定者的立场中立、交叉问询证人、聘请代理律师。

通过成功将"公共福利"重新定义为财产而非赈济，福利权利运动确立了公共福利申领者得享宪法第十四修正案规定之正当程序保护。戈德伯格诉凯利案判决认为，突然取消政府援助同时剥夺了贫困群体的生存手段及对政府决定提出申诉的能力，如大法官威廉·布伦南所言："自建国以来，美利坚合众国致力于增进本国人民的尊严与幸福，公共福利不仅是某种赈济形式，而是'促进全体福利，保障我们与子孙后代得享自由福祉'的一种手段。"[1]

印第安纳州福利资格自动化处理试点导致的根本性改变将不可避免地与戈德伯格案确立的福利申领者所受正当程序保护相冲突。美国公民自由联盟律师加文·罗斯（Gavin Rose）与杰奎琳·鲍伊·苏斯（Jacquelyn Bowie Suess）代表因"未能配合"福利资格确认程序而被取消医疗补助、食品券（补充营养援助）及贫困家庭临时援助的十余位印第安纳州中北部居民提起了另一场集体诉讼——普度诉墨菲案（*Perdue v. Murphy*）。这一案件明确指出福利资格自动化处理损害了福利申领者得享的正当程序保护。

---

[1] Greenhouse, 1990.

美国公民自由联盟称，家庭与社会服务管理局的通知并非一个完整的通知，"未能配合"福利资格确认程序被过于宽泛地作为取消福利的原因，而且没有社工参与的福利制度是在剥夺残疾人参与公共福利计划的平等机会。美国公民自由联盟同时认为，被不当取消福利的申领者的最终救济手段——公平听证——愈加难以申请召开。呼叫中心接线员则默认自动化系统的决定优先于行政法程序，不鼓励福利申请者申诉而建议其重新提交申请，也不告知福利申请者拥有的权利。这一切都令福利申请者感到求助无门。

美国公民自由联盟在下级法院胜诉后，普度诉墨菲案最终被上诉至印第安纳州最高法院。法院判决认定该州"未能配合"福利资格确认程序的通知违宪，未能为福利申请者提供充分的正当程序保护。然而，印第安纳州最高法院撤销下级法院的一项判决，认定州政府的确有权以"未能配合"福利资格确认程序为理由拒绝福利申请，因为在某些情况下，"未能配合"与"拒绝配合"是重合的。判决要求家庭与社会服务管理局下发的通知内容应当更为完整具体，但没有提及福利资格处理回归社工个案处理模式，也没有禁止使用"未能配合"福利资格确认程序来减少福利补贴人数。

"法官只会查看系统信息，如果没有证明文件，就会判决你败诉"，呼叫中心接线员2009年2月告诉林赛·基德威尔。这几句话仿佛一场噩梦。即使保留的盖章复印件能够证明她已正确提交所有薪资单信息，林赛对于是否应当撤销申诉仍然犹豫不决。如果林赛败诉，她需将清偿等待申诉期间的所有福利补贴——共计数月的食品与医疗费用。

即使林赛知道自己没有错，也没有必然胜诉的把握。败诉则意味着这个年轻的家庭将背负更多债务。林赛询问接线员，在做出申诉与否的决定前是否可以咨询专业人士意见。接线员只是回答道："不，你现在就必须答复，是否继续申诉？"林赛鼓起勇气，确认了公平听证的申请。

接线员挂断了她的电话。

林赛于2017年回忆道，申诉开门见面，"我前往听证会，工作人员告诉我，基本上是他们搞错了，我不欠他们任何钱"。林赛的家庭符合福利资格的要求，他们的印第安纳健康计划与食品券补助被正式恢复。

这段往事仍然困扰着林赛。福利资格自动化处理试行后的10年间，她的家庭始终在努力自给自足，后面她离婚了。2017年我探访林赛时，她明白在那样的处境下，可以向家庭与社会服务管理局申请福利，"我正在经历一段艰难的时期。现在，我是一名单身母亲，有一份全职工作，但薪资有时入不敷出"。然而，福利资格自动化处理试行期间的经历令林赛犹豫不决："他们将福利申请变得如此复杂。如果申请，或许我将得到福利补助，但福利取消的那段经历……我是说，我时常为此哭泣。我做了一切他们要求我做的事，我甚至不知道为此承受巨大的压力是否值得。"

医疗补助、食品券（补充营养援助计划）及贫困家庭临时援助的福利申请者不是福利资格自动化处理试点唯一影响的印第安纳州居民。这即是2015年3月我前往韦恩堡市探访家庭与社会服务管理局社工的原因。我希望他们能谈谈对福利资格自动化处理的认识与感受。

印第安纳州第二大城市——韦恩堡市位于印第安纳州东北部，距离俄亥俄州以西18英里，密歇根州以南50英里。通用电气公司与万国收割机公司曾在此设有工厂，但都在1970—1980年代关停或大幅裁员。在驶向下午第一位探访对象的路上，我经过了全国邮递员协会的当地总部、以美味的自制沙拉与瓶装辣酱闻名的乔治购物中心、橱窗中挂有"要喝啤酒就按喇叭"牌子的洛乌大叔的钢厂酒馆。我经过火车轨道，经过涨水的圣玛丽河，来到一片遍布最普通的两层小楼的街区。

简·波特·格雷瑟姆（Jane Porter Gresham）将我带到她的家中，房间整洁，墙壁洁白，我们坐在前厅的蓝色平绒沙发上聊天。格雷瑟姆穿着蓝色T恤及开襟毛衣，佩戴的木制十字架十分醒目。格雷瑟姆已在家庭与社会服务管理局工作了26年，从1985年至2011年。福利资格自动化处理试行后她选择退休。即使已经过去了4年，格雷瑟姆谈及福利资格自动化处理时，圆润的脸上仍闪过一丝愤怒与沮丧。"那些第一次来到家庭与社会服务管理局的人，你可以从他们的眼睛里看到恐惧——对于我工作的恐惧。他们告诉我：'我从没想过我需要来这里。'他们不愿欺骗系统，却也不知如何寻求帮助。我们作为政府雇员的职责正是确保符合资格的福利申请者获得福利补助。"

福利资格自动化处理试点推广至艾伦县时，格雷瑟姆凭借数十年的工作经验与资历得以保留政府雇员的岗位。但自动化系统的运作却使其不能再进行个案申请处理，而只能去处理工作流管理系统（WFMS）分配给她的任务。1,500名ACS公司的私人雇员与剩余的682名政府雇员（现称作"州福利资格顾问"）负责对接处理这些任务。

丹尼尔斯曾承诺，没有政府雇员会因福利资格自动化处理而失去工作，薪资水平也将维持原状或继续增长。但新岗位的工作现实却使一批政府雇员决定退休或离职。大批政府雇员不得不接受背景调查与药物检测，重新申请已经工作数十年的工作岗位，却发现工作地点已由当地县办公室转至区域呼叫中心。ACS公司为新工作地点距离现工作地点50英里以上的雇员提供补贴费用，但许多雇员不愿为一份不稳定的新工作而离开久居之处。

在福利资格自动化处理系统中，工作人员将处理工作流管理系统分配的任务，无法再"负责"或监督某一个案处理。福利申请的个案处理地点不位于福利申请者的居住地，自动化系统中，任何工作人员都有可能收到来自任何县市的来电，即使他们对于来电者的当地情况一无所知。格雷瑟姆说道："我们收到印第安纳州各地的来电，要不是处理某个福利申请，我完全没有机会知道弗洛伊兹科诺布斯镇（位于印第安纳州东南部）！我对于那里的公共服务一无所知。"

格雷瑟姆认为，将福利资格的个案申请处理机制转变为"任务"

处理机制对工作人员和福利申请者都很不人性。"如果我当初想在工厂工作，我早就选择去工厂工作了……你要求我们像工人那样'生产'物品，但那是不可能的。如果你听了福利申请者的故事，怎么可能……"在漫长的职业生涯中，格雷瑟姆接触的多数申请者均有精神创伤——或因洪水、火灾，或因疾病、意外，或因家暴、长期失业。格雷瑟姆说："有过创伤的人们想要一些希望，看到未来会更好，需要他人的关怀与陪伴。我认为（福利资格自动化处理试点前）我们正是这么做的。我们倾听、处理他们的需求，试图改善他们的境况。"

"我们成了任务处理机制的奴隶，"已经在家庭与社会服务管理局工作了30年的难民援助部门社工弗雷德·吉尔伯特（Fred Gilbert）说道，"类似于其他私营呼叫中心的工作，任务处理'只关乎事实'。但福利制度非常复杂，需要社工协助福利申请者处理，这是社工的工作。"

丹尼尔斯与IBM&ACS联合公司曾承诺福利资格自动化处理将使申请决定更及时、资源利用更有效、服务质量更优质。但社工却面临大量的技术故障，延迟或终止申请进程的错误激增，未经充分培训的私人雇员将自己造成的问题交由剩余的政府雇员处理。ACS公司私人雇员在工作中的错误被转给州政府雇员修正，使得这部分剩余的政府雇员负担了极大的工作量。

2009年夏季时，家庭与社会服务管理局共积压了32,000件福利申请，6,500人等待申诉听证。家庭与社会服务管理局向美国农业部提交的月度管理报告显示，食品券申领的误差率难以置信的高。2006年至2008年间，综合误差率增长2倍以上，由5.9%增长至19.4%，主要集中于负误差率：12.2%符合资格的福利申请被不当拒绝。印第安纳州食品券资格确认的等待时间过长，已引起美国农业部的关注与经济处罚警告。

自动化处理合同的基本要求之一是及时处理大量福利，这种绩效压力和不断增长的积压待办工作使得工作人员开始大量拒绝福利申请，接线员习惯性地建议福利申请者"再次申请"。弗雷德·吉尔伯特回忆道："申请规则变得冷漠麻木。如果（申请者）未能提交某份文件，比如30份文件中的某一份，你就可以未能符合程序为由拒绝该申请……这种工作方式下，你无法帮助他人。"

简·波特·格雷瑟姆坐在客厅中，陷入沉思，"试点不久后，坊间就有传闻称：如果某人希望按时申领福利，（当面）去家庭与社会服务管理局的地方办公室将是最佳选择，因为我们将必须为其安排一次社工面谈。为此而来的来访者已使我们不胜负荷，使每个人都几乎难以工作……我们没有节约任何空间、租金或人工……但最终仍是不堪重负。"

许多优秀的社工为此劳累过度，格雷瑟姆本人的健康状况也一度恶化。"我们的工作热情变得低迷，不再有互相慰藉的同事，也不再有团结友爱的集体，只剩下你个人在孤军作战，"格雷瑟姆伤感地说道，"我终于意识到这份工作正在影响我的健康状况与人际关系。我是最后一批离开的人。"

对家庭与社会服务管理局感到失望的印第安纳州贫困和工薪阶层民众转而寻求当地政府，志愿者以及对彼此的支持。绝望的人们排队等待救助，政府部门抗拒变革，呼叫中心接线员的态度轻蔑……面对以上种种，印第安纳州居民决意反击。曼西市是首批试点区域中最大的城市，也是抵抗福利资格自动化处理的中心之一。

沿32号州道驶过"美国米德尔顿市"时，能感受到这座城市最近的工业历史。如果从西边驶来，映入眼帘的是近百万平方英尺的博格华纳工厂已遭废弃。20世纪50年代，博格华纳于此雇用了近5,000名工人为福特卡车装配变速器，但它已于2009年关闭。驾驶约2英里后，右侧掠过一片巨大的沥青场地——这是通用汽车工厂的旧址。20世纪60年代，工人于此为马力强劲的汽车装配著名的曼西M-22"碎石机"四速变速器，但该工厂也已于2006年关闭。2015年我探访曼西市时，特拉华县中心镇受托人办公室的招聘公告仅提供少量工作岗位：园丁、管理员、餐饮服务人员、百事可乐配送员。

印第安纳州共分为 1,008 个占地六平方英里的城镇，各镇的地方政府办公室依靠所征收的房产税作为运作资金，由镇委员会与民选受托人负责运作。尽管各镇办公室的工作模式存有差异，其主要职责之一均为当地济贫工作。2007 年 10 月福利资格自动化处理试点之后，特拉华县受托人办公室即因大量自动化系统故障而不堪重负。首席个案协调员基姆·墨菲（Kim Murphy）说道："人们极度震惊，我是指，他们感到完全茫然无措。"曼西市居民已因大量工厂的关闭而饱受失业折磨，现又因福利资格自动化处理的试点而失去食品券、现金补助与医疗补助。特拉华县中心镇受托人玛丽莲·沃克（"凯"）说道："人们感到非常困惑，不知应当求助于谁。新的福利体制下，没有福利申请个案管理、没有个人关系，机构之间也互不沟通。它是有史以来最大的烂摊子。"

《曼西星报》的文章指出，截至 2008 年 2 月，特拉华县申领到食品券的家庭数量下降了 7.47%，但印第安纳州申领食物援助的家庭数量却增长了 4%；生命源泉 211 热线收到询问食品赈济处信息的来电数量增长了一倍；印第安纳州中东部第二丰收慈善食品银行面临严重的赈济食品短缺；市政墓园也在抱怨已经为贫困人群垫付的数千美元葬礼费用尚未得到支付。

印第安纳州政府鼓励居民通过新系统在线申请福利服务，但曼西市（及其他地区）的低收入家庭却没有上网的条件。多数福利申请者需通过地方图书馆、食品赈济处或保健诊所等社区伙伴进行在线申请。家庭与社会服务管理局积极招募社区组织参与志愿社区援助网（Voluntary Community Assistance Network, V-CAN），来支持新的自动化系统。

家庭与社会服务管理局要求沃克利用办公室的电脑及员工协助曼西市居民提交政府援助申请，沃克对此表示反对。"当我了解到这就是他们所谓的计划时，我的反应就像'你说什么？见鬼！你不能这么做！'家庭与社会服务管理局试图使其他所有组织都来参与协助他们的工作，"沃克回忆道，"但我们已处于超负荷运转状态。"沃克为福利申请者提供传真文件或进行电话面谈的办公室，她的下属则尽力协助福利申请者进行申请。但沃克拒绝成为志愿社区援助网的成员之一："我认为我们没有义务负责家庭与社会服务管理局应做的工作。"

福利资格自动化处理试点使公共图书馆受到极大冲击。"绝望的人们在图书馆前排队等待帮助"，前任曼西市公共图书馆馆长金妮·尼尔斯说道。家庭与社会服务管理局对志愿社区援助网成员近乎于志愿者式的无偿工作几乎没有给予任何经济补贴，也没有提供训练或进行监督。图书管理员为社区志愿者提供协助提交福利申请的相关培训，但图书馆仍然不堪重负。预算的削减迫使公共图书馆减少工时、精简员工，使得情况进一步恶化。

尼尔斯称，图书馆工作人员与志愿者的工作都很出色，但图书馆仍面临许多严重问题。"图书管理员严格遵守保密性。福利申请表格涉及个人隐私问题，如果福利申请者无法使用电脑，图书管理员需要为福利申请者阅读问题，并且还要问出答案再帮其填入，其中包括社会保障号码、心理状况与健康状况。志愿者工作尽职，但对于图书管理员而言，保密是他们的责任所在。"

世代项目的创始人约翰·卡德威尔在福利资格自动化试行期间与地方各非营利组织密切合作，他认为："地方机构是受害者。家庭与社会服务管理局推卸职责，使得地方机构需要服务职责范围之外数以千计的居民，艰难地协助当地居民恢复福利补贴。地方机构的工作人员与当地居民互相熟识，对于居民失去医疗补贴或食品援助的情况不能冷眼旁观。"

面对大量系统故障、需求日益增长、州政府漠不关心，福利申领者、社区组织以及受托人办公室开始行动起来。一个名为"忧心忡忡的印第安纳人"的团体建立网站供家庭与社会服务管理局及 ACS 公司的工作人员分享关于自动化系统的体验。印第安纳家庭护理特别工作小组（The Indiana Home Care Task Force）就福利资格自动化处理试点问题召开新闻发布会，起草旨在消除负面影响的示范法案；由社会服务组织、福利改革倡导者及福利申领者构成的福利私营议题委员会下设小组委员会，为被终止福利的申领者提供紧急干预、组织媒体亲临调研试点对印第安纳州居民家庭的影响、开展游说活动向政策制定者施压要求停止自动化处理试点并终止与IBM/ACS的私营合同。他们用COWPI（音同cowpie，意为牛粪）一词，以印第安纳特有的幽默表达对新福利制度的态度。

全州各地都在召开关于福利制度现代化问题的市政厅会议。2008年4月，先是安德森市，曼西市、伯明顿市、特雷霍特市及科科莫市也紧随其后。最为成功的会议之一是于2008年5月13日召开的曼西市市政厅会议。事实证明，沃克与墨菲都是考虑周到、足智多谋的会议组织者，他们打印会议传单，在社会服务组织、便利店、图书馆等处分发；说服一美元商店在每位顾客的购物袋中放置传单；他们将会议时间安排在第二丰收慈善食品银行分发食品当日；邀请州参议员苏·埃林顿、州参议员提姆·拉娜、州众议员丹尼斯·泰勒在内的地方立法者听取受自动化系统影响的当地选民发言；邀请米奇·鲁布参与会议（他最初表示反对）。市政厅会议召开临近时，米奇·鲁布改变了想法，要求沃克在会议中安排若干社工、八台电脑及一台复印机，以供现场解决与会者的福利资格问题。

500余人参加了会议。福利申请者的队伍横跨了整个市政厅，逐一陈述有关电话无应答、文件被丢失、遭到恣意拒绝福利申请的情况。来自曼西市的梅琳达·琼斯（Melinda Jones）是一个出生仅10个月的癌症患儿的母亲，正在争取保留她的医疗补助及食品券。"为了给我的孩子购买食物，我不得不向我的父母借钱"，琼斯说道，"我认为政府如此对待儿童是极其荒谬的"。

克里斯蒂娜·金（Christina King）是三个孩子的母亲，也是一个糖尿病患者。金在福利资格自动化处理试点期间失去了她的医疗补助。她的血糖因无法负担七个月的胰岛素费用而失去控制，使她面临中风或昏迷的危险。"当我7岁的孩子走进房间，但我却瘫痪在床无法移动时，新的福利制度帮我做了什么？"金质问道，"因为无法负担胰岛素，住院2日后我才转出重症监护室，我面临肾衰与失明的风险。但我仍每天从床上爬起来去工作，因为我认为身体力行地教导我的孩子很重要，'不要依赖福利制度'。我不是来讨要救济物品的，我只需要'拉我一把'。我独立抚养着三个孩子，我希望以行动告诉他们：'不要步我的后尘——要活得比我好'"。

福利资格自动化处理试点对于失聪、失明、残疾、患有精神疾病的福利申请者打击最为严重。"我是失聪者，我应该如何进行电话面谈？"迪奥娜·麦盖克通过手语翻译提出质疑，"我联系（呼叫中心接线员），要求电话'中继'服务（relay service），但他们无法理解什么是'中继'服务"。接线员告知麦盖克，她需要他人协助以申请福利，麦盖克则回复称："不——我自己能够回答问题，你这是在歧视失聪者。"

曼西市市政厅会议后日，州众议员丹尼斯·泰勒致信全体众议院议员，要求在夏季州议会时，召开解决福利资格自动化处理相关问题的会议。"印第安纳州政府没有履行职责，"泰勒向《印第安纳新闻链接报》的记者乔·瑟马克说道，"我们都不愿认为这个系统的使用初衷就是为了辜负印第安纳州居民的信任，但当居民是如此失望时，我们又能怎么想呢？"数日后——5月19日，IBM&ACS联合公司收到家庭与社会服务管理局的指令——"继续"，于是继续将福利资格自动化处理推广至印第安纳州东北部与西南部的20余个县。

自动化系统现已推广至印第安纳州92个县中的59个县，用以服务430,000名福利申领者，几近该州个案处理量的50%。5月30日，一场恶劣天气——龙卷风、暴雨、强风——肆虐印第安纳州，致使洪水泛滥。IBM&ACS联合公司要求雇员停止常规工作，紧急投入洪灾导致的福利申领工作，加快处理数千人的紧急救助补贴申请，但这更增加了原本已大量积压的普通福利申请工作量。

数周后的伯明顿市市政厅会议中，州参议员维·辛普森与州众议员佩吉·韦尔奇及马特·皮尔斯听取福利申请者的证词，并就此责问家庭与社会服务管理局家庭资源部部长扎克·曼因（米奇·鲁布的得力助手）。伯明顿市与会者提出的问题与曼西市类似：电话占线严重、救助中心需要等待数日、未能配合福利资格确认程序的通知过于随意、内容含混不清、家庭与社会服务管理局对志愿社区援助网成员不予培训和支持。颇为懊恼的曼因面对有关自动化系统的批评，回应道："我今天来到这里不是为了争论或辩护，也绝不是为了告诉大家自动化系统不存在问题……我想说的是，我们正在努力……丹尼尔斯州长当选时，印第安纳州的儿童死亡率为全美第一位，以工代赈率则为全美末位。过往的福利制度毋庸置疑，存在极大问题，而引入现代化系统后的各项结果已不证自明。"

房间里的与会者纷纷表示怀疑。不证自明？证的究竟是指什么结果？近三个月始终在响应当地选民控诉的众议员辛普森与韦尔奇并不认同曼因的回答。二人不断向曼因发问，包括未能配合福利资格确认程序的通知语言模糊、社工支持不足、家庭与社会服务管理局缺乏对其处理流程的监督与问责、未向IBM&ACS联合公司收取因欠佳表现而产生的罚金。

佩吉·韦尔奇反击称："很抱歉，扎克，但是我们不断收到有关电话面谈时间安排的控诉。系统告知福利申请者'电话面谈已安排于下午2点至4点，请作好准备'，但系统却未作呼叫，次日早晨8点来电却称福利申请者'未能配合福利资格确认程序'。这是一个真实存在的问题。"辛普森补充道："人们无法理解拒绝通知中'未能配合福利资格确认程序'的含义。过去，人们能够联系社工了解申请中是否缺失文件、遗漏签名或存在问题。而现在，人们无处寻求帮助。"

福利资格自动化处理试点期间，新闻报道中尽是令人心酸的场景：医疗补助申请遭拒的修女、人生最后时光仍在争取恢复医疗补助的重症病人、赈济食品发放一空的食品银行。负责管理美国农业部食品券发放的印第安纳州食品与营养局局长奥利斯·霍尔登致信米奇·鲁布，要求家庭与社会服务管理局暂缓福利资格自动化处理试点。联邦政府也对印第安纳州福利资格确认所需的过长时间表示关注。

州长面临着州立法者日益激烈的质疑。民主党众议员马特·皮尔斯称："我在众议院议会中提出个人特权问题，'我们正在目睹一场灾难缓慢降临，每个人都应了解当下的情况。这个系统正在伤害民众，我们真的应该马上去处理它。'"州长丹尼尔斯却只是将种种控诉归为党派斗争，在接受《埃文斯维尔信使报》采访时驳斥道："我想说的是，（立法者）听到的控诉来自于那些过去曾以福利制度牟利的人。这是种种控诉的主要来源。"①

然而，丹尼尔斯认为在这场自动化试验中唯一利益受损群体是福利欺诈者的观点并站不住脚。批评的声音也来自于他自己的党派——共和党。2008 年 10 月，同属共和党的州众议员苏珊娜·克劳奇与州参议员瓦内塔·贝克尔起草了一部法案，希望医疗补助监督联合委员能全面审查福利资格自动化系统，全部审查完毕之前，应当停止继续推广自动化试验。2008 年年底，丹尼尔斯宣布将他的朋友与同僚米奇·鲁布调离家庭与社会服务管理局，调任为印第安纳州商务部部长与印第安纳州经济发展公司首席执行官，并任命鲁布的办公室主任安妮·沃尔特曼·墨菲为新任家庭与社会服务管理局局长，来领导这个危机重重的机构。

继任后不到三个月的时间里，墨菲要求 IBM 提交改进措施计划，改进 36 项服务缺陷，包括等待时间过长、文件丢失、数据误差、电话面谈安排混乱、申请处理缓慢及对申领者的错误指示问题。

IBM 辩称合同未规定需提交改进措施计划，但仍同意评估现有机制、提出系统改进的建议。《新闻与论坛报》编辑肯·库斯默表示，IBM 后续于 7 月底发布了 362 页的改进措施计划，改进内容包括"有

---

① Corbin, 2009.

误和不完整的数据收集"与"与申领者的有误沟通"等。①墨菲希望两位长期从事福利工作的官员——理查德·亚当斯与罗杰·齐默尔曼——提出备用方案,以防 IBM 不能或不愿实施改进措施。普度诉墨菲案中亚当斯的证词表明,这两位在午餐时的纸巾上勾勒了一个"混合制度",恢复使用自动化系统试行前的部分流程。

丹尼尔斯仍旧在为福利资格自动化处理系统辩护,坚称印第安纳州政府将不会从对福利制度的高科技改革中后退,"随时间推移,这一问题将自行消失"。但政治风向已经发生了改变。丹尼尔斯有望参与总统竞选,而福利资格自动化处理试点的失败会将印第安纳州及他领导的州政府置于窘地。2009 年 10 月,面对全国观众,丹尼尔斯作出了一个令人始料未及的举动。他承认福利资格自动化处理试点失败,宣布解除州政府与 IBM 的合同,将这次自动化改革称为"完全行不通的错误构想"。

2010 年 5 月,印第安纳州政府起诉 IBM 违约,要求 IBM 赔偿 4.37 亿美元。州政府称自动化处理系统导致大量申请遭到错误拒绝,对印第安纳州贫困群体造成严重损害,要求 IBM 返还近 5 亿美元的项目费用、损害赔偿金、联邦罚款与政府雇员加班费。IBM 则提出反诉,要求州政府支付约 1 亿美元的服务器、硬件、自动化处理程序与软件使用费(州政府仍用于福利资格确认程序)。IBM 最终胜诉,法院判决州政府赔偿 5,200 万美元。

"本案中,诉讼双方都不配胜诉",马里昂市高等法院法官大卫·德雷尔于支持 IBM 诉讼主张的判决书中如是写道。"该案展现的是由政府错误政策与企业过度野心结合而成的一次'完美风暴'。总体而言,诉讼双方均应受谴责,真正受到损害的是纳税人……本案双方或法院……均无法弥补纳税人损失的税款,更无法救济急需帮助的

---

① Kusmer, 2009.

印第安纳居民的苦难。"

州政府在起诉中称，IBM 对于自动化处理复杂社会服务计划的能力作出虚假陈述，未能符合合同规定的绩效指标。试行福利资格自动化处理的各县在处理及时性、工作积压量、数据完整性、资格确认误差率与申诉数量等各方面的绩效均落后于实施原有制度的县。

州政府甚至指控 IBM 临时调整工作流程以提升表面绩效。州政府聘请的私人代理律师主张称："试点县申诉数量急剧增长的主要原因之一在于 IBM&ACS 联合公司雇员的福利申请处理严重滞后。为保持处理及时性，雇员往往选择拒绝申请，告知福利申请者进行申诉。等待申诉期间雇员再处理相关申请，于听证日前准许申诉者领取福利。"诉状称："自动化系统深陷困境的 3 年间，IBM 公司的利润率却高于项目预期。"

相反，IBM 则辩称，州政府始终在称赞自动化系统取得的成就。2008 年 5 月，鲁布向州议会汇报，"我们将以前所未有的效率服务更多的印第安纳州居民"。[①] 2008 年 12 月，丹尼尔斯称自动化系统"远远优于原有制度"。IBM 承认自动化系统存在管理超负荷问题，但认为这是非其可控因素造成。2008 年经济大萧条、新印第安纳健康计划与特大洪灾都将福利申请的量级推动至州政府与 IBM 公司无法预想的层面。

德雷尔法官认为诉讼双方均存在过失。德雷尔指出，州政府在已施行混合福利制度（仍使用 IBM 的工具、软件及技术）的前提下仍要求 IBM 继续推进福利资格自动化处理。然而 2009 年年初，参议院剥夺家庭与社会服务管理局的年度预算开支后，该部门已无支付要求订单变更或合同变更而产生的费用。墨菲于一封内部邮件中写道，IBM "需要额外费用以继续推进项目……他们要更多的钱！而 2010 财年结束之前我们将毫无经费。真是糟糕透顶"。[②] 当 IBM 拒绝在不支

---

[①] Complaint for Damages and Declaratory Relief, *State of Indiana v. International Business Machines Corporation,* 2006: 22.

[②] Finding of Fact, Conclusions of Law, and Judgement for IBM, *State of Indiana v. International Business Machines Corporation,* 2012: 35.

付额外费用的前提下增加更多工作时,州政府直接选择中止合作、解除合同,而且留下了IBM的设备、自动化处理程序与分包商。

州政府与IBM均将自动化系统的崩溃归因于非可控因素。但事实上,IBM&ACS联合公司已准确交付了州政府当初所需的全部内容:减少福利补贴人数,无论代价如何。

诉讼中,就福利资格自动化处理试点失败对于印第安纳州居民的影响,双方均避而不谈。州政府起初即了解该计划将使福利申领者及其家庭面临巨大风险。州政府知晓"部分区域"试点自动化系统"将存有潜在的重大风险",但"认为'福利制度的现状不可接受'",依旧决定推进试点。[1]

试点期间,福利资格自动化处理的目标始终如一:通过任务处理机制阻断社工与福利申请者间个人联系,进而最大限度地提升效率、减少福利欺诈。合同规定的绩效指标对此有清晰反映:呼叫中心的响应时间是关键绩效指标,但资格确认误差率不是。效率与节约经费是合同规定的条款,但透明性与正当程序不是。

德雷尔法官认为,福利资格自动化处理的问题不在于IBM&ACS联合公司的过失,他们对于合同并无实质性违约。德雷尔于判决书中写道:"试点期间,合同的'心脏'毫发无损,即使有时'心率失常'。"州政府实现了控制社会服务项目成本的目标,IBM&ACS联合公司仅需向其雇佣方与股东负责,没有义务去衡量试点对于贫困、工薪阶层可能的影响。福利资格自动化处理的问题不在于IBM&ACS联合公司未能交付合同所需内容,而在于州政府和其私营伙伴都拒绝估测或处理当地居民为该自动化系统付出的代价。

就德雷尔法官的判决提出一系列上诉后,2016年3月,印第安纳州最高法院判决IBM存在实质性违约,但该判决仅仅旨在认定责任、

---

[1] Ibid: 4-9.

施以罚金。如德雷尔法官所言，印第安纳州政府诉 IBM 案（*Indiana v.IBM*）关系到合同的实质性违约，而非公众信任或公共利益。福利资格自动化处理的真正代价——苦苦挣扎的家庭失去挽救生命的补助，纳税人缴纳的税款被大量用于支付合同费用与诉讼费用，公共服务体系与民主程序遭到削弱——仍有待计算。恐怕不可估量。

任职于印第安纳法律服务中心的杰米·安德烈认为："民众为此付出了巨大代价。苦苦等待申领医疗补助的代价是巨大的，它使人们的生活支离破碎。大部分失去福利补助的居民不得不停止接受医疗服务，他们所受的伤害无法补偿。"

印第安纳州现已实施混合福利制度，将政府雇员线下面谈与私营自动化系统线上信息处理相结合，使福利申请者得以通过电话、网络、邮件或当面联系为其分配的地方社工，有更多与政府雇员接触的机会。但混合福利制度的大量核心功能仍通过私营自动化系统实现，试点期间引发了诸多问题的任务处理机制也继续被保留下来。在混合福利制度中，重新配置了工作人员的地方办公室将作为问题处理中心，而由施乐公司（Xerox）——2009 年以 64 亿美元收购 ACS 公司——运营的区域性"交换中心"与州"交换中心"将负责处理福利申请、收集并数字化处理文件、安排预约、筛查福利欺诈、处理公平听证申请、安排福利申请者首次对接系统、更新个案进展。

诚然，2009 年混合福利制度的实施平息了对自动化系统最为激烈的批评，但该制度是否有助于更准确地处理福利申请，尚不清晰。2014 年 12 月，克里斯·霍利评价称："家庭与社会服务管理局终止与 IBM 合作而实施混合福利制度后，对于像我一样的工作者情况有所好转。协助贫困群体的人现在可以直接联系地方办公室来解决问题。可以说我们的需求得到了关注，但我不认为普通人的需求也已得到关注。我不会说家庭与社会服务管理局收买了我们，但他们回应了我们的需求。我们曾是最为激进的批评者。"

## 第二章 美国中部地区的福利资格自动化处理系统

2010年5月,埃文斯维尔的众议员盖尔·里肯于《韦恩堡公报》社论中对霍利的观点表示赞同:"安妮·墨菲报告称(混合福利制度实施后),对于处理错误的申诉数量有所减少,但减少原因尚不清晰:是因福利制度有所改善,还是因为印第安纳州居民已彻底放弃斗争?"[①]

对于部分社工而言,混合福利制度仍仅是自动化系统更名换姓的产物。"我没有发现任何改变,"简·波特·格雷瑟姆如是说道,"我们仍在强制加班,我们接待的面谈数量仍无变化,我们的工作量并未减少……只有最为激进的批评者的需求得到了满足。"当我问及为何不再有人对混合福利制度提意见时,格雷瑟姆回答称:"因为理解福利制度的资深政府雇员或已离职,或已退休。"前家庭与社会服务管理局雇员及志愿者格伦·卡德威尔对此表示赞同,"是的,我们不满(混合福利制度)却不发声的部分原因是我们已精疲力竭。我们赢下了一场重要的战役,但是还不能确定已经赢得了战争的最终胜利。"

苏菲的父亲凯文·斯泰普斯说:"州政府建立混合福利制度的目的仅仅是为掩人耳目。福利申领者的呼声无人倾听,这也是我们前往州议会大厦的原因之一。"基姆插话道:"直接去找州政府!"凯文向他的妻子点点头:"我们勇于维护自身的权益"。但许多印第安纳州居民却不知如何维护,或无法维护自身权益。凯文继续道:"我的妻子执着而智慧——我是说,对她而言,正确提交所有文件应当轻而易举。我无法想象那些技能掌握较少的居民将如何应对福利申请……我知道他们无法,也未能正确提出福利申请。"

"这个制度似乎不是为了帮助弱势群体,更像是玩'抓住你了'的游戏,"克里斯·霍利说道,"我们的法律制度奉行疑罪从无,即使令十个有罪之人逃脱制裁,也不应使一名无辜者锒铛入狱。但福利制度的现代化却与之恰恰相反",其前提是"即使令十个符合资格的申

---

① Riecken, 2010: 13A.

请者审查遭拒，也不应使一个不具资格的申请者审查通过"。霍利说道："政府本有机会建立一个响应民意的高效福利制度，确保符合资格的申请者能够申领到福利。但我的直觉是，他们不尊重那些需要政府救助的弱势群体。"

2008年秋季，来自埃文斯维尔市的欧米加·扬因癌症晚期住院治疗而错过了重新认证医疗补助的预约。扬的癌细胞已由卵巢扩散至肾脏、乳腺与肝脏，化疗使她虚弱而消瘦。她皮肤深棕，脸庞圆润，两个儿子都已成年。此时她正在苦苦争取满足新福利制度的申请要求。扬联系范德堡县的救助中心，告知自己正在接受住院治疗的情况。然而，她的医疗补助与食品券仍因未能配合福利资格确认程序而被取消。

《印第安纳波利斯星报》的记者威尔·希金斯报道称："现年50岁、独居于一间小公寓的扬已陷入惊慌与绝望。"① 在与塞西莉亚·布伦南——印第安纳州西南区域老龄委员会协助福利申请的工作人员——的通话中，扬痛哭着询问："我该怎么办？"扬的姐姐克里斯塔·贝尔克制住，没有告诉媒体取消医疗补助加速了扬的死亡，但仍向媒体谴责自动化系统使扬在人生的最后时光处于极度的忧虑与困扰中。扬的姐夫汤姆·威利斯告诉希金斯，他已经习惯于把扬的医疗费用账单藏起来，以免她对于10,000美元的医疗欠款耿耿于怀。

由于失去福利补助，扬无法支付药物费用、无法使用食品券、无法支付租金、无法享有免费送医服务。欧米加·扬于2009年3月1日去世。次日，即3月2日，扬就家庭与社会服务管理局不当终止其福利申请的申诉胜诉，福利补助得到恢复。

申请公共福利向来不易，对黑人女性尤其如此。历史中最为苛刻的福利申请规则即是针对黑人女性。"合适的居住环境"及"可就业的母亲"等申请条件被有选择性地解释，以阻碍黑人女性申领福利，

---

① Higgins, 2009: A 1.

这一情况直至1970年代福利权利运动兴起才有所改善。而"家庭存在成年男性"（man in house）或"代父"（substitute father）等规则则将侵犯女性隐私、评判女性性取向、入侵女性私人领域的行为予以合法化。1976年，罗纳德·里根在竞选演说中批评"福利女王"琳达·泰勒生活方式奢华，旨在将福利申领者的主要形象描绘为黑人与女性。"芝加哥有一位女性"，里根于新罕布什尔州的共和党总统初选演说中如是说道，"她有80个姓名、30个地址、12张社会保障卡与4位不存在的已故退伍军人丈夫。她的每个身份均在申领退伍军人福利、医疗补助与食品券，仅免税现金收入已达15万美元之巨"。① 然而，对于琳达·泰勒的最终指控表明，她仅有4个别名，而非80个，免税现金收入为8,000美元，而非15万美元。但里根夸大其词的指控符合当时的社会需求与舆论氛围，福利女王的形象至此成为美国对于政府援助印象的一部分。

时至今日，审计研究表明，相较于白人申请者，有色人种申请者在地方福利办公室仍需面对社工更多不专业的行为，如隐瞒重要信息、拒绝提供申请以及其他形式的无礼行为。② 在黑人人口占比更大的州，福利申请规则与社工工作要求将更严格，对福利申请者的惩罚率将更高。③ 福利资格审查个案工作是一项复杂的工作，它必须以人际关系为基础，它需要兼具灵敏的头脑与怜悯的内心，又常常受到贯穿于社会的种族、阶级、性别偏见等因素影响。关注福利资格处理程序中的过度自由裁量权问题是合理的，有些时候，社工的确会因固有或无意识的偏见而拒绝他人的福利申请。

印第安纳州的福利申领者多数为白人，但种族因素仍在福利资格自动化处理的试点中扮演了重要角色。州长丹尼尔斯利用城乡矛盾与

---

① "'Welfare Queen'Becomes Issue in Reagan Campaign," 1976.
② Ernst, 2013.
③ Soss, Fording, and Schram, 2011.

白人种族焦虑等心理因素推广试点，一再以"福利依赖、作假、犯罪、合谋欺诈"等词汇描述现有福利制度，即使有证据表明仅有极小部分的福利申请者存在以上情况，而且，福利欺诈对于家庭与社会服务管理局而言并非极为严重的问题。丹尼尔斯用以说明福利制度存在的严重问题的案件——伟大信仰传教士浸信会欺诈案，其被告人中包括黑人。很难无法怀疑，丹尼尔斯为寻求印第安纳州居民支持推广自动化私营福利系统，隐晦地煽动其关于种族、阶级、政府援助的刻板印象，丹尼尔斯此举也许是在效仿反对 AFDC 计划的导师里根。

福利资格自动化处理试点于黑人人口最少的数县首先进行，在推广至大量黑人人口定居的印第安纳波利斯市与加里市前则已叫停。即使试点对象主要为贫困白人群体，对于黑人群体仍具有不可估量的影响。根据人口普查数据：2000 年，印第安纳州贫困家庭临时援助计划的黑人人口占比为 46.5%，而白人人口则占微弱多数，为 47.2%。至 2010 年福利资格自动化处理试点末期，贫困家庭临时援助与食品券（补充营养援助）申领者的白人人口与黑人人口占比差距急剧扩大，即使印第安纳州黑人人口于 10 年间呈增长态势，但贫困家庭临时补助计划现白人申领者占比为 54.2%，黑人申领者占比仅为 32.1%。即使福利资格自动化处理的试点区域主要为白人社区，黑人群体仍感受到极为严重的影响。

取消福利资格处理程序中的个人自由裁量权，似乎是解决福利制度中黑人长期面临的种族歧视问题的优秀方案。归根到底，相较于个人，电脑（似乎）将始终如一而无偏见地适用福利申请规则。但历史表明，公共服务若以完全僵化的规定代替个人自由裁量权，仅会加重种族差异造成的伤害。

例如，20 世纪 80、90 年代，国会和很多州立法部门曾制定了一系列"严惩犯罪"的立法，为多种类别的罪行设定了强制性最低刑期，并取消了法官的很多自由裁量权。讽刺的是，此类立法的推动者既有支持"法律与秩序"的保守主义者，又有认为司法自由裁量权导致判决结果存有种族差异的进步民权活动家。

过去30年的证据清晰地表明：刑事司法制度中的种族差异现象愈发加重。2000年，公民权利与人权领导会议在报告《审判中的正义》(Justice on Trial)中写道："规定强制性量刑的法律与指南颁布后，相较于强调司法裁量权的制度，少数族裔更为恐惧。剥夺法官施以公正量刑的最终权威后，强制性量刑的法律与指南无异于是将量刑置于'无人驾驶'的自动巡航状态。"[1]

自动化决策可以推动政府的良性改变，事实上，跟踪补助计划的数据将有助于发现决策过程中可能存在的倾向性。但是司法有时需要一种变通规则的能力。将一线社会服务工作者的自由裁量权转移至工程师和私营承包商手中，印第安纳州的福利资格自动化处理试点加重了各类歧视。

福利资格自动化处理所谓的"社会规格"(social specs)是基于种族、阶级偏见的陈旧设想之上，如福利申领者懒惰而狡猾、需要政府"督促"以实现自给自足、易于进行福利欺诈、对于公共资源的滥用必须予以反复劝阻，本质是关于种族、阶级的刻板印象。自动化系统的绩效指标与业务流程均体现了以上设想，欧米加·扬等贫困黑人女性为此付出了惨痛代价。

新型高科技工具将使数据测量与跟踪更为精准、信息分享更为全面、目标群体可见性更为明确。在致力于支持贫困和工薪阶层实现自决的福利制度中，自动化系统将保障贫困和工薪阶层申领所有法定福利补助。在此前提下，自动化系统的集成数据与现代化管理未必会对贫困社区造成不良后果。然而，现有福利制度的自动化决策运作更类似于最初的惩罚与控制模式，对于福利申请者进行筛选，将其从公共资源中分流出来，其作用更倾向于筛选资格而非推动实现自决。

印第安纳州的自动化系统强化了该州已发展成熟的分流机制和现

---

[1] Leadership Conference on Civil Rights, 2000.

已极度高效的福利申请拒绝机制。通过提高福利申请的门槛、增加违反申请程序的惩罚，自动化系统已成功实现福利补贴领取人数的大幅缩减。即使在经济严重低迷的大萧条时期，贫困家庭临时援助计划的申请处理量仍超出全美平均水平。随着印第安纳州贫困率的上升，处理量却出现降低。2006年州政府与IBM公司签订合同时，抚养未成年子女的贫困家庭中有38%正在申领贫困家庭临时补助，而2014年的比例却降至8%。

欧米加·扬、林赛·基德威尔、雪莉·伯登等为生计而挣扎的贫困群体是福利资格自动化处理试行后的第一批牺牲者，承受着最为严重的影响。然而，即使斯泰普斯一家最终克服难以置信的困难，成功恢复苏菲的医疗补助，这段经历仍然产生了严重的不良影响。"那段时间我的压力很大，头脑极度混乱，"基姆·斯泰普斯回忆道，"我只想恢复苏菲的医疗补助，却被人们称为白种垃圾、乞讨者，我时常为此哭泣，就像陷入虚无的真空一般。"

从福利资格自动化试行伊始，到我前往探访斯泰普斯一家的七年间，苏菲的生活质量存在明显改善：她的体重有所增加，能使用手语，现在已能上学，结识了许多朋友。然而，就在到访蒂普顿县八日后，我收到一封来自丹·斯金纳的电子邮件，邮件写道："令人悲痛的消息：我收到基姆的来电，小苏菲去世了。周五时她感到身体不适，一直呕吐。周六去世时，她平静地蜷缩成婴儿状，永远地睡着了。医生说她的心脏停止了跳动。"

福利资格自动化处理试点是在对印第安纳州贫困和工人阶层进行的一种数字分流形式。它否定了他们的福利补助、正当程序、人格尊严乃至生命。世代项目的创始人约翰·卡德威尔如是说道："我们没有给予我们的同胞应有的待遇。我们分明是在向印第安纳州相当一部分居民说'你一文不值'。这是对人性多么可怕的摧残。"

# 第三章　天使之城的高科技无家可归服务

美国最后一条贫民街毗邻洛杉矶市中心娱乐区，是一片占地只有半平方英里的露天帐篷营地。1947年，《独立晚报》的哈尔·博伊尔称这个街区"是穷人的地下世界，无可救药的典型体现，聚集了大量放弃梦想、失去希望的民众"。[1]58年后，《洛杉矶时报》的史蒂夫·洛佩兹将这个街区描述为"最底层者的仓库，国家的耻辱。一个充满疾病、虐待、犯罪和悲惨厄运的地方……在那里，移动厕所中的'生意'从不间断……尿液却仍在排水沟里流淌"。[2]

2015年12月我来到洛杉矶，研究其协调入住系统。该系统旨在为该县最需要帮助的无家可归者提供适当的可用资源。Match.com等平台标榜自己为无家可归者提供"协调入住"服务，在过去五年已经风靡全国。它的支持者包括了美国住房和城市发展部（HUD）、民间机构"终止无家可归全国联盟"（National Alliance to End Homelessness），这其中既有大量地方层面无家可归服务提供商，也有康拉德·希尔顿和比尔及梅琳达·盖茨基金会等实力雄厚的资金赞助方。

---

[1] Boyle, 1947.
[2] Lopez, 2005.

协调入住系统的支持者认为，该系统创建了一种"不会出错"的方法，帮助无家可归者在一系列眼花缭乱的服务中找到解决方案，并提供了标准化流程入口，以减少各机构间的资源浪费、冗余现象和双重收费问题。该系统还收集、存储、共享了无家可归者尤为私密的信息。它对这类群体经历的创伤、应对机制、人生经历和担忧恐惧进行编目、分类和排序。

对许多人来说，贫民街代表着无尽的凋敝和绝望。但是，如同任何一则看似"过于简单"的故事，这种叙事背后往往别有隐情。19 世纪 70 年代，这片街区主要是柑橘种植园。1921 年时，它已具备了家庭生活所需的一切必备设施：公立学校、急救医院、有轨电车、教堂、工厂、车间、仓库和零售店。随着 20 世纪 30 年代大量外来务工人口到此定居，它逐渐成了"穷人的街区"，遍布着廉价的住房，一副经济不景气的黯淡景象。但同时，也出现了很多新的社会团体和如火如荼的政治活动。例如，共产党组织了大量失业委员会，喊着"不要挨饿——起来战斗！"的口号，带头抗议施粥站的吝啬抠门，抵制大萧条时期对穷人的驱逐。

尽管人们对贫民街的刻板印象是上年纪的白人男子聚集地，但实际上这片街区一直以来都非常多元化。1939 年，休斯顿·欧文在《洛杉矶时报星期日刊》一期中写道："这里的人口组成可能比任何其他美国城市的类似街区都要复杂。"① 在这一街区工作、生活和休闲娱乐的有犹太人、希腊人、意大利人、德国人、法国人、埃及人、中国人、日本人、美洲原住民、墨西哥人和非洲裔美国人。第二次世界大战期间，随着大量务工人员来此寻求国防行业的稳定工作，居民数量迅速增加。

但是，1949 年《美国住房法》的颁布敲响了灾难的钟声。该法提

---

① Irvine, 1939.

供联邦资金用以拆除破败的建筑物，支持开发主要供工人阶层家庭居住的 81 万套公共住房。邦克山，位于贫民街正西北方，拥有维多利亚式住宅、招待所和廉价酒店的街区，由此被夷为平地。这场拆迁共拆除了 7310 套住房。

城市建设主管吉尔伯特·莫里斯（Gilbert E. Morris）仅在贫民街就颁布大量规定，65000 余种行为被认定违反建筑规范。如，大楼业主须自费翻修、全面装修建筑物，否则将予以拆除。许多人选择了后者。20 世纪 50 年代的"翻新"浪潮中，贫民街的 4165 间酒店客房和 1379 套其他住宅就此不见踪影；还有近千座大楼也被拆除。1959 年马格纳·怀特在为《洛杉矶观察报》（Los Angeles Examiner）撰写的特刊中吹嘘道，洛杉矶"（正在）向世界展示如何终结贫民窟"。

1921 年至 1957 年间，这个街区的变化惊人。药店、文具店、咖啡店和竞技场剧院等小本生意已经一去不复返。一幢幢木架结构的住宅不见了踪影，这些场地现在被用作停车场或就这么荒废着。曾以建有工会大厅著称的大楼现在被街头游民作为解决"三餐起居"的场所。

曾有提议，将联邦政府出资建造的低收入住房取代那些被拆除的房屋，但遭到了洛杉矶白人中产阶级的坚决反对。他们将拟建造一万套可供人们负担的公共住房计划称为"调控洛杉矶住房的警示红线"（Red Plot to Control L.A. Housing），他们阻止建立艾丽西亚公园高地（Elysian Park Heights）——一个种族融合的公共住宅区，并鼓动众议院非美活动调查委员会（House Un-American Activities Committee）对城市住房管理局就信仰共产主义的指控进行调查。

这场反对公共住宅区的斗争对洛杉矶产生了深远的影响，限制了可用住房的数量，并加深了种族隔离。被拆迁的街区主要是大量有色人种和贫穷白人的家园：邦克山拥有相当规模的美洲土著居民，拟在艾丽西亚公园高地建设的区域查韦斯峡谷主要是墨西哥裔美国人聚集区。在这些居民区被拆除后，白人中产阶级继续以特别公投、敌意对抗和彻底暴力的方式来阻挠增加低收入住房的计划。因此，与同等规模的其他城市相比，洛杉矶只建造了一小部分公共住房，并主要集中在有色人种社区。例如，根据1949年《美国住房法》，半数住房都建于瓦茨，它是为数不多的具有种族限制性规定、可供非洲裔美国居民居住的地区。

20世纪60年代，贫民街的可用住房再次减半。"中心城市"（Centropolis）总体规划拆除了更多的建筑物，在附近发展出一条轻工业带，将重新开发的大笔资金主要用于附近的商业区。可用的住房存量从大约15,000套锐减至约7,500套。随后，在20世纪70年代，规划者准备了一项提议（人们普遍称之为《银皮书》），提出永远性地清除贫困居民区。

银皮书计划以其未来主义的金属封面得名，它是市中心商人委员会和洛杉矶市政府共同努力的成果。计划指出，贫民街将全部被夷为平地，一如之前的邦克山。南加州大学分校和加利福尼亚大学洛杉矶分校的扩建项目将在拆除现有住房、待社区居民被送往一个大规模戒毒和康复中心后开工建设。

但是，由天主教工作者、法律援助基金会和洛杉矶社区设计中心领导的社区活动家和居民们商讨出一项与之相竞的计划。他们的蓝皮书提案旨在保护贫民街上尚存的出租单间的廉价公寓（SRO），鼓励市政府和当地非营利组织投入资源改善该地区的住房和社会服务。弗雷斯特·斯图尔特是《潦倒、出局、被捕：贫民街的治安和日常生活》一书的作者，他认为，蓝皮书计划至少在一定程度上获得了认可，因为组织者和社区领袖们以某种非正统的策略，令人们注意到贫民街是一片令人恐惧的法外之地。

社区活动家威胁道，如果贫民街被拆除，一大波无家可归和赤贫者会流落在洛杉矶的各个郊区街道。有人认为，蓝皮书计划事实上是一份把贫民街作为牺牲品的协议，将贫民街划定为了无家可归者的收容地。而另一些人则认为这是一场极其成功的战斗，因为它为贫民街贫困和工人阶层的居民保住了土地和住房。

然而，尽管该社区得以继续为穷人、工人阶层和无家可归者"预留"出来，现在蓝皮书捍卫贫民街的开创性战略却失去了它的作用。40年来，面对城市规划战略的恶意忽视，居民们一直在努力创建自己的社区。但在过去10年中，该社区经历了快速转型。拒绝在郊区与洛杉矶往返通勤的年轻上班族们希望在市区找到简陋的公寓，迎合富人需求的服务随之而来：手工食品店、定制果汁店铺、精品咖啡厅。一家家夜总会充分利用着这里斑斓的过往，用绳子将自己的店面与隔壁划分开来，成倍地提高自己的酒水价格。

洛杉矶市中心的常住人口在2006年至2013年期间增加了23,500多人。过去五年中豪华租赁房的建设热潮将洛杉矶市中心的空房率推高至12%——自2000年以来的最高比率——一居室均价2500美元，很难找到经济适用房。伴随着从事创意产业的群体对loft公寓的愈加青睐，此类住房不断增加，导致市中心和贫民街之间的边界从主街向东移至洛杉矶街，再从该街道的社区移至枫树大道，小东京社区的扩张给贫民街北部边界也造成了类似的压力：其边界从第三大街移动到第四大街以南。贫民街在10年内损失了大约16块街区，约占其面积的三分之一。

如今的贫民街是一片一览无遗、对比鲜明的区域。社区的职业中产阶级居民住在一栋栋生活工作一体式loft公寓中，格局开阔，屋顶挑高，用着全套的不锈钢器具，而穷人住在临时搭建的帐篷里。周末，行人推着瑞典品牌BabyBjörn的婴儿车，路过邻居的可回收物品购物车。第一次来到这里时，我惊讶地看到一个男人在Pussy&Pooch宠物精品店前面的人行道上睡着了，精品店的广告牌上赫然写着"为爱犬与主人提供前卫设计和社交体验"。一个瘦瘦高高的黑人男孩四肢伸展，将黑色T恤拉到脸上，遮挡炎热的正午阳光。一条长腿狗狗和它同样身材纤细的主人路过他，走进了商店，也许是去"爪垫吧"享用生肉。那条狗穿着鞋子；但那个男人却没有。

许多市中心的居民——初来乍到的和居住已久的——都在称赞该

地区有能力包容这些差异，但仍然有迹象表明这个社会结构正在崩塌。正如席勒·亚伦在《洛杉矶周刊》所写，当一家位于小东京 loft 区的心理健康中心打算扩建，把现在空置的一楼也用上时，邻居们纷纷抵制，最后成功地阻止这个社会服务机构的扩建。同样，2014 年，县政委员们也否决了一项提议——该提议计划将生意冷淡的塞西尔旅馆改造成一个供 384 名长期无家可归者居住的永久性援助住房。

每天晚上，大约有 2,000 名贫民街居民睡在紧急庇护所的床铺上。另有 6,500 人住在 SRO 或援助房中，这些住房为那些苦于患有精神疾病、健康状况不佳的人、瘾君子提供社会服务设施。大约有 3,000 到 5,000 人在外面附近的人行道上建立的营地睡觉。自 1950 年以来，已经有 13,000 多套低收入人群住房从贫民街上被拆除，这些原本足够容纳所有流民入住。

如今，蓝色和黑色防水布搭建的帐篷取代了昔日的廉价旅馆和廉租公寓。纸板箱被小心翼翼地裁剪开，当作地板和墙壁。塑料储物箱可保护衣物、食物、餐具和书本免受天气的影响、脏物的污染以及老鼠的啃咬；可以承载五加仑水的水桶被用作储藏柜、座椅和临时厕所。遭到警察驱赶或街道清洁人员来清理时，载着物品的购物车被从一个区域挪到另一个区域，无家可归者们也被从一个街区移到另一个街区，就像棋盘上任人摆布的棋子。

我在这个街区行走时，被亲眼见到的善良和勇气所感动：一个红色帐篷里，一个摆得整整齐齐的睡袋上摆放着一本圣经；格拉迪斯大道上的临时庇护所内，有一句用黑色记号笔写下的话语："让感激成为你的态度。"我在街角与人们进行了精彩有趣的对话。天黑后，这些善良的人们又陪我走到了车站，随后再回到人行道上继续睡觉。我也曾受到过一些皮条客和神志不清者的威胁，他们试图摸我、骚扰我，还有一些嘴里嘀嘀咕咕要给我提供毒品或是念叨着"屌……屌，屌，屌"的男人尾随我。

居民在贫民街面临着真正的挑战，也在这里找到了自己的价值和群体所在。T.C. 亚历山大是一位声音粗哑的六旬社区组织者，居住在格拉迪斯大道和第六大街附近，2015 年 1 月，在我首次参观该地区时，他向我解释道："这里是如此的真实。我在这里看到的关爱比我在城里任何地方都要多。尽管这里的人地位粗鄙，似乎已经被社会淘汰，但他们会停下来和你说话，和你握手。"我的向导，贫民街人权捍卫者杰纳勒尔·多贡，接着亚历山大的话说："在主街的另一边，人们经过你身边，会像路过一根电线杆"。

建立协调入住系统是为了解决洛杉矶县住房供需严重不匹配的问题。在协调入住系统推广之前，无家可归的人要通过复杂的等候名单系统以及社会服务项目才有机会得到救济，这一切需要大量的耐心、毅力和运气。市中心某一出租单间的廉价公寓开业的谣言都会招致一大群无家可归者冲到外面排队等候好几天，为的是有机会住在他们称为"属于自己的房间"内。

在以前的体制下，无家可归服务提供商互相竞争，盯着有限的资金，为他们的客户寻找紧缺的住房资源。兰普社区是贫民街的一家社会服务机构，致力于为一些患有精神疾病和其他方面残疾的人士提供住房，帕特里西亚·迈克休负责是负责办理协调入住工作的一名管理人员，他说："在（协调入住系统）之前的等候名单设置往往是从物业管理者或是租赁办公室的角度考虑。人们对此的确有很多糟糕的体验，他们会告诉你那个机制错误百出。"从中受益的是能最有效利用房屋的群体，却无法总是满足真正需要者的需求。

协调入住系统的建立基于两种哲学理论，代表着为无家可归者提供服务的范式发生了转变：优先性考量和住房优先。"优先性"（Prioritization）理论基于宾夕法尼亚大学丹尼斯·卡尔亨的研究，将无家可归人群区分为两种：危机性（crisis）与长期性（chronic）。那些遭遇危机而导致无家可归的人们，往往经历"短暂的紧急情况，例如驱逐、家庭暴力、突发疾病、失业或监禁后重返社区"。①卡尔亨认为，遇到紧急情况而致无家可归者通常会自我修正：在庇护所短暂停留后，他们找到可以共同居住的家庭成员，获取新资源，或是搬走。一笔小额短时的投资可以"助他们一臂之力，避免其情况不断恶化"，沦为长期无家可归者。

那些长期无家可归者往往在更长一段时间内频繁性地无家可归。根据卡尔亨的研究，长期无家可归的成年人"有更高的行为健康问题几率和残疾比例，也有更复杂的社会救助需要"。②对他们而言，永久性援助住房是一种适当而有效的解决方案。洛杉矶在转而采用优先性模式后，认为现状并不适合长期无家可归者。需求和资源之间存在不匹配现象：紧急性无家可归者获得的是原本最适宜长期无家可归者的资源；而长期无家可归者则一无所有。

协调入住的另一个概念转变是其住房优先理念。在此之前，大多数无家可归服务机构采用的是"住房准备"模式，他们需要经历不同的项目阶段才能入住。曾在街上或车里睡觉的人可能先进入紧急庇护所，再转入过渡性住房项目，最后获得独立住房。在每个阶段，一系列行为举止要求——清醒度、治疗依从性、就业情况——是决定人们能否进入下一阶段的门槛。住房优先原则的出现则与之不同，主要理念是如果你没能稳定地安置下来，便很难应对接下来的其他挑战。住房优先会尽快将个人及其家庭安置在自己的公寓里，在适当的时候向其提供志愿性援助服务和治疗服务。

"永恒之家"（Home for Good）是大洛杉矶联合劝募协会和洛杉矶地区商会之间的合作项目，它将优先性排序、住房优先和技术前沿三种方式结合起来，于2013年启动协调入住系统。他们承诺在100

---

① Posey, nd.
② Culhane, 2016.

天内，为 100 位最需要帮助的无家可归者提供住房。为了完成这个雄心勃勃的目标，他们需要创建一个完整的贫民街无家可归者列表，按需排序。他们选择的评估工具能够收集大量信息并筛选有风险的行为，构建一个数字注册表来存储数据，再设计两种算法，按照无家可归者需要帮助的程度对其进行排序，从而为他们匹配住房机会。

协调入住系统开始时，每一位社工或志愿者在无家可归者申请准入庇护所期间，通过内部服务项目或使用"弱势指数——服务优先化决策辅助工具"（Vulnerability Index—Service Prioritization Decision Assistance Tool，下称 VI-SPDAT）对接到一位无家可归者。调查的内容包含如下极其私密的问题：

　　•"在过去六个月中，您在急诊部/急诊室接受过多少次医疗服务？拨打过多少次危机服务热线，包括性侵犯危机、心理健康危机、家庭暴力/亲密伴侣暴力、危难求助中心和预防自杀热线？"

　　•"您是否曾做过下列有风险的行为，比如卖淫、为某人携带毒品、与陌生人进行无保护措施的性行为、共用针头或类似的物品？"

　　•"在过去一年中，您是否威胁或试图伤害自己或他人？"[①]

调查还包括采集受保护者的个人信息：社保号码、姓名、出生日期、人口统计信息、是否退伍军人、迁移和居住状况，以及是否在一天的不同时段能够找到受访者。此外，它还会采集受访者受家庭暴力史和自我报告的病史，包括心理健康和药物滥用问题。调查者还会询问是否可以给受访者拍照片。

无家可归者在接受 VI-SPDAT 调查之前，会被要求在同意书上签

---

① OrgCode Consulting Inc. and Community Solutions, 2015: 5–6.

字，被告知其信息将与"可能包括无家可归服务提供商、其他社会服务组织、住房管理小组以及医疗服务机构在内的组织"共享，在这些组织需要时，可予提供受访者的隐私信息。如果受访者要求查看更完整的隐私声明，他们就会了解到，自己的信息将被 168 个不同的组织共享，包括市政府、救援组织、非营利性房地产开发商、医疗服务机构、医院、宗教组织、戒瘾中心、加州大学洛杉矶分校和洛杉矶警察局（LAPD），是"根据法律规定或出于执法目的……防止对健康或安全造成严重威胁"。该同意书有效期为 7 年。

测试后，他们的数据就会进入到联邦政府批准在洛杉矶地区建立的无家可归者管理信息系统（Homeless Management Information System，下称 HMIS）。HMIS 本身并不是一个数据库：是联邦政府要求所有接受无家可归援助资金组织收集的一组通用数据。并不存在联邦层面对无家可归者的登记系统。但 HMIS 中的信息完全没有唯一标识符（unique identifiers），在被传送到住房和城市发展部后进行汇总，并据此得出全国无家可归者的基本状况，便于机构向国会提交有关趋势分析的相关报告，及对无家可归服务组织进行评估。

VI-SPDAT 得出的数据一旦输入洛杉矶无家可归者管理信息系统，排序算法便开始进行计算，得分为 1 到 17。"1"表示被调查对象风险较低，其死亡可能性或最终进入急诊室、精神病院的可能性相对较小。"17"表示被调查对象处于最需要帮助的程度。得分在 0 到 3 之间的人不需对其进行住房干预。得分在 4 到 7 之间的人有资格接受获得限期租金补贴和某些入住申请管理服务——一种被称之为快速再入住的干预策略——所需的评估。得分为 8 分及以上的人有资格接受获得永久援助性住房所需的评估。

同时，住房提供者填写空白表格，形成一个可用住房数据清单。接下来运行第二种算法——匹配算法，确定"（根据 VI-SPDAT 分数）最需要某一特定住房类型的人选"以及"满足其特定资格标准的人员"。

如果匹配成功，系统就为这位无家可归人士指派一名住房引导员——专门帮助汇总无家可归者所有必要文件的社工。须在大约三周内找到出生证明、带照片的身份证、社保卡、收入证明和其他文件，以证明相关人员符合援助性住房标准。拿到文件后，无家可归者向洛杉矶市房屋管理局（HACLA）提出申请。然后，洛杉矶市房屋管理局再与潜在租户进行面谈，核实他们的信息和文件，最终决定批准还是拒绝申请。如果申请获得批准，无家可归者将获得住房或相关资源。若申请遭拒，则该匹配即归零，将通过运行算法再次产生一名新的申请者来争取该住房。

在系统设计者和资金提供者看来，协调入住可以改善无家可归服务的现状，不再优先为相对情况较好的群体提供服务。它将全洛杉矶的服务提供商团结起来，在彼此间建立了更深层次的新型纽带，从而增加了沟通和资源共享的机会。它能够精准及时地提供有关住房危机本质的数据，可用于制定更能响应民众需要的政策。最重要的是，将无家可归者与合适住房进行匹配这种方式有可能挽救成千上万人的生命。莫妮克·塔莉（Monique Talley）就是其中之一。

我在市妇女中心遇到了一位圆脸、长着雀斑的非裔美国女性莫妮克。市妇女中心是一个有近40年历史的组织，致力于满足贫困、无家可归妇女的需求。该组织于2010年在南圣佩德罗街设有救助场所，有71套永久援助性住房、一家销售该中心的妇女所制作工艺品的商店、一家健康诊所，以及为贫民街社区中的女性提供的各种其他服务。市妇女中心尽其所能让女性感到舒适自在——房子里有可以放置陶器、花瓶和茶壶的橱柜，在我走访那天，有大约75名女性坐在金色木凳上喝着咖啡聊着天。另外，配有淋浴和开放自助式厨房；还有一盒整齐折叠的卫生纸供参观者在回到帐篷营地之前使用。

莫妮克在入住庇护所之前有过一段居无定所的历史。她不断从一个地方换到另一个地方，帮助一个侄女经营一家小型日托中心，并照顾一位年迈的家庭成员，直到她找到了"回家之路"（Pathways）——

位于南洛杉矶轻工业区、拥有430个床位的庇护所。"回家之路"每天清晨要求她离开，这时，莫妮克就会乘坐公共汽车前往市妇女中心寻求支持、陪伴和庇护。

莫妮克面临着巨大的挑战：保持清醒、与孩子分离、处理心理和生理健康问题，这些问题随着她缺乏住房的时间越久变得愈发严重。但她幸运地得到了有力的援助。大多数的周末，她的男朋友以及男朋友的母亲会欢迎她来家里做客，她便能够洗自己的衣服、享受洗澡的时间、吃吃家庭餐、看看电视。她回忆道："只要做普通人做的事，我就能感到生活还是正常的。"

一天，一位来自市妇女中心的社会工作者向莫妮克询问她是否想参与 VI-SPDAT 调查，进入协调入住系统。莫妮克回忆说，这项调查是一个挑战，"因为这就像我在和自己的心理治疗师交谈一样"。但是，她在市妇女中心有一位值得信赖的朋友，社工特蕾西·马尔布鲁。特蕾西建议她"只要诚实回答，不弄虚作假，就可以了"。莫妮克说："所以我如实相告。"

莫妮克边笑着边整理她的小猴子背包说："我更愿意与我信任的人一起做 VI-SPDAT 问卷，但是如果我必须面对一个陌生人接受这个调查，才能获得房子，那么我也会愿意这么做……如果是为了让我有一个可以遮风挡雨的地方，我会跟你开口，告诉你真相，告诉你一切你想听到的东西。"

十二月某个清朗的日子，马尔布鲁给莫妮克打电话，让她来到南圣佩德罗街和第五大街的街角。在那里，莫妮克拿到了一间 Gateways 公寓的钥匙，一套价值2,800万美元的永久援助性住房公寓，由 SRO 住房公司建造。这家非营利性低收入住房开发商已加入协调入住项目，因此等候名单上竞争107套住房的500余名人员能够更快捷地被精简筛选，最后协调入住系统优先选择了莫妮克。她说："那天是2013年12月17日。这简直是我收到的最好的圣诞礼物：我有了一个家。"

她的新公寓是一个350平方英尺（约32.52平方米）的套房，有衣柜、厨房和独立的浴室。莫妮克说:"我打开门,站在房子中间,泪水不止。我要首先感谢上帝,因为是他使一切有了可能。还要感谢市妇女中心,因为她们是上帝的使臣,让我远离了街头的苦日子。"

莫妮克仍然不确定为什么协调入住系统优先考虑给她分配住房。没人给她看过她的 VI-SPDAT 分数。她若有所思地摸着自己卷曲的黄铜圈耳环,说道:"他们从来没有向我解释它是如何运作的。"在我告诉她 VI-SPDAT 优先列出 1—17 评分系统中得分结果为最需要帮助之人时,她猜测自己的得分可能是 10。虽然已经停用一些药物,她在入住 Gateways 之前的几个月内,她的精神和身体健康状况都还算稳定,她说:"我成功地做到了不去做任何蠢事。"

莫妮克感激不尽,但也苦恼困惑。她得到了住房,但是市妇女中心的许多人跟她有相同的处境,却没有得到安置。她思忖着:"我知道很多女性都做过协调入住系统的调查,但几乎三年后还没有得到住房。我觉得这有点奇怪……她们跟我经历了同样糟糕的事情,但三年了,她们没有得到安置。我就会感觉……好像哪里出了问题。"

最后,她将成功获得住房归功于对上帝的信仰、她的诚实、豁达和好运气。她非常感激,也正在努力避免成为孩子生活中的不稳定因素。她说:"我认为事情总会朝它应有的方向发展。我很高兴事情的发展对我有利,否则我可能现在仍然在庇护所或心理治疗病房……你会厌倦同时在精神上、身体上和情感上都被打败的感觉……如果你没有得到安置,那么只有三条路可选:进监狱,进收容机构,或死亡,我不想让妈妈经历那样的痛苦。"

加里·伯特莱特"大叔"("Uncle" Gary Boatwright)就没这么好的运气了。64 岁的他在大街上断断续续待了 10 年。2016 年 5 月,一个非常晴朗的日子,我找到了他。当时,他正住在贫民街边缘东六街的灰绿色帐篷里。顶部有一个蓝色的防水布,作为额外的防雨装置,还有两个叠起来的购物车保护入口。在我快走进他的帐篷时,我没有敲门，而是叫了他的名字。他正在打扫帐篷准备迎接我的访问。他用扫帚柄撑起了一个入口，给我一把折叠椅（我接了过来）和一瓶水（我没有要，因为瓶装水是贫民街最重要的商品）。

他的帐篷完美无瑕。一些箱子里装着氧净清洁用品、洗衣粉和一瓶漂白剂。在他的充气床垫上，放着科幻小说，一本辛克莱·刘易斯的小说《不会发生在这里》，以及一本进步杂志《这些年代》（*In These Times*）。他正努力保持健康，所以他选择健怡饮料，有约莫六个两升的瓶子散落在周围，包装上写着：低卡蔓越莓，山麓威士忌，佳得乐。有些瓶子上面贴上了一个黑色标记"X"——它们可能含有朗姆酒，或者用作午夜临时厕所吧。

加里说话直接，风趣幽默，他头发稀疏，有着跟圣诞老人一样的蓝眼睛。在我们谈话的时候，他抽着波迈香烟，翻翻自己整理得一丝不苟的文字材料，它们被在帐篷中一个透明的乐柏美牌盒子里。他从事过十几份职业：焊工、石匠、律师助理、上门推销员，还当过法学院学生，等等。最后一份工作是在小额抵押贷款公司做文件处理员。2000年初，次级抵押贷款行业崩溃之前不久，他被绿点抵押融资公司解雇了。他说："我在那里工作的时间比其他任何人都长——那里人员流转率很高。我几乎负责整个部门的外包工作。他们在印度找到了一个地方，可以进行文件处理并通过电子邮件发送到全球各地。"绿点公司继续制作公共诚信中心（Center for Public Integrity）的"次贷25"名单，列出它们在导致2007年经济衰退中的作用，指出是它们故意针对弱势群体进行掠夺性抵押产品的发放。

加里被解雇后，卡特里娜飓风瞬间袭击了墨西哥湾沿岸。他本计划前往新奥尔良度假，于是取消了自己预订的航班和酒店，加入了前往路易斯安那州科温顿的一群人，来援助赈灾工作。在伯格·法拉亚河与特切福特河岔道流域的一座小城市里，加里参与到该城市的重建中，晚上就睡在临时搭建的"科温顿帐篷"里。他说："这仍然是我度过的最好的假期。"

当他返回奥兰治县后,申请了失业救济金,回到就业市场。他拥有学士学位,还有丰富的小额抵押贷款行业经验,但那时这个行业正处于崩溃时期。失业救济金没能准时批下来,而且他开始和"住房管理人员产生摩擦",这使得他在迪士尼乐园附近一个朴素社区内的住房岌岌可危。在他失去工作之前,他购买了一辆新款二手车。"我花了六千五百美元的现金买这辆车,"他说,"它的里程数还很低,我把它维护得很好,那是我的存钱罐。因此,当我手里就剩最后一个月的失业补贴时,我想'没什么大不了的',万不得已的时候,我还可以卖掉那辆车,买一辆一千美元的垃圾货,这样我能有一个缓冲。我也算是有了事先计划。做你应该做的事。"

再然后,他吃了一张罚单,因为他把车停在了公园里——加里坚持认为这项指控不合理,后来在法庭上提出质疑——结果是他的车被拖走扣押。他没有钱把车赎回来,也无法再把它卖掉换一些现金。"说穿了,"加里说道,"一个警察偷了我的存钱罐。"

他用完身上所有失业补贴后,被赶出了那个简单朴素的家园。他再也付不起租金了。无家可归的他前往圣塔安娜,奥兰治县的许多社会服务机构都集中在那里。但圣塔安娜也是警察严管无家可归者的地方。1992年颁布的一项市政条例将"在公园露营"列为非法行为。警察局局长保罗·M.沃尔特斯因每周唆使无家可归人士"聚集"而广受批评,他以这种"集会"形式把大批无家可归者聚集起来,统一开罚单,还把这种行为称作试图"将犯罪扼杀在摇篮里"。

加里开始经常与执法人员发生口角。五年来,他总共收到了与无家可归有关的25张写有不同罪名的罚单:非法进入或停留在公园;未能遵循治安官的命令离开某地;在公共场所存放个人财产;随意乱穿马路;乱扔垃圾和擅自转移购物车,等等。

当奥兰治县高等法院的一名法官向他提出一项交易时,加里面临入狱服刑。法官提出,如果加里离开奥兰治县并永远不回来,可以撤回所有的罚单指控。加里接受了这笔交易,搬到了距离此地以北32

英里的贫民街。

自从搬到贫民街后,加里已经前后三次填写了 VI-SPDAT 调查问卷,他对这个过程失去了耐心。第一次是在 2015 年 4 月,他乘坐了一小时的巴士前往 17 英里外兰克西姆大道上的美国志愿者办公室。他努力在早上 5 点或者 6 点就到达,以便在 8 点开门之前排在队伍中。在那里,他见到了来自洛杉矶家庭住房项目的协调入住系统引导员迪伦·王尔德,进行了问卷调查。王尔德帮他预约到了阿尔法物业管理公司的面谈,这是一家负责监管加州数百套低收入公寓的私人公司。

但这次会面却以失败告终。没有人告诉加里他必须提供一个三到五年、可以证明的租赁经历和良好的信用记录才能有资格进入等候名单。加里提高了嗓门问我:"要给一个无家可归的人提供住房,这些东西到底有什么用?"加里还拒绝自己出钱来复印他的出生证明,而这也是阿尔法物业管理公司所要求的必备证明。"我已经在这个游戏上耗得太久了,我不断地自掏腰包、花我自己的钱,却还是得不到住房。我认为(王尔德)是一个太新、太手生的雇员了,他还是一个年轻的小伙子。我认为他不知道自己在干什么。我试图联系他想继续跟进,但他消失不见了。"

加里第二次进行 VI-SPDAT 调查,由一位来自"健康住房"的代表负责。它是洛杉矶县卫生服务部的一个机构,致力于为那些需要"复杂医疗医治和有行为健康状况"的人创造住房机会。一位社工要求加里提供自己的精神疾病史,于是加里签署了一份同意书,同意奥兰治县公开他的精神病记录。"我做了调查,但没有带上我的社会(保障卡),所以我又回到了办公室,然后我们商量下一步的工作。他知道我在哪里,但我没有再得到任何回复。"

加里第三次做 VI-SPDAT 调查问卷时,警察和卫生局正在东第六大道,他已经在那搭好了帐篷。来自洛杉矶无家可归者服务管理局(LAHSA)紧急应援小组的街头外展社工乔治·托马斯也在那里。当加里告诉托马斯他已经进行过多次 VI-SPDAT 调查时,托马斯回答说他可以比"健康住房"或洛杉矶家庭住房项目做得更好。"他说,'哦,不。我比他们做得更好,'"加里回忆说,"据他说,他有办法避免那些烦琐的细节。他正在与警方合作,与人们谈论住房问题。"加里在他们约好的时间打了电话,留了言。托马斯回电时答复了几句,然而他的语速太快,加里根本无法理解他在说什么。他打过去想问问清楚,但再也没有任何消息了。

加里并不认为自己的 VI-SPDAT 得分很高。他已经 64 岁了,除了有点高血压和听力问题外,总体来说他算是健康的。虽然一些人称他为"指挥官库什",而且他还会把朗姆酒放在帐篷中的山露汽水瓶中,但似乎没有到滥用物质的状况,也没有致使自己衰弱。他不知道从奥兰治县调取的精神健康档案中有什么问题;从来没有人告诉过他诊断是什么。事实上,在圣塔安娜那场针对加里所受的罚单上,法官说他有精神病记录时,着实让他吃了一惊。

他觉得自己在这个街区的社工眼里就是个困难户。"我明确说过不能接受有臭虫的设施,"他解释道,"我学着在短时间内应对它们。作为租客来说,无法摆脱它们。但这是房东的工作啊,他们根本没有做好。"他没能进入"救世军紧急庇护所",因为他拒绝放弃使用自己的手机。"我要通过一个电话才能进入'救世军',然后他们现在要我放弃它?没门。"从根本上说,加里认为,以牺牲自主决定权和成年人决策权为代价换取房屋,是不可接受的。"我不需要保姆,"他说,"不要指点我应该去哪里、去做什么以及如何过我的生活。没有一个成熟理性的成年人可以忍受这些。没人想要一个在屁股后面盯着你的保姆。"他猜妨碍他获得房屋的是他的"不屈从"。"我还保留着我的完整人格,"他说,"这可是非卖品。"

贫民街历来都是洛杉矶地区协调入住工作的重中之重,这并非言过其实。洛杉矶市中心拥有数量最多的无家可归者——2017 年有 15,393 人——也是无家可归者最集中的地方。但就在距离它几英里远的地方有一个几乎跟它同级别的无家可归者街区，却鲜少受到关注：南洛杉矶。这里与无家可归做斗争的民众感受不到市中心的政策"强光"，却仿佛生活在"强光"反射的阴影之下，对他们而言，协调入住是一种非常不同的体验。

南洛杉矶占地 50 平方英里，位于十号高速公路下方，紧邻洛杉矶市中心。人们曾经称它为"南部中心"，但在 2003 年，市议会重新命名该地区。有人说，当前"卖房子换现金"现象的激增，博览会的扩张和克伦肖轻轨线的延伸都预示着即将到来的新一波贵族化浪潮。

我从贫民街乘坐一辆到南洛杉矶的公共汽车，这是莫妮克·泰莉从"回家之路"到市妇女中心每日通勤的反向路线。这两个街区有着深深的历史交织。阿拉梅达街像一条主动脉，从联合车站穿过市中心，沿着贫民街的东侧，上方是高速公路，再从南穿过弗农、瓦茨，最终进入康普顿。阿拉梅达走廊是洛杉矶国防和汽车行业的发源地，这些行业在第二次世界大战后呈爆发式增长。

阿拉梅达街也勾勒出了洛杉矶最根深蒂固的一条种族界限。最高法院于 1948 年判定以种族为限制标准的契约条款违宪之前，洛杉矶 80% 的房产都具有限制黑人家庭的契约。阿拉梅达街以东是白人工人阶级居住的郊区。其西边是"南部中心"和瓦茨，它们是非洲裔美国家庭能够居住的为数不多的地区之二。

南洛杉矶在战后经过一段时间的经济快速发展，然而，军费开支的减少和汽车厂的关闭导致失业率攀升至 14%，且一直居高不下，为洛杉矶县有史以来最高。该街区内坐落着洛杉矶两个最庞大的公共住宅区：尼克森花园和约旦丘陵。尽管如此，它的住房状况在全美范围内最为拥挤。

南洛杉矶许多尚处劳动年龄的黑人男子在 20 世纪 80 年代的去工业化期间失去了工作，纷纷前往贫民街。在过去十年中，这种趋势已经逆转。市中心更为严厉的管制以及愈加显著的中产化压力促使许多无家可归者进入南洛杉矶。但该地区贫瘠有限的资源却很难应对这种变化。它的庇护所床位不足市中心的一半，永久援助性住房不足市中心的七分之一。然而，根据团体服务机构（Services for Groups）2008年所作的调查报告显示，每年市中心和贫民街的无家可归者能够收到1,132美元的补助金，而南洛杉矶的无家可归者只得到607美元。

当地无家可归人口数量的上升、其他街区的无家可归者大量涌入，加之南洛杉矶极其有限的资源，一个巨大的露天帐篷城市由此形成。根据2017年洛杉矶的无家可归者数量统计，南洛杉矶75%的无家可归人士完全没有可居住的庇护所。虽然有2,364名无家可归者找到了庇护所或永久性援助房，但另有6,879人住在临时避难所，这些避难所已成为南洛杉矶事实上的低收入住房来源。其中百分之七十是黑人。

夸内莎·亨特（Quanetha Hunt）是"回家之路"无家可归服务中心的前主管，这是南洛杉矶最大的紧急庇护所供应商。2016年2月，我到此调研采访，看到她的办公室里贴着民权人物和宗教话语的海报，房间里带有香草的香味。她的日历上清楚地写着："我不信钱、不信物，我信主。"但在南洛杉矶出生和长大的亨特，身上带着一种明显的世俗气质，以及近乎诡谲的幽默感。她穿着高筒黑色皮靴，修着完美的珊瑚色美甲。她的电脑显示器边缘下方塞着一个圆点背景装饰的小牌子，上面写着："去他妈的：我的新座右铭。"

"南洛杉矶就同其他社区一样，"她说，"你收入低，就会贫穷潦倒，你是中产阶级，就会非常富裕。在克伦肖的西边，是兰默特公园，它是中产阶级非洲裔美国人的社区，他们都有自己的房子。再走远一些，你就到了富裕的温莎山庄。东南方向则是贫困地区。但我们都同属一个社区。在我居住的街上，我们彼此都认识。南洛杉矶的人们有着同样的愿望：一顿体面的饭菜，一个遮风避雨的场所，孩子们能够接受高质量的教育。南洛杉矶非常看重家庭。我的祖母在这里见证过五代人的成长。"

该庇护所周围环绕着平地和低矮的仓库，里面都是缝纫服装工人，从这里可以看到市中心的壮观景色，就像一个在三英里以北漂浮着的宝石岛。"回家之路"正在努力缩小南洛杉矶住房危机与其严重资源不足之间的沟壑，它每晚为大约315名男性和115名女性提供床位。这是一幢低矮的大型米色建筑，里面铺满双层床，每张床大约间隔为两只手的距离。尽管工作人员试图让每个人都感到宾至如归，并尽力保持客户的尊严，但是它给人的感觉还是如此：一间住人的仓库。

"回家之路"遵循减少伤害、住房优先的理念，个案管理人员理查德·伦特里亚边解释边带我参观。这意味着"回家之路"的工作人员会竭尽所能让来寻求帮助的人从进门伊始，就能感到被保护。如果你喝醉了，他们会给你提供一顿饭，让你上床睡觉。如果你怒火中烧，他们会把你带到露台上让你冷静下来。他们还会收留"290s"人员——那些出狱后无处落脚的性犯罪者。他们只会放走那些不停挑衅滋事的人，让他们自生自灭。

伦特里亚和其他员工确保自己要热情地迎接每个来到庇护所的人，与之进行眼神接触，让他们感受到关怀。"每个人都有自己的故事，"他说，"每个人的故事不尽相同，他们有自己的障碍、目标和梦想。"但是庇护所只有这么一些空间，附近的街区到处都是迷你型营地：一些帐篷搭在百老汇和西三十八街拐角处的树下，而其他一些可以在百老汇和马丁·路德·金林荫大道的拐角处找到，真是悲伤又讽刺。

"回家之路"是一个90天庇护所，但让人们入住三个月几乎是不可能的。亨特说，该地区"可住房存量为零"。她说，负担得起的住房尤为难找，"合理的市场价值？我们这里的人可没法承担。""回家之路"的协调入住专家威廉·门吉瓦也认同这个观点。"我们不能将个人与住房进行一对一匹配，"他说，"协调入住系统无法提供可用的住房给人们。"

在南洛杉矶使用协调入住系统与其说像在寻找网上约会对象，更像是在进行闯关游戏。第一重障碍是VI-SPDAT调查本身。"回家之路"

的工作人员经常看到被其他机构评估分数很低的客户。许多人与"回家之路"的项目管理人员接触增多后，逐渐愿意袒露心声。门吉瓦回想起一名在另一家社会服务机构接受调查的客户，他的得分是1（总分17）。他到"回家之路"后重新进行评估，得分为16。"我赞成这个数据，"亨特说，"但是数据的好坏取决于其采集者。"

"回家之路"专注于倾听，用故事来建立信任。"除非你真的走近他们，接触他们，"伦特里亚说，"否则你无法真正了解他们的处境。我们必须首先获得他们的信任，才能让他们敞开心扉。"但在南洛杉矶，VI-SPDAT的高分却仿佛是"22条军规"悖论。该地区的永久援助性住房非常少，因此"回家之路"的客户不得不接受住房管理部门的进行二次面试才能确定他们是否有资格有独立的私人住房。VI-SPDAT评估得分较高的客户可能有资格得到"第八条住房券"（Section 8 voucher）①。但这也表明他的状况太差，不能独立生存。

门吉瓦说："住房管理局非常、非常苛刻。"他解释道，如果一个"回家之路"的客户在VI-SPDAT上获得16分，原则上，他应有资格入住庇护所，并能够得到租赁协助和其他援助性社会服务的福利券。"但是房屋管理局接着会说，'你真的不能够独立生活。必须从医生或精神科医生那里去开些证明，我们好知道你不会在烧沸水的时候烧掉整个大楼。'似乎住房管理局想要通过面试让你出局，而无法接受该服务，"他说，"但我们和你谈话，是为了让你留下来享受服务。"因此，"回家之路"的社工会建议他们的客户对待住房管理局的面试，要像在法庭上受审一样。"我们也不想事先指点客户，但我们会告诉他们，'你只回答他们问的问题，不要透露任何其他信息'。"

如果项目管理人员及其客户成功通过VI-SPDAT的重重障碍，完成与住房管理局的面谈，他们将获得令人垂涎的"第八条住房券"。

---

① Section 8 voucher：一项"基于租户"的租赁援助，租户可以从一个至少拥有最低住房质量的单元转移到另一个单元，允许个人将他们的月度凭证用于购买房屋。——译者

但是，住房券项目的运行基础是私人房地产市场，而不是贫民街非营利组织建立的永久援助性住房。房地产资本的支配地位、不断紧缩的租赁市场和房东的歧视偏见是南洛杉矶协调入住闯关游戏的最后一道关卡。即使"回家之路"的客户获得了"第八条住房券"，也无法保证他们可以找到私人房东出租的住房。

当"回家之路"的员工带着"勉强维持生活的弱势客户"寻找住房时，伦特里亚说，"房东会看看他们的人，看看他们的长相，然后判定谁是最糟糕的那个"。"第八条住房券"六个月后就到期，这个过程又要重新开始。"申请者在外面看着。他们感到很沮丧"，伦特里亚边说边叹气道。"很多申请者就这么一走了之。"住房的流转速度真的不够快，很难满足人们的需求。"如果（我们）要登记入住一套房，"门吉瓦总结道，"从登记开始，到那个人决定搬家、找到工作独立生活、去世或者被驱逐的时候，我们已经能再评估一千个人了。"

那些能够完成VI-SPDAT调查、与洛杉矶住房管理局面谈成功、得到第八条住房券的人，凭着他们的进取精神和顽强毅力，在众多帮助下，经过漫长的寻找，最终可能找到住房。但对于许多无家可归者来说，协调入住系统不能实现人们入住的愿望，这给他们造成了严重的打击。同样位于南洛杉矶的无家可归外展项目综合护理系统（Homeless Outreach Program Integrated Care System, HOPICS）的员工维罗妮卡·路易斯说："我们发现，在我们开始尝试重新与他们打交道的前三个月，他们会非常沮丧不安。""比如他们会问，'房子在哪里？'有一段时间，相当一部分人不再回应我们。人们很沮丧，是因为——你来到这儿，一直在收集信息，但结果是什么呢？"

这些讥讽并非毫无根据。这不是无家可归者第一次收到解决洛杉矶住房危机的灵丹妙药。"外面有很多服务机构，他们和你会面，问你一些问题，给你做出点承诺，然后再也没出现过。"理查德·伦特里亚说："于是，他们获得了所有用来创建这个数据库的信息，谈论着成千上万无家可归的人，（但）永远不会回来为他们服务。"

对莫妮克·泰莉来说，协调入住系统是上帝赐予的礼物。如果有可用的房屋，那么对一些人来说，这个系统还是能够良好运作。当莫妮克接受 VI-SPDAT 调查时，Gateways 新公寓大楼正要开放。莫妮克的名字从 500 名申请者中被选中，她的生活也由此变得更好。

但是，由于缺乏足够的公共投资来建造新房或重新利用住房，协调入住系统仅仅是一个无家可归问题的管理系统，而不是该问题的解决途径。在兰普社区，黑兹尔·洛佩兹 2015 年大部分时间都在告诉员工不要过分寄希望于该系统。"这是在管理期望值，"她说，"当协调入住系统刚开始启用时，人们的理解是，（只要）你让你的人进来做调查，（他们）就一定会给你匹配到住房机会。随着时间的推移，我们不得不一直向人们传递这样一条信息：我们并没有额外的住房资源；我们只是试图以更有效的方式定位目标群体，利用资源。"

洛杉矶县政委员希拉·库尔的副手莫莉·莱斯曼，主管住房和无家可归问题，她说："这是一种压力，要尽你所能，扩大每一美元所带来的价值，确保你能够保持绝对高效。协调入住系统让我们变得更有效率。但没有资源就意味着没有可能结束无家可归的问题。"协调入住系统的设计者克里斯·科（Chris Ko）表示赞同。他说："协调入住系统是有必要的，但做得还不够。它能更有效地利用现有资源，但我们需要的是长期资源的供给。"

2015 年 6 月，科告诉我，他希望协调入住系统可以提供有关该县住房危机更准确的信息，希望它有助于推动进步主义政策变化。"我们从未有过如此明晰的供需数据，"他说，"它可以明确何种人群需要何种住房。"2017 年 5 月，他的乐观似乎初见成效，社区的辛勤工作也开始有所回报。

洛杉矶现任市长埃里克·加希提于 2016 年 1 月发布了该市史上最全面的解决无家可归问题的战略。它为协调入住提供了重要支持，它为那些濒于无家可归的民众提供了快速的重新安置计划，提供担保金、租赁援助、搬家费用和项目管理等现金救助，它还支持将现有的商业结构住房转变为短期过渡住房，并出台鼓励政策以推动房东接受第八条住房券。

最近，洛杉矶选民投票通过了两项措施，为低收入住房和无家可归服务提供更多资金。"HHH 措施"批准该市发行 12 亿美元的债券，用于购买、建造或改造 13,000 套住房、精神卫生机构、医疗诊所和其他面向无家可归者的服务机构。2016 年 11 月，该措施得到 77% 投票者的支持，顺利通过。第二项措施被称为"措施 H"，准许在未来十年内将县营业税提升 0.25%，以资助无家可归服务和预防措施。2017 年 3 月，"措施 H"以 69% 的投票率通过。

科认为，协调入住系统在这些前所未有的政策变化中发挥了一个"适度但重要"的作用。系统收集的数据有助于明确"永恒之家"向市长办公室提供的初步预算与实际需求的缺口。他们使用协调入住系统的数据来"按比例"说明需要何种类型的住房：大约 1 万套永久援助性住房，外加新的过渡住房用床，在此之上还需要增加快速重新安置资源。科鼓励当地协调入住系统的合作伙伴制定一个"理想预算"，将住房资源和人力资源都包含进来——不仅有新的住房，也要有足够数量的社工，"确保陪伴每个人完成回家之路"。他们"不假思索地"说工作人员的成本大约要一亿美元。"这是我这周末刚完成的事情，"科说，"不知道怎么就传到了市长办公室，因为那个（数字）就突然出现在一份我们需要的声明里。"协调入住系统设计和实施过程中逐渐形成的区域网也有助于稳固社区对通过措施 H 和措施 HHH 的支持。

但科认为，真正令这两项措施通过的原因在于洛杉矶住房危机规模之大、关注度之高。两起法庭案件——2006 年琼斯诉洛杉矶市案（*Jones v. City of Los Angeles*）和 2012 年拉万诉洛杉矶市案（*Lavan v. City of Los Angeles*）——重申无家可归者的生命权、自由权和财产权。洛杉矶位列最严格之反无家可归条例城市。《洛杉矶市法典》第 41 条

## 第三章 天使之城的高科技无家可归服务

第 18 款 d 项规定，在人行道睡觉或席地而坐，可被罚款，甚至面临 6 个月的监禁。在琼斯案中，法院判定，在没有可用的庇护所床位时，禁止席地而坐和睡觉的规定构成残酷且悖常的惩罚：它将无家可归者归为罪犯，而没有直面解决无家可归的问题。法院要求洛杉矶警察局发布一项政策指示，声明直至洛杉矶市再建造 1,250 套永久援助性住房前，不得在晚上 9 点到早上 6 点间执行第 41 条第 18 款 d 项的规定。

直到 2012 年前，洛杉矶警察局仍然常常不经事先通知而没收和销毁无家可归者的帐篷、防水布、睡袋、购物车和其他财产。在拉万案之前，贫民街的居民常常发现，自己与社会工作者交谈结束后，洗个澡，吃完饭，再回到住处时自己的所有物已经都不见了。拉万案判决禁止公务员扣押财产，除非它对公众构成威胁或是构成犯罪证据。而且，拉万案判决要求任何被作为"被遗弃"财产而收缴之物将被存放在安全位置 90 天后才能予以彻底销毁。这两个案例都判定，宪法第八条、第四条和第十四条修正案平等适用，而无论是无家可归者还是有房居住者，而且，政府不能任意监禁无家可归者，侵犯他们的隐私，或夺取他们的财产。

这两项裁判重申无家可归者的权利，要求停止侵扰、逮捕他们——而这些是以往最惯常的做法。这实际上是半永久性帐篷营地数量在全市增长的重要原因。科认为，措施 H 和 HHH 现在得以通过是因为琼斯案和拉瓦案使得"无家可归问题暴露在社会面前，无从回避"。

科指出，协调入住使同属该系统网的成员得以参与市议会和监事会会议，通过其统计的无可指摘的区域性数据，确切地显示每个社区需要何种资源。但真正驱动洛杉矶人决定对住房危机承担集体责任的并不是这些更准确的数据，而是帐篷城市的蔓延。

根据 2017 年洛杉矶无家可归服务管理局的数据统计，洛杉矶县共有 57,794 名无家可归者。自 2014 年以来，无家可归服务社区已经成功运用 VI-SPDAT 对 31,124 名无家可归者调查，约占比 35% 至

50%。调查显示很多人在三年间不断在无家可归状态与住房状态之间往复。当然,协调入住已成功将9,627人匹配到住房或与住房相关的资源。科估计,如果只计算技术资源和软件的费用,以及超出的人工费用,不包括提供实际住房或服务的成本,协调入住到目前为止已经支出了大约1,100万美元。协调入住系统为17%的无家可归人口获得某种形式的住房资源提供了便利,算下来在每人身上花费大约1,140美元。人们自然而然地认为钱落到了实处。

洛杉矶无家可归人口等待"措施HHH"中的低收入住房建成时,市长已拨出一千万美元的紧急救济资金用于快速重新安置。快速重新安置项目提供与住房有关的经济援助,例如逾期未付的房租和搬家费用,帮助无家可归者本人及其家庭离开庇护所,并迅速入住到永久性住房。城市研究所2015年的一份报告发现,快速重新安置的确可以帮助家庭迅速撤出庇护所,但它也表明,补贴力度可能太小,时间太有限——持续六个月到两年不等——以至于不可能发生永久性的改变。报告的作者,玛丽·坎宁安、莎拉·吉勒斯皮和杰奎琳·安德森写道:"快速重新安置并不能……解决长期住房购买能力的问题。一些家庭在结束这一项目后,不稳定居住率开始攀高。"[1]

"永恒之家"把永久性援助房和快速重新安置都看作协调入住系统的"匹配"。克里斯·科在2017年5月通过电子邮件告诉我,他们没有对两种截然不同的干预方式做任何数据上的区分。虽然科估计有80%到90%的匹配者会住在他们新住房里,但"永恒之家"没有发布任何佐证数据。2015年来自兰普社区的黑兹尔·洛佩兹说:"数据追踪始终是一种事后之见,实际上没有跟进机制。"因此,在这9,627人中,究竟有多少人后面成功通过协调入住收获了他们称之为"家"的地方,有多少人通过援助找到了一间公寓,或收到几百美元的帮助来支付租金,以及有多少人获得援助后再次无家可归,这些都

---

[1] Cunningham, 2015: 1.

无从得知。

快速重新安置旨在应对紧急性无家可归。洛杉矶协调入住项目的最初目的是为最需要帮助的无家可归者提供永久援助性住房，现在却成了为"新"无家可归者匹配到短期援助。这导致那些介于二者之间的人只能在外风餐露宿——他们各方面都很健康，所以不符合获得稀缺的永久援助性住房的资格，此外，由于他们在街道上流浪过久，有限的快速重新安置资源很难对其生活做出实质性改变。

对于加里·伯特莱特和数万名未与匹配到任何服务的人来说，协调入住系统要收集的数据似乎越来越细微、越来越具侵犯性，以此来追踪他们的动向和行为，但是却没有任何相应的回报。当我问 T.C. 亚历山大的协调入住经历时，他嘲笑道："协调入住系统？那个应该用来帮助无家可归者的系统？它在拖延解决无家可归问题。你把所有无家可归者的信息放进系统，但是他们没有任何地方可以去。数据进到了系统，就没有后续行动了。"

有些人认为所有这些数据完全被用于其他目的：对无家可归者进行监视，将之归为罪犯。在我写此文时，还有 21,500 名洛杉矶最需要帮助的人，他们的个人信息还安静地躺在数据库里，而且可能永远不会与可能挽救其生命的各项服务相挂钩。他们可以撤回同意，要求删除其在协调入住系统以及无家可归者管理信息系统的记录，但是过程非常复杂。即使在删除有关记录之后，一些个人数据还是会保留在系统中。我调查期间交谈过的所有人中，没有一个人曾要求清除自己在协调入住系统中的记录，就连那些成功获得住房的人也没有。

在协调入住系统试行阶段，有更严格的程序来保护个人数据并提供其他获取资源的路径。原始数据库保存在一张庞大的谷歌电子表格中，用唯一标识符而非用社保号来保护受访者的机密。系统会为那些出于某些原因不想经过协调入住流程的个人留出一定比例的服务项目。也许是 VI-SPDAT 的问题太具侵略性，也或许是有人为了摆脱家庭暴力所以选择匿名。保护无家可归者的身份是系统试行阶段的默认考量因素。

但之后协调入住系统迁移到了无家可归者管理信息系统，这就需要提供社保号码。理论上讲，人们仍然可以拒绝提供受保护的个人信息而不影响其获取资源，但联合劝募协会承认他们"不确定有多少人勾选此选项"。很难想象会有许多无家可归者为了拒绝提供社保号而牺牲自己的住房机会。目前，收集受保护的个人信息变成了默认设置；系统自动要求无家可归者"选择性同意"分享保密消息。

协调入住系统现在是洛杉矶所有无家可归服务的主通道。科在2017年跟我说："它现在正式成为县市服务的提供系统。"换言之，除了协调入住系统，洛杉矶县几乎没有其他的无家可归服务供给途径。

根据联邦数据标准，服务提供商可以将无家可归者管理信息系统中的受保护个人信息向执法机构公开，以"响应……识别或定位嫌疑人、逃犯、重要证人和失踪人员等口头请求"。[①] 洛杉矶警察局可以访问到的信息仅限于姓名、地址、出生日期和地点、社保号码以及能与他人相区分的体型特征。但是对于他们的口头要求却没有强制性审查或批准程序。也没有要求规定所公开的信息只限于在何种范围，或者明确用于哪一桩正在处理的案件。没有正当程序，没有部门监督，其中也不涉及法官确保请求是否合宪。法学家 J.C. 奥布莱恩在撰写关于无家可归者管理信息系统数据保护松懈问题的文章时，在结语中写道："这种基于口头请求的公开标准十分宽泛，只是为了让执法部门更容易地获取信息，除此之外，别无其他目的。"[②]

社会服务机构和警方通力合作将穷人归罪在美国由来已久。一个最直接的例证即是"泰龙行动"（Operation Talon）：监察长办公室和当地福利办事处合作，通过挖掘食品券数据，找到那些重罪逃犯，然

---

[①] O'Brien, 2008: 693.

[②] Ibid.

后以福利资助引诱他们赴约面谈。当目标受助人到达福利办事处时，他们就会被逮捕。

凯伦·古斯塔夫森 2009 年的文章《贫穷之罪》指出，1996 年福利体系改革前，执法部门要拿到公众受政府援助的记录只能通过法律途径。但是如今，"执法部门的官员只要开口就能拿到福利记录——不需要有任何合理根据、怀疑或者走司法程序"。[1] "泰龙行动"和其他类似方案都是通过动用这些管理数据将社会服务机构转变成刑事司法制度的延伸。

由于缺乏强有力的数据保护规则，协调入住系统中无家可归人员的电子注册表似乎也会被用于类似的目的。针对某些身份犯（status crimes）的逮捕令为警方的拉网式搜索提供了正当理由。这些移动和集成管理数据可以将任何一个街角、任何一块帐篷地或任何一家服务提供商转变为实施圈套抓捕的场所。

除了将贫困、无家可归与犯罪等同起来，这种对个人信息的深度挖掘以及一览无余的访问再无其他意义。相比之下，很难想象那些通过减免抵押税接受联邦政府资金援助，或那些申请过联邦学生贷款资助的人如何能够经受住如此全面的审查，更难以想象的是，在没有搜查令的情况下，竟然允许执法人员获取他们的个人信息。此外，如果"无家可归"行为成立的许多基本要件——无处可睡、无处安放个人物品、无解手之地——被视为正式犯罪，那这种不断加强的数据收集、分享和监视模式无疑会助长对无家可归者的归罪化。有人可能会因为在公园里睡觉，把自己的所有物留在人行道上，或者只是在楼梯间小便，就收到一张罚单，但绝大多数无家可归的人无从支付罚款。这些不断累积的罚单最终会变为一张纸搜查令，接着执法部门就有进一步的理由去搜索数据库，搜寻那些所谓的"逃犯"。由此可见，无

---

[1] Gustafson, 2009: 669.

家可归服务项目的数据收集、存储和共享常常是将穷人入罪的起点。

洛杉矶绝大多数无家可归的人群介于长期性无家可归和紧急性无家可归的这两种情况之间。协调入住系统据此提供资源：一种情况是提供永久援助性住房，另一种则是提供快速重新安置。除非采取比措施 H 和措施 HHH 大一个数量级的金融干预模式，否则无法满足成千上万个介乎这两种情况之间的无家可归者的需求。

有些人已经被关押起来，或有吸毒或酗酒问题；有些人找不到能够满足其基本生活需要的工作；另有一些人饱经家庭暴力和虐待而留下创伤。所有找不到庇护场所的人都面临着严重而持续的压力，这可能会导致其身心残疾。加里·伯特莱特说："很多像我这样生活状态还没有差到边缘的人没有房可住，（协调入住）只是另一种拖延解决无家可归问题的缓兵之计。"

琼斯案和拉万案颁布禁令之前，贫民街是世界上受监管最严格的社区之一。纽约市警察局电脑统计罪案数据库的建立者威廉·布拉顿于 2002 年 10 月成为洛杉矶警察局局长。2006 年，布拉顿和市长安东尼奥·维雅莱构沙共同发起了"安全城市计划"（Safer City Initiative，SCI），每年拨款 600 万美元，用以解决与无家可归相关的身份犯问题：人行道上随地而坐、随意乱穿马路、露营、行乞。

根据城市社会学家弗雷斯特·斯图尔特的说法，在该计划执行的第一年里，洛杉矶警方在这片人数只有 12,000 到 15,000 居民的地区实施了大约 9,000 起逮捕，12,000 次传讯。贫民街社会公正组织洛杉矶社区行动网（Los Angeles Community Action Network）对安全城市计划进行的评估显示，他们调查的 200 名贫民街居民中有超过一半的人——无论是有住房者还是无家可归之人——都在这一年里被逮捕过。2008 年的一项分析显示，除了盗窃案的比例小幅下降外，安全城市计划在打击严重犯罪方面的数据没有显著下降。[①]

我于 2015 年 1 月访问了贫民街警察局——中区警署，并与高级警员迪翁·约瑟夫交谈，他在洛杉矶警察局工作了 20 年，其中 18 年都在贫民街工作。约瑟夫是赞同使用新型社区治安管理方法的代表，尝试将警察与他们工作的社区重新建立联系。他认为自己是一个为无家可归者谋利益的人，并称自己为一位鼓舞人心的演说家。他创立了"女士之夜"计划，为贫民街上的女性提供有关其法定权利和基本自卫训练的信息。他因给无家可归人士派发卫生用品而闻名。他深受社区许多人的喜爱。

在许多社区，社区治安管理比事后被动地执法更受欢迎。但它也招致了一些疑问。社区治安管理要求警员同时扮演社工或给予无家可归者治疗的专业人士的角色，而警员们之前很少接受过类似职位的培训。这使社会服务机构与警察的联系更紧密，这种关系减弱了他们为最边缘化之人提供服务的能力。这些最边缘化的群体常常具有不被执法的充分原因。警察出现在社会服务机构中，会使那些最需要帮助的无家可归者遭到拒绝，他们中的很多人是因为与无家可归有关而成了身负多张搜查令的身份犯。

约瑟夫警官参加兰普社区的协调入住会议，参加卫生部门的街道清洁活动，希望"告诉这些社会服务提供者，最长期性的无家可归者身居何地"。他认为社区治安管理、融入社会服务网络和监视三者之间是相互促进的关系。他说："我会走出去，大步流星，完成各种任务，走到人们正在睡觉的院子里，告诉他们这里正在发生什么事情。我还会坐在屋顶上看毒品交易活动，这样我就能知道谁是头目。我会去和他们见面，交谈然后收集信息，如果他们愿意把它给我的话。"他在社区治安管理中发展的各种关系给他带来情报：线人找到他，各种社会服务机构分享他们的监控摄像头拍下的内容。他说，他相信社区

---

① Blasi, 2008.

治安管理的重要性，因为"这有助于我解决犯罪，帮助我提高民众的生活水平。它还助我得到一些通常不会愿意和警方配合之人的合作"。

各种"深入融合"项目旨在提供经济保障，但那些着眼于犯罪控制之人则威胁要将极端贫困人群采取的常规生存战略予以入罪。无家可归服务机构、商业发展区和执法部门通过大量高科技工具不断收集的数据造就了一张具有约束性的网，贫民街的居民认为这张网会影响他们的每项决策。每天，他们都感到自己是在被鼓励着进行自我驱逐或自我监禁。那些住在户外营地的人能够感到不得不常常搬家的压力。那些住在廉价公寓或永久援助性住房的人也同样感到必须经常待在室内、隐形于公众的压力。

洛杉矶社区行动网的人权捍卫者多贡的经历很具有代表性。在街上度过了90天之后，他终于找到了桑伯恩廉价公寓的一个单间，在大楼里呆了几天后，他走到外面抽根烟。为商业发展区工作的一名私人保安骑着一辆看起来很像警用自行车的脚踏车靠近过来，"你要站在外面多久？"他回答说："我不知道。"保安又问："是有人在附近要来吗？你要和人碰头？你不能就这样站在外面，你这是游荡罪（loitering）。"

"是吗？"多贡问道。"我还以为游荡罪是带着犯罪意图在外面乱晃呢。"保安回答说："严格来说是这样的，但我们就想让人们保持行走。你能边走边抽烟吗？"

多贡解释说，这种情况太严重了，所有住在廉价公寓的人成天只能藏在大楼里。"和我住在一栋公寓楼里的人都非常害怕，每天小心翼翼，以至于有一天他们抽签决定谁去跑一趟商店买东西。"他说："离开公寓就像是要去越南这样的地方，你都不确定你还能回来。"

中心区域过度集中的警力导致更多警官待命任务、开具过多罚单、过度执法。一张张罚单变成一张张搜查令，然后开始实施逮捕。贫民街的居民因为交不起保释金，许多被捕者会被持续监禁，直到他们上庭的那一天。审判案件时，与无家可归有关的犯罪指控通常会被驳回，但与此同时，贫民街居民可能会被关押三四个月。结果，他们失去了自己的住房、文件以及少量财产，这些东西继而被转用作社会服务。"这就好像是在对这个街区的流浪汉进行回收再利用，"多贡说，"他又得重头再做一遍那些蠢事了。"

曾经，保留这个社区的关键是基层民众和组织制定的一项战略性计划："令人们害怕贫民街"。然而，随着贵族化的浪潮、不断增强的监视和治安管理，这项战略开始失效。艺术家新贵们试图占领洛杉矶市中心，为了富人利益治理贫民街的压力意味着管理穷人居民的压力也在增加。协调入住和其他高科技工具使无家可归者的行为更加显像、更易追踪、更可预测。如果这种隐晦战略再失败，贫民街的穷人就要面临监禁的危险。

因此，洛杉矶的无家可归人士面临着艰难的权衡：在 VI-SPDAT 上承认自己具有风险性甚至非法的行为可能会使你在永久援助性住房的优先列表中排名靠前。但同时你也会面临执法部门的审查。协调入住不仅仅是一个管理信息或匹配供需的系统，它还是一个分类穷人、入罪穷人的监视系统。

为了从监视这一意义理解协调入住系统，有必要区分"旧式"监视和"新式"监视。[①]旧式监视系统需要个体化的关注：一小部分执法部门人员或情报人员将通过识别、追踪目标、记录目标人员的动向和活动来编制一份档案。通常来说，被选为旧式监视系统的目标是因为他们隶属于某一团体：例如，联邦调查局反谍计划（COINTELPRO），往往重点关注民权活动家的种族平等活动和政治能动主义倾向。但窃听、摄影、盯梢和其他旧式监视技术都带有个体化。必须在监视之前先确定目标。

---

[①] Lyon, 2003.

相较之下，在基于数据的新式监视中，目标通常从数据中浮现出来。目标出现在数据收集之后，而并非数据收集之前。该系统收集了各式个人和群体的大量信息。然后，再对数据进行挖掘、分析和搜索，以确定可能的目标，对其进行更彻底的审查。有时这种方式会涉及传统的近距离观察和跟踪。但逐渐地，它只需要对现存的数据进行更精细的筛选即可。如果说旧式监视系统是一只天眼，那么新式监视系统就是布于数字网络中的一只蜘蛛，检验网上每条蛛丝上是否存在可疑的振动。

监视不仅是一种观察或跟踪的手段，也是一种社会分类机制。协调入住系统收集与个人行为相关的数据，评估其需要帮助的程度，并根据该估值分配不同的干预措施。"协调入住是一种分类处理方法，"洛杉矶第三区主管住房和无家可归问题的莫莉·莱斯曼表示，"我们所有人都认为它是一场自然灾害，我们对住房有着非同寻常的需求，但我们无法同时满足所有需求。所以必须弄清楚：我们怎样才能做到让那些快要流血身亡的人去看医生，让那些只是得了流感的人再等一等？做出这样的选择让我们很难过，但这就是我们所面临的现实问题。"

宾夕法尼亚大学的传播学教授奥斯卡·甘地在 1993 年出版的著作《全景分类》(The Panoptic Sort)中十分具有先见之明地提出，对数字个人信息的自动分类是一种分类处理方式。他更深一层分析，指出该术语 (triage) 来自法国的单词 trier，意思是对市场上的适销品进行筛选、剔除或分级。"尽管有些比喻不言自明，但我得说清楚一点，"他写道，在数字分类中，"个人和群体根据其被推测的经济或政治价值被予以分类。穷人，特别是有色人种中的穷人，越来越多地被视作残缺品或即将被丢弃的损坏物品。"①

如果无家可归不可避免——如疾病或自然灾害造成——那么优先考虑使用以鉴别分类为导向的方案来解决无家可归者住房资源有限的

---

① Gandy, 1993: 1–2.

问题，无可厚非。但如果无家可归是由政策决策和职业中产阶级的冷漠而造成的人类悲剧，那么协调入住这个方法使我们得以远离这种人为后果——是我们决定不果断地予以回应，才铸就了这种后果。协调入住系统是一种道德评价体系，是一种生成合理性的机器，帮助我们说服自己，只有那些最值得帮助的人才能得到帮助。被判定为"风险太大"的人会被编码到罪犯一列。他们会面临牢狱之灾、进到收容所或者死亡。

尽管措施 H 和措施 HHH 取得了成功，但是坚信更快、更准确的数据会成功地建成洛杉矶需要的住房，未免有些天真。洛杉矶人曾投票表决是否交更多营业税和房产税来安置无家可归者。但是，那些有房子住的人会让无家可归者住到他们的社区吗？

有证据表明，建造新的低收入住房或重新利用旧建筑来安置无家可归者将是一项挑战。最近两项提议提出为无家可归人士的随身财物建造存储处，这引发了全社区的抗议。2016 年秋季，在威尼斯海滨社区建立一个储存设施的提议也引发了一系列激烈的社区会议，有房东直接提起诉讼来阻止该项目的进行。在圣佩德罗建造一个类似储存中心的计划也因住房群体组织行动阻挠而破产。人们愈加认为向无家可归者提供的资源越来越多，这座城市对无家可归者营地仅有的一丝容忍度可能随之瓦解。就在选民承诺为无家可归者提供新资源、为其提供庇护场所不久之前，市议会重新制定了一项市政条例，重新批准在琼斯案和拉万案裁判前常见的大规模帐篷营地清除行为。

公共住房曾被认为能够取代寄宿公寓和出租单间的廉价公寓，然而在 20 世纪 50 年代城市复兴时期，却被夷为平地。新的可负担住房开发活动可能也会因为职业中产阶级和富有的洛杉矶人积极阻挠而再度失败。问题的关键不在于该市缺乏足够的数据来判断解决无家可归问题需要什么样的住房，而在于穷人、工人阶层及其盟友可能无法克服有组织的精英群体所带来的庞大政治阻力。

与许多寻求利用计算机的运算能力促进社会正义的人一样，协调入住系统的支持者倾向于可以解决社会问题的系统。他们的观点是，把正确的信息尽可能高效地传递到需要的地方，就可以解决复杂的争议。在这种模式下，政治冲突被认为主要源于信息匮乏。系统工程师认为，如果我们就收集汇总所有事实，对于无家可归等棘手政策问题的正确解答将会变得简单明了，并且能够被广泛接受。

但是，无论如何，这不是政治的运作方式。政治冲突绝不仅仅是信息的斗争；它们涉及价值观、成员身份以及平衡相竞的利益。贫民街和南洛杉矶的贫困人口和工人阶层居民需要经济适用房和可用的服务。市中心商业发展区想要打造适宜旅游的街道。新的城市先锋们既想要铺满沙砾的城市街道，也想要高价有机食品超市。这座城市想要清理满是营地的街道。虽然洛杉矶居民同意支付多一点的费用来解决这个问题，但许多人不希望无家可归者搬到他们隔壁。他们不想花费可以真正解决住房危机的那笔大钱。这些就是洛杉矶未来图景中的深刻矛盾。更多的信息并不必然能解决这些矛盾。

系统工程可以帮助管理大型复杂的社会问题。但它盖不了房屋，也不见得足以纠正对穷人特别是对有色人种根深蒂固的偏见。加州大学洛杉矶分校的公益律师、无家可归问题的社会活动家和名誉教授加里·布拉斯（Gary Blasi）说："从本质上来说，算法是愚蠢的。没有一种算法可以与人所呈现出来的变量、细微差别和复杂程度相比。"虽然协调入住系统可以最大限度地减少个别无家可归服务提供商的一些隐性偏见，但布拉斯认为，这并不意味着它这是个好主意。"我反对（对协调入住系统）是因为，它获取的资源和引发的注意力来自于无家可归问题的其他方面。三十年来，我已经看到了这个理念，尤其是在受过良好教育的人中：它只是一个信息获取的问题。无家可归的人只是没有信息。"

"欺诈这个词可能语气太强烈了，"布拉斯说，"但无家可归不是一个系统工程问题。它就像是一个需要技能和心思才能解决的'木匠活'。"

## 第三章 天使之城的高科技无家可归服务

2016年10月是我最后一次见到加里·伯特莱特，他看起来没有之前那么健康，行为举止有些粗鲁了，心理健康状况也似乎正在恶化。他对一名街道清扫工暴跳如雷，认为他从帐篷里偷走了自己的财物。那个月的晚些时候，加里与社区其他成员发生了冲突，他被勒令从东第六大街洛杉矶CAN办事处前的帐篷地移走。因为洛杉矶CAN一直是无家可归人士的坚定捍卫者，这幢大楼也为无家可归人士居住地提供了庇护场所，洛杉矶警察不能在那里对无家可归者开罚单或者逮捕他们。伯特莱特将帐篷搬到斯普林街几周后，12月2日，他遭到逮捕。

2017年1月，伯特莱特从男子中央监狱打来电话，他因为用一把在99美分商店买的塑料扫帚打碎了公交车的窗户而受到指控。他坚称："简直违反物理规律！他们（给法庭）呈上一张窗户破损的公交车的照片，照我看，地区检察官是扣留了证明我无罪的证据。接下来，他们找我来谈条件。他们不可能没有监控视频，公交车至少有六个摄像头不是吗？"对于自己在获释前还需在监狱待几个月这件事，他很乐观。2017年获释后，他面临着多页描述的一切困顿：他失去了帐篷，失去了他的所有财产，还有他精心归档的各种文件以及他的社交网络。他不得不从头再来。

下次再接受VI-SPDAT调查时，他的得分可能会更低。该模型把进监狱也视作一种住房类型。系统会认为他不那么需要帮助，他的优先级分数将下滑得更低。他会陷入困顿的沼泽，他还没有脆弱到对其予以住房干预的地步，但他又是如此弱势，如果没有帮助将不可能挨过这一切。"我是个罪犯，"他说，"仅仅是因为我生存在这个地球上。"

# 第四章　阿勒格尼县算法

感恩节前一周，我挤在阿勒格尼县儿童、青年和家庭办公室（County Office of Children, Youth and Families，下称CYF）忽视和虐待儿童热线呼叫中心一长排灰色隔间最远处的角落。我和收案筛选员帕特·戈登（Pat Gordon）共用一张桌子和一个小小的紫色脚凳。我们都在研究关键信息和人口统计系统（Key Information and Demographics System，下称KIDS），这是一个布满案例注释、人口统计数据和项目数据的蓝色屏幕。我们关注着两个家庭的记录：都是白人家庭，住在匹兹堡市，一个家庭有两个孩子，另一个家庭有三个孩子。两个家庭都由一名"强制报告人"（mandated reporter）举报到CYF。强制报告人是法律规定有义务将其对儿童可能受到看护者伤害的猜测予以举报的专业人士。帕特和我正在比赛，看我们是否能猜出该县用来预测虐待和忽视儿童的一种新预测风险模型——阿勒格尼县家庭筛查工具（Allegheny Family Screening Tool，下称AFST）——将如何评分。

帕特·戈登是那种能把别人孩子的照片放在自己隔间里的女人。她是匹兹堡本地人，海盗迷，戴着一个电话耳机，耳机将她齐耳的波波短发向后推。她只会说她"四十多岁了"。当她站起来迎接我时，六条线路在她的电话机等待接通。她的长袖粉色T恤与她的暖棕色皮肤很相配，当我们谈论她所服务的孩子时，她顽皮的笑声很快转变为平静的严肃。

在嘈杂的玻璃房间里，像帕特·戈登这样的收案筛选员会访谈打电话给热线呼叫中心举报虐待或忽视儿童的嫌疑人。收案筛选员大多数是女性，非裔美国人和白人的人数几乎持平，他们在一个庞大的相互连接的县数据库系统中搜索家庭信息。他们能立即查询到酗酒和吸毒治疗服务、启蒙计划、精神健康服务、住房管理局、阿勒格尼县监狱、州公共福利部、医疗补助计划、匹兹堡公立学校以及十余个其他项目和机构的记录。

帕特递给我一张被称为"风险/严重程度渐变表"的双面纸。她花了一分钟才找到它，它被装在一个透明的塑料信封中，夹在桌面靠后的一叠文件里。她在电话筛选部门工作了五年，她说："大多数员工都会把这牢记在心。"

但是我需要额外的帮助。我被这个决定的分量吓到了，尽管我只是在观察。在狭窄的小文本栏中，我了解到五岁以下的孩子最有可能被忽视和虐待；经过证实的先前举报会增加一个家庭被调查的机会；父母对 CYF 调查员的敌意被认为是高风险行为。我不慌不忙，对照风险/严重程度渐变表，同时交叉核对 KIDS 中的信息，此时帕特·戈登正向我使眼色，调侃我，让我赶紧点击运行风险模型的蓝色大按钮。

第一个孩子是一个六岁的男孩，我会叫他斯蒂芬。斯蒂芬的妈妈正在接受对焦虑情绪的心理健康治疗，她向自己的治疗师（县资助）透露，一个她不认识的人在 11 月初的某一天把斯蒂芬放在他们家的门廊处。她发现斯蒂芬在外面哭，把他带进家门。那一周开始斯蒂芬行为异常，她担心斯蒂芬会出事。她向治疗师坦白，她怀疑斯蒂芬可能受到了虐待。她的治疗师向州虐待儿童热线报告了她的事情。

但是把一个哭泣的孩子留在门廊并不符合宾夕法尼亚州定义的虐待或忽视行为。所以收案筛选员筛去了这个电话。尽管举报未经证实,但通话记录和收案筛选员的记录仍保留在 KIDS 系统中。一周后,一个无家可归者服务机构的员工再次向热线呼叫中心报告斯蒂芬的情况:他穿着脏衣服,健康状况不佳,还有传言说他母亲吸毒。除了这两份报告外,该家庭在 CYF 没有其他记录。

第二个孩子 14 岁,我会叫他克日什托夫。在 11 月初的社区健康家访中,一家大型非营利组织的社工发现克日什托夫家的窗门破漏,屋内阴冷。克日什托夫穿着几层的衣服。该社工报告说房子有宠物尿液的味道。这家人睡在客厅,克日什托夫睡在沙发上,他妈妈睡在地板上。社工认为房间"杂乱无章"。目前还不清楚这些条件是否真的符合宾夕法尼亚州忽视儿童的定义,但是这个家庭在其所在县的诸多项目中都有历史记录。

没有人希望孩子受苦,但是政府在保护孩子安全方面的作用非常复杂。《儿童虐待预防和处理法》(Child Abuse Prevention and Treatment Act)经尼克松总统 1974 年签署生效后,各州获得了预防、调查和起诉虐待和忽视儿童行为的权力。法律将"虐待和忽视儿童"定义为"有责任保护儿童的人,在使儿童健康或福利受到损害或威胁的情况下,对儿童实施身体或精神伤害、性虐待、疏忽对待或虐待……"

即使最近已经明确,伤害必须是"严重的",但究竟何种行为构成忽视或虐待?这其实还有相当大的主观性空间。打屁股是虐待吗?用握紧的拳头打了孩子一下构成虐待么?让你的孩子独自走到街区那头的一个公园是不是一种忽视?即使你能从窗户看到他们?KIDS 里划分为"虐待"的状况列表中,第一个页面即解释了电话筛选人员在何种自由幅度内可以将父母教养子女的行为归为虐待或忽视。它包括:遗弃婴儿、遗弃、中断或终止收养、看护者力不从心、儿童性行为异常、滥用儿童药物、父母行为使孩子处于危险之中、体罚、延迟/拒绝医疗服务、10 岁以下儿童的违法行为、家庭暴力、教育忽视、环境的有毒物质、暴露在危险中、逐出家门、未能保护、无家可归、衣物

/卫生/身体保护或食物供应不足、不适当的看护者或行为纪律要求、他人造成的伤害、孤立等。列表足足向下滚动了几个页面。

四分之三的儿童福利调研结果都涉及对儿童的忽视，而不是身体、性或情感上的虐待。然而，如果想明确区分常态性贫困环境与对儿童的忽视，就会发现这尤其令人困扰。贫困家庭中许多常见的现象被官方定义为虐待儿童，包括没有足够的食物、住房不足或不安全、缺乏医疗保健或工作时留孩子独自一人。没有住房的家庭面临着尤为巨大的困难，因为根据官方界定，无家可归被视为忽视儿童的一种情况。

事实上，大多数儿童福利工作者并没有因为孩子的父母贫困就想把他们送进寄养家庭；调查人员通常也不愿意将父母无法控制的情况定义为"忽视儿童"。相反，儿童福利工作者有时会将把儿童送进寄养机构作为一种威胁，以获得资源来确保一个家庭安全。他们可能会打电话给公共援助办公室，帮助某个家庭获得食品券，要求房东进行必要的修理，或者向经济困难的父母提供咨询或社区援助。

在宾夕法尼亚州，虐待和忽视的界定相对狭义。虐待需要因身体伤害导致损伤或严重疼痛，因性虐待或性剥削造成精神损伤，或因任何这些事情导致的紧迫的危险。忽视必须是"长期或反复缺乏监督"并严重到足以"危及儿童的生命或发展或损害儿童的官能"。所以，当帕特·戈登和我在风险/严重程度矩阵中查找对应指标时，我认为斯蒂芬和克日什托夫都应该得分很低。

在这两个案例中都没有关于受伤的举报、经证实的先前虐待行为、严重情感伤害的记录或经核实的药物滥用情况。我担心未成年的克日什托夫家里温度过低，但我不会认为他处于一种迫在眉睫的危险中。帕特担心六岁的斯蒂芬，两周内已有两个举报电话与之相关。"我们刚刚关上了身后的门，紧接着又有一个涉斯蒂芬的举报电话打进来"，她叹息道。这可能表明一种忽视或虐待模式正在形成——或者该家庭正处于危机之中。一家无家可归者服务机构打来的电话表明，斯蒂芬的家庭条件急剧恶化，以至于斯蒂芬和他的妈妈开始流落街头。但是我们认为,对于这两个男孩来说,他们受到直接伤害的风险较低,而且他们也几乎没有受到人身安全的威胁。

从 1 到 20 的分数范围来看,1 是最低的风险等级,20 是最高的风险等级,我猜想斯蒂芬会是 4 分,克日什托夫会是 6 分。帕特笑着按下按钮。出现的数字和她预测的完全一样。斯蒂芬是 5 分。那克日什托夫呢? 14 分。

我来匹兹堡是为了研究阿勒格尼县家庭筛查工具(AFST)对贫困和工人阶层家庭的影响。它的风险很大。根据美国疾病控制和预防中心的数据,大约四分之一的儿童一生中会遭受某种形式的虐待或忽视。该机构的"儿童不良经历研究"得出结论:遭受虐待或忽视会"对我们的健康和生活质量有巨大的乃至终身的影响",包括导致吸毒、酗酒、自杀未遂和抑郁症发生率的增加。[①]

阿勒格尼县 CYF 行政办公室离阿勒格尼河、莫农加希拉河和俄亥俄河在匹兹堡市中心交汇的地方只有一步之遥。阿勒格尼县自 1791 年威士忌暴乱以来一直是工人阶级的主要阵营,这里的人们倾向于支持保守的民主党,并且有反抗政府干预的历史。20 世纪初,世界上第一家拥有十亿美元的公司——摩根大通和安德鲁·卡内基的美国钢铁公司——在这里诞生了。

美国的钢铁厂在 20 世纪 80 年代中期突然关闭后,美国经历了几十年的后工业资本回撤和人口下降。但在过去十年里,匹兹堡涌入了一波年轻的大学毕业生,谋求在健康、高等教育、技术和艺术领域的工作。曾经的钢铁城现在容纳了大约 1,600 家科技公司,包括拥有 450 名员工的谷歌办公室和优步的机器人自动驾驶汽车部门。

在两起公开的丑闻之后,阿勒格尼县公共服务部主任马克·切尔纳(Marc Cherna)于 1996 年 2 月开始管理当时被称为儿童和青年服

---

① U.S. Centers for Disease Control and Prevention, nd.

务部门（CYS）的机构。第一起丑闻又被称为"拜伦宝宝"案。一个白人寄养家庭——德扎克斯——拒绝将一个非裔美国婴儿拜伦·格里芬（Byron Griffin）送回该机构，以至于拜伦无法和他的母亲团聚。时任 CYS 主任的玛丽·弗里兰（Mary Freeland）主任支持当时的政策，不鼓励寄养家庭的父母收养他们照顾的孩子，并限制跨种族收养，于 1993 年 12 月 27 日带领警察前往德扎克斯家中将拜伦带走。在拜伦回到母亲拉肖恩·杰弗里（LaShawn Jeffrey）身边后，德扎克斯一家参加了一轮又一轮的全国性访谈节目，把自己描绘成受挫婴儿的救世主，并写了一本讲述他们全部经历的书。

之后，在 1994 年 3 月，人们在匹兹堡的一家汽车旅馆里发现了两岁的肖恩蒂·福特（Shawntee Ford）的尸体。首席法医病理学家给出的结论是，这名蹒跚学步的孩子被交由父亲照顾仅仅几周，就被殴打致死。此前，在肖恩蒂的母亲梅布尔·福特（Mable Ford）接受药物治疗时，CYS 社工将肖恩蒂从母亲手中接走。后来母子团聚。但在他们被发现住在纽约州布法罗市的一辆汽车里时，肖恩蒂再次被带走了，而此时肖恩蒂的父亲莫里斯·布克（Maurice Booker）对肖恩蒂的监护权提出了诉请。

一名 CYS 社工告诉法官，已经完成对布克的调查，不认为布克存在任何不适宜照顾孩子的行为。社工并没有提到布克曾有过因醉酒驾驶和危害公众安全而被捕的记录。在二月份（监护权诉讼后，肖恩蒂未死亡前），布克还被指控在新年前夜与警察的对峙中以他的女友和两个孩子作为人质。肖恩蒂去世后不久，州公共福利部以 CYS 违反了 72 条规定（包括未能及时完成对父母的犯罪背景调查）为由，吊销了它的执照。不到一年，顶着辞职压力的玛丽·弗里兰接受了一个新的岗位，佛罗里达州儿童委员会主任。

"我来这里管理青少年中心，简直就是奇耻大辱"，马克·切尔纳说。当他 1996 年到达这里时，有 1,600 名儿童等待被收养，但该机构每年只能完成60名儿童的收养。社工的数量比毗邻的伊利县少了35%。大多数人没有取得社会工作的学位。他们的工作量远超出了负荷——一次为超过30个家庭服务。一个蓝带委员会将该机构和匹兹堡非裔美国人社区之间的关系描述为"激烈对抗"。① 尽管非裔美国人只占阿勒格尼县人口的11%，但寄养制度下有70%的儿童都是黑人。该机构一直在努力招募和留住有色人种作为收养家庭，担任社工和行政人员。

在马克·切尔纳被聘用的时候，一个名为"ComPAC21"的委员正开始对阿勒格尼县的政治结构进行研究。它建议将30个不同的部门合并为9个大型办事机构，以此来缩小县政府。他们将老龄化、青少年服务、智力障碍、行为健康和社区服务等办公室合并到一起。他们将由此合并后的机构命名为民政部（Department of Human Services, DHS），任命切尔纳为该部门领导人。

切尔纳此前曾担任新泽西州青少年和家庭服务部的助理主任，他是一个脸色红润、性格开朗的人，经常戴着 Save the Children（不同种族的孩子们在一面棕色背景墙上的绘画，中文意思为"救救孩子"）图案的领带。他为自己能够在这个岗位上任职20年感到非常自豪，能够长期领导这样一个充满挑战的机构，这段履历意义非凡。如今，DHS为20万人提供服务，聘用了940名县工作人员，管理着417个外包机构，其年度预算为8.67亿美元。

切尔纳刚一上任，便提议建立一个数据储存库（一个将DHS、其他县政府机构和州公共援助项目收集的各种信息汇集在一起的中央资料库）。他于1999年利用当地基金会募集的280万美元建立了数据储存库。如今，位于DHS总部的两台服务器上已有超过10亿条电子记录，平均每个阿勒格尼县的人有800条记录。

29个不同的部门——包括成人缓刑、酗酒和吸毒治疗服务、住房

---

① The Independent Committee to Review CYS (The Murray Report), 1995: 5.

管理局、县监狱、少年缓刑办公室、阿勒格尼县警察局、州收入维持办公室、精神健康和药物滥用服务办公室、失业补偿办公室和近20个地方校区——定期发送数据摘录。数据摘录包括客户姓名、社会保险号、出生日期、地址以及他们接受的服务类型和数量。每年数据储存库的运营成本主要通过与跨国咨询公司德勒签订的合同来进行管理，一年花费高达1,500万美元，约为DHS年度预算的2%。

马克·切尔纳和负责数据分析、研究和评估的副主任艾林·道尔顿（Erin Dalton）认为，数据储存库有助于增加机构间的沟通、完善问责制、为客户提供全方位服务以及削减成本。该部门可以匹配内部和外部的数据、验证客户的身份、确定项目资源的适格性并密切关注客户在接受所有公共服务项目中的行为表现。

但该行政部门不仅负责收集和分析数据。切尔纳在其任职早期，还接触了儿童的寄养家庭、收养父母和亲生父母、服务提供商、儿童权利倡导者、律师和法官。在管理咨询公司Stewards of Change撰写的案例研究报告中，切尔纳解释道，"其目标是让儿童福利机构在社区中被视为朋友，而不是敌人。"

"切尔纳和这个镇上的私人投资者有着非常牢固的关系。他和各种机构也有着非常良好的关系"，匹兹堡大学儿童发展办公室的劳里·穆尔维（Laurie Mulvey）说道。"他很清楚这一切都脱离不了人际关系。他诚实坦率而且工作努力。"在我去匹兹堡的调研过程中，几乎每一个和我交谈过的社区成员都同意穆尔维的观点，称赞切尔纳团队的参与式方法、清晰的沟通方式和高道德要求。今天的CYF更加多样化，更能够回应民众需求，也更加透明。它鼓励社区的参与和领导。在过去的20年里，切尔纳赢得了社区的信任和承认。

2012年，宾夕法尼亚州议会削减了10%的人力资源拨款，从DHS削减了约1,200万美元。预算削减加剧了2007年经济衰退后因县财政收入持续下降和服务需求增加造成的危机。由于数据丰富但物质资源匮乏，切尔纳和他的团队制定了一份招标书（RFP）以"设计并实施决策支持工具和服务预测分析"。DHS 提供了 100 万美元——由理查德·金·梅隆基金会（Richard King Mellon Foundation）资助，用于建立一个自动筛选分级系统，这将有助于他们将资源集中在最能发挥功用的地方。

他们选择的提案由新西兰奥克兰理工大学的一个团队提交，由经济学家拉赫玛（Rhema Vaithianathan）和南加州大学儿童数据网络主任艾米莉·普特南－霍恩斯坦（Emily Putnam-Hornstein）领导。他们提议设计、开发和实施一个决策工具，通过挖掘切尔纳的数据存储库来预测阿勒格尼县的哪些儿童可能面临最高等级的受虐待和忽视风险。

拉赫玛和艾米莉·普特南－霍恩斯坦有一个共同的愿景——在孩子出生时，甚至在出生之前，就能预测到他们是否会受到虐待。普特南－霍恩斯坦和芭芭拉·尼德尔（Barbara Needell）在 2011 年发表的一篇论文得出结论，产前的虐待预测算法在理论上是可行的："一种在出生当日即可被用来识别具有较高受虐待风险儿童群体的风险评估工具将非常有价值，"他们写道，"产前风险评估可用于识别处于风险中的儿童⋯⋯当他们还在子宫里的时候。"① 在世界的另一边，奥克兰大学经济学副教授拉赫玛正在开发这样一种工具。

作为保守派鲍拉·本尼特（Paula Bennett）领导的福利改革计划的一部分，新西兰社会发展部（MSD）委托拉赫玛团队创建一个统计模型，筛选父母与公共福利、儿童保护机构、刑事司法系统互动过程中的信息，以预测哪些儿童最有可能受到虐待或忽视。拉赫玛联系了普特南－霍恩斯坦，两人就此展开合作。普特南－霍恩斯坦说："这是一个非常激动人心的机会，我可以与拉赫玛的团队合作，利用潜在的实时数据来找到目标儿童。"

---

① Putnam-Hornstein and Needell, 2011: 2406.

拉赫玛的团队开发了一个预测模型，使用132个变量——包括接受公共福利的时间长度、以往参与儿童福利系统的情况、母亲的年龄、孩子是否为单亲所生、精神健康和改造历史记录——来评估新西兰社会发展部的历史数据中儿童受虐待的风险。他们认为自己的算法能够以"基本、接近较好"的精确度预测这些孩子在五岁时是否会受到"实质的虐待"。在2013年9月发布的一篇论文中，该团队建议在进行可行性研究和伦理审查后，相关部门运用该模型生成风险分值，从而实施有针对性的早期干预计划，"以防止发生虐待行为"。①

新西兰公众在2014年得知该项目后，充满疑虑担忧。学术研究人员警告说，该模型可能不像该团队声称的那样准确：其历史数据中确定的最有可能受到伤害的儿童中，有近70%是预测错误的。② 其他人则警告说，该模型是一种主要用来监测穷人的工具。③ 项目审查人员提出疑问，担心毛利家庭的特殊需求没有得到充分考虑，因为毛利家庭面临着极其不成比例的儿童迁移率。④

2015年，接替本尼特的社会发展部部长安妮·托利（Anne Tolley）中止了一项观察实验的启动计划，该实验将对60,000名新生儿进行风险评级，以测试拉赫玛团队工具的准确性。在后来发布给媒体的一个项目简报的空白处，她写道："不要在我的眼皮底下做这些！他们是孩子，不是实验鼠。"在公众的抵制下，实验失败了。但那时，拉赫玛团队已经获得了在阿勒格尼县创建类似风险预测模型的合同。

回到呼叫中心，帕特·戈登和我正在思考斯蒂芬和克日什托夫的得分。下午4点左右，呼叫中心的噪音水平急剧上升。我无意中

---

① Vaithianathan, 2013: 355.
② Wilson, 2015: 511.
③ TCC Group, 2015: 5.
④ See, for example, Baxter 2013.

听到了周围隔间里其他收案筛选员的问题:"她在服用什么样的药物?""你身边有什么人陪伴吗?有没有好朋友帮助你度过这种困境?""Duquan 怎么拼写?"在隔壁的隔间里,一名社工正在翻阅阿勒格尼县普通上诉法院的拘留文件。另一名社工正使用脸书查找一个只知道母亲名字和电话号码的来电者举报的家庭。随着压力达到顶峰,收案筛选员之间的戏谑变得更加激烈。

帕特·戈登等筛选人员负责接听该县虐待和忽视儿童热线的电话,并接收来自宾夕法尼亚州热线(即"儿童热线")的电子报告。对于每一份报告,他们需收集如下信息:来电者所担忧之事的性质、事件的具体情况、儿童和任何其他相关人员的人口统计信息(包括姓名、年龄、所在地和住址)。他们还需收集所有与该忽视或虐待儿童指控相关人员的历史记录。收案筛选员可以对 Client View(DHS 的一款用于检索数据储存库的应用程序)进行高级访问。他们也检索公众可获得的信息资源:法院记录、离婚诉讼文件、出生记录、社交媒体。

克日什托夫的情况也从州系统的儿童热线传来。戈登收到的报告中写道:"多元化保护管理的社工[名字被隐去]报告说,房子的窗户脏乱,一扇门也有破损。外面天气变冷时,屋子里会变得非常冷。孩子身上的衣服只有薄薄几层布。这房子有猫狗尿液的味道。地板上有粪便。客厅里有很多杂物。孩子睡在客厅的沙发上。妈妈睡在客厅的地板上。"

因为克日什托夫的案子正在进行中,帕特·戈登不会决定是否对该家庭进行调查。她将简单地记录这份报告,并试图向负责跟进该案的社工说明相关指控的紧迫性。戈登说,如果她必须决定是否调查这个案子,"我会问社工很多问题:你最后一次到访这个家庭是什么时候?你和这家人在一起接触多久了?是什么促使你来跟进这家人的情况?这家人知道你要向我们报告吗?"

帕特解释说,尽管 AFST 最近受到了很多关注,但这只是决定一个家庭是否会被调查的三步收案过程中的最后一步。收案筛选员会考虑被指控行为的性质：行为是否符合宾夕法尼亚州对虐待的法定含义？行为是否在 CYF 的管辖范围内？然后他们会考虑孩子面临的直接风险：是否有迫在眉睫的危险？当前的危险？最后，收案筛选员会检索所有可用的数据源来确定该家庭的历史记录。AFST 还增添了一位来电筛选员，负责管理家庭历史记录方面的工作。

帕特·戈登这样的收案筛选员所具备的人工裁量与预测风险模型所提供的深入检索历史数据的能力相结合，是该系统最重要的保障。"这是我们获得信息最少的地方"，艾林·道尔顿说。"来电话的人知道的情况很有限。但我们对这些家庭了解很多。［数据中］有很多历史记录。我们提出的建议结合了更丰富的其他信息。"

帕特给我讲解克日什托夫的案子。"这个孩子不小了，"她说，"所以他的脆弱程度会很低。没有真实的伤害或类似的事情。先前的虐待和忽视？这个家庭已经有一份公开的 GPS［一般保护服务］案件记录。在这一指控中，我没有发现父母或孩子有心理健康问题。"对于指控的严重程度，她选择了"低"。然后她考虑了孩子直接的安全问题。她说，破损的门窗当然不舒适，但"这不是迫在眉睫的危险，听起来也不像是当下的危险"。然后，她点击了运行 AFST 的按钮。克日什托夫的分数出现在她的屏幕上，分数结果图看起来像温度计：底部是绿色，中间是黄色，顶部是红色。克日什托夫的得分 14 出现在红色部分的底部，是"紧急情况"的那部分刻度！

我很震惊克日什托夫的系统评分几乎是斯蒂芬的三倍。克日什托夫已经十几岁，而斯蒂芬只有 6 岁。热线报告显示，除了居住环境拥挤和住房简陋之外，没有任何其他危害，而这是穷人的普遍居住情况。为什么他的评分如此之高？帕特试着解释。他的家庭在公共服务方面的记录可以追溯到他母亲还是个孩子的时候。因此，尽管指控并不严重，而且克日什托夫的安全也似乎没有受到危害，但这个家庭的 AFST 得分很高。

尽管AFST的分数显示屏上明确写明，该系统"无意做出调查或其他儿童福利决定"，奥克兰大学的蒂姆·戴尔（Tim Dare）和加州大学伯克利分校的艾琳·甘布里尔（Eileen Gambrill）在2016年5月发布的一项伦理审查中警示到，AFST的风险评分可能十分令人信服，以至于会让收案筛选员质疑自己的判断。拉赫玛认为，该模型的建立方式使收案筛选员会质疑预测的准确性，并遵从他们自己的判断。"这听起来很矛盾，但是我希望这个模型被来电筛选员稍稍破坏"，她说。"我希望他们能够说出，筛选分数是20分，但指控是如此轻微，这个模型告诉我们的信息只是被指控家庭存在历史记录。"

但是就我到访呼叫中心期间看到的情况而言，这个模型已经微妙地改变了一些收案筛选员的工作方式。"在我们完成所有调查研究之后，分数呈现在报告的末尾"，收案主管杰西·斯凯姆（Jessie Schemm）说。"如果你接到举报，对此做了所有调查研究，然后通过该模型你得到了一个分数，可是你发现你的调研与该分数并不匹配，这种情况下通常是由于你遗漏了一些东西。你必须解决掉这个难题。"

我们都倾向于服从机器，因为机器看起来更中立、更客观。但令人困扰的是，收案主管认为，如果收案筛选员和计算机的评估相冲突，人们应该服从于模型的判断。像所有风险模型一样，AFST只提供事件概率，而不是完美的预测。尽管它可能识别出某些模式和趋势，但对于一些个别案例，它的预测通常是错误的。根据拉赫玛和普特南－霍恩斯坦的说法，收案筛选员在看到AFST分数后需要复盘整个案件，改变原先的风险评估结果，这就表明他们认为该预测模型比人类筛选员更不容易出错。到目前为止，切尔纳和道尔顿一直在抵制此举。AFST运行后，收案筛选员的风险评级和安全评估结果将被锁定且不能更改，除非收案主管决定更改。

计算机看似权威客观的评分、本能的风险规避或者一种可以理解的对儿童生命危险的过度谨慎，使我们很容易看到闪烁的红色数字，而这可能会阻碍收案筛选员的专业判断。AFST本应该用以支持协助而不是取代呼叫中心的人工决策。然而，在实践中，该算法似乎是在培训收案工作人员。

此外，如果一个家庭的 AFST 风险评分超过 20 分，系统会自动启动调查，除非由主管人员阻止。"一旦算法运行，一发不可收拾，"阿勒格尼县 CYF 的收案主管布鲁斯·诺埃尔（Bruce Noel）说，"一种可能性是，模型似乎在说，你必须要把它筛选进来。"

一个住在阴冷肮脏房子里的 14 岁孩子的风险评分几乎是一个可能无家可归、只有 6 岁的孩子（他的母亲甚至怀疑他可能被虐待）的三倍。在这些案例中，该模型似乎并不符合常识标准，更无法提供足够有用的信息来指导筛选员的决策。为什么会这样呢？

数据研究科学家凯西·奥尼尔（Cathy O'Neil）写道："模型是嵌入数学方法的观点。"[1] 模型之所以有用，是因为它们能帮我们剔除无关的其他信息，只关注对我们试图预测的结果最为关键的内容。但它们也是抽象的。嵌入模型的数据做出的选择反映了模型创造者的关注与偏向性。人类的决策被反映在 AFST 的三个关键组成部分中，即：结果变量、预测变量和验证数据。

**结果变量**是你所测量的、用来表示你试图预测之现象的数据。就 AFST 而言，阿勒格尼县关注虐待儿童问题，特别是潜在的致死现象。但阿勒格尼县与虐待儿童相关的死亡人数和接近死亡人数都非常低，一年只有少数几个人。用这种稀疏的数据无法构建具有统计学意义的模型。

如果做不到这一点，用被 CYF 社工证实的"虐待儿童"来代替实际存在的虐待儿童似乎是合乎逻辑的。然而，"证实"是一个不精确的度量标准：它仅仅意味着 CYF 相信有足够的证据表明一个孩子可能会受到伤害而让该家庭获得某些社会服务。社工会去证实一个案

---

[1] Vaithianathan, 2016: 35–41.

件，以便让一个家庭获得所需的资源，如食品券或负担得起的住房。有些案件被证实是由于社工强烈怀疑孩子遭遇了一些不好的事情，尽管他们没有可信的证据。另外一些案件得到证实是因为受到惊吓的父母承认了他们事实上并没有实施的虐待或忽视。何为社工的"证实"？这并不明确，因此也不能用作结果变量。

尽管最好使用一个更加直接的测量值，但 AFST 使用了两个相关变量——称为指标——作为虐待儿童的替代参照。第一个指标是社区转介，即一个关于某儿童的热线电话最初被筛选掉，但是 CYF 在两年内收到了关于同一儿童的其他电话。第二个指标是儿童安置，即如果关于某儿童的热线电话被筛选进，而导致该儿童在两年内被寄养。由此可见，AFST 实际上预测的是由社区做出的决定（哪些家庭将被报告至热线）以及由机构和家事法院做出的决定（哪些儿童将被从家中带走），而不是预测哪些儿童将受到伤害。

预测性建模需要清晰、明确的测量值和大量相关数据，以便准确运行。但是它意味着该模型还必须测试存在哪些数据信息。"我们没有一个完美的结果变量"，艾林·道尔顿说。"我们认为不存在完美的指标能够证明'伤害'。"

**预测变量**是数据集合中与结果变量相关联的数据位。为了找到 AFST 的预测变量，拉赫玛团队运行了一个叫作"逐步概率分析回归"（stepwise probit regression）的统计程序，这是一个常见但尚存争议的数据挖掘过程。这种计算机化的方法剔除了与结果变量相关性不够高并且无法达到统计学意义的变量。换句话说，它检索所有可用的信息，以找出任何随着你试图测量之物变化而变化的量——这导致人们指责这种方法是一种数据疏浚（data dredging），或者说是一种统计学上的非法调查。

对于 AFST，拉赫玛团队测试了切尔纳数据储存库中的 287 个变量。运用回归分析剔除了其中的 156 个变量，留下了 131 个该团队认为可以预测儿童受伤害的因素。①

即使回归分析找到了可预测的、一同上升和下降的因素，因素之间的相关性并不是因果关系。举一个经典的例子，鲨鱼袭击和冰淇淋消费高度相关。但这并不意味着吃冰淇淋会让游泳者太慢而无法避开水中的捕食者，也不意味着鲨鱼会被冷饮所吸引。影响鲨鱼攻击和冰淇淋消费的第三个变量是夏天。天气变暖时，冰淇淋消费和鲨鱼袭击都会增加。

**验证数据**被用于查看模型的性能。该模型在阿勒格尼县 CYF 收到的 76964 个案例（2010 年 4 月至 2014 年 4 月期间）中进行了测试。②拉赫玛和她的团队将案例分成两类：其中 70% 用于确定预测变量的权重（每个变量对他们试图预测之结果的重要性）。在对 131 个预测变量适当加权后，将该模型的预测结果与其余 30% 的案例进行对比，看看该模型能否可靠地预测历史数据中的实际结果。

一个完美的预测模型应该在受试者工作特征（receiver operating characteristic, ROC）曲线下实现所谓的 100% 吻合。一个没有预测能力的模型——它的正确概率与猜硬币正面或反面的概率大致相同——即在 ROC 曲线下有 50% 的吻合度。AFST 在 ROC 曲线下的初始吻合度为 76%，与每年乳房 X 光检查的预测精度大致相同。③

76% 可能听起来不错，但这个概率只在抛硬币和完美预测的中间。尽管与乳房 X 光检查做比较具有一些说服力，但一个重要事实是，2009 年，美国预防服务工作队已经停止向 40 岁以上的女性推荐乳房 X 光检查，并减少向 50 岁以上的女性推荐乳房 X 光检查，因为担心女性受到假阳性、假阴性和辐射的影响。④2016 年，阿勒格尼县

---

① Vaithianathan, 2016: 12.
② Ibid: 15.
③ Collier, 2010.
④ O'Neil, 2016: 21.

有 15,139 份虐待和忽视儿童的报告。按照目前的准确率，AFST 产生了 3,633 个错误的预测。

总而言之：AFST 有固有的设计缺陷，从而限制了它的准确性。它预测哪些家庭将被报告至儿童保护热线以及哪些儿童将被从家中带走——这只是假设的儿童伤害指标——而不是实际的儿童虐待。它使用的数据集合只包含了那些获得公共服务的家庭的信息，因此它可能遗漏了影响虐待和忽视的关键因素。最后，它的准确性程度只是中等。每年都一定会产生数以千计的假阴性和假阳性预测。

当结果变量存在主观性时，模型的预测能力会受到损害。一位家长是否真的是因为忽视孩子而被再次举报？还是因为邻居对她上周举办的派对很生气？社工和法官是因为一个孩子有生命危险而把他送去寄养？还是因为他们对一个何谓好父母的定义不同，又或者是因为他们害怕如果不谨慎行事可能会产生的后果？

在呼叫中心，我向帕特·戈登提到，我一直在和 CYF 系统中的父母谈论 AFST 会如何影响他们。我告诉她，大多数父母都担心出现假阳性预测：当实际上并不存在风险时，这种模式会将他们的孩子置于虐待或忽视的高风险之中。我想如果克日什托夫的母亲如果得知她家庭的分数，也必然会有这样的感觉。

但是帕特提醒我，我也应该担心会出现假阴性预测——即尽管指控或孩子面临的直接风险可能很严重，但 AFST 分数显示风险程度很低。"假设他们没有很多历史记录。他们只是不积极配合我们。但［指控］却是非常令人震惊的。［CYF］同意我们独立思考。但是我不能停止担心……假设孩子的骶板断裂，这非常符合虐待的情况……只有一两种方法可以令它断裂。但结果是 AFST［得分］很低！"

阿勒格尼县的数据储存库中存储了大量关于公共服务项目使用的信息。但是该县却没有不使用公共服务项目之人的数据。在 DHS 的数据中，没有出现有关父母获得私人药物治疗、心理健康咨询或经济援助的数据。因为描述他们行为的变量还没有被定义或被包括在回归分析中，这导致AFST可能会忽略儿童虐待谜题的关键部分。换句话说，它可能遗漏了将冰淇淋和鲨鱼袭击联系起来的关键变量——"夏天"。

例如，地理位置偏僻可能是虐待儿童的一个重要因素，但它却不会出现在数据集合中，因为阿勒格尼县获得公共服务的大多数家庭生活在密集的城市街区中。我问帕特·戈登，她是否关心那些住在偏远郊区、没有人曾为之打过热线电话报告情况的家庭，还有些家庭看护人员因为精神疾病或药物成瘾而求助于私人服务，所以他并不显示在系统之中。"正是如此，"她回答，"我想知道居住在市中心的人是否真的明白这一点。我是说，我们不是想用这个来做我们的工作。我们真的没有。我希望他们明白。"

我在杜肯家庭支持中心（Duquesne Family Support Center）遇到了安吉尔·谢泼德（Angel Shepherd）和帕特里克·格里兹（Patrick Grzyb）。杜肯家庭支持中心是26个社区中心之一，家庭成员可以聚集在这里参加项目、获取资源并与他人建立联系。2016年一个干冷的秋日，我与该组织的家长委员会成员进行了交谈。这是一场内容广泛、氛围热烈的对话。当父母们谈及他们在阿勒格尼县CYF的经历时，会议室里的气氛从愤怒的蔑视转变成含泪的感激，再转变成震惊的恐惧。

当时，安吉尔和帕特里克并不突出，因为他们的经历是如此的普通，就像是白人工薪阶层经历的日常性屈辱。自2002年同居以来，他们做了各种各样的服务工作，从在多来店当店员，到为一所高中提供武装安保，再到餐饮服务。帕特里克出生在芒霍尔，就在这附近。20年后，芒霍尔的主要产业——支撑家园钢铁公司关门歇业（1986年）。他上完九年级便辍学了。他形容自己是"一个迟钝的学习者"，但足够聪明和勤奋，能够在做全职工作的同时，独自抚养三个孩子。经过帕特里克两年的网上追求，安吉尔冒了一个险，登上了一辆从加利福尼亚来的公共汽车，去与帕特里克会合。最近，安吉尔决定再次一搏，攻读网络安全的大学学位。但这次她没那么幸运。学费不菲的大学在线课程让她深陷学生贷款债务，而且也没有为她提供任何明确的就业途径。

他们是一个多代同堂的家庭。塔巴塔是帕特里克的一个成年女儿，带着她自己的女儿与帕特里克、安吉尔一起住在这个租来的小公寓里。塔巴塔的女儿是一个开朗活泼、讨人喜欢的六岁红发女孩，名叫迪塞尔耶。安吉尔的女儿哈里埃特是一个早熟、精力充沛的九岁女孩，拥有摩卡般的肤色和黑色卷发。她喜欢儿童历史小说《我幸存了下来》(I Survived) 系列书籍，这套丛书的封面上有那些逃离火灾、龙卷风、火山爆发或纳粹入侵的年轻人。在我 2016 年 11 月去他们家的时候，哈里埃特给我看了她目前最喜欢的一本，《我在卡特里娜飓风中幸存了下来》。

帕特里克和安吉尔一对是富有创意、尽职尽责的父母。当两个女孩吵架时，帕特里克和安吉尔会给她们两个人穿上一件"和睦相处衬衫"，这是帕特里克的一件宽大的、领口有纽扣的衣服。两个女孩各自将一条胳膊穿过一只袖子，另一条胳膊要环着对方的腰。她们会在这件衬衫里待到她们停止争吵。"即使去卫生间时也得这样。"帕特里克解释道，他浅褐色的眼睛中闪烁着笑意。

尽管他们棕色沥青的家门上有圣五伤方济各的赐福，但这个家庭经受着美国工人阶级常见的各种创伤：健康危机、失业和身体残疾。然而，他们仍然极具韧性，诙谐幽默并且慷慨大方。安吉尔总是在谈话中打击帕特里克，但帕特里克依然保持平静，他宽阔的肩膀很放松，精致的面部毛发微微颤动。他称安吉尔为"我的天使"，在她毫无防备的时候朝她微笑。帕特里克的糖尿病导致家庭开支巨大，并且安吉尔现在也没有工作，他们大部分时间都在家庭支持中心做志愿者。帕特里克在夏天的时候参与了"Ready Freddy"项目，帮助小孩子们做好进入幼儿园的准备。安吉尔在办公室帮忙，负责一些行政工作，并在所有的会议上负责做文字记录。

安吉尔和帕特里克几乎一直与CYF有往来。21世纪初，帕特里克由于医疗忽视行为（未能在一次急诊后负担女儿塔巴塔的抗生素费用）而被调查。因塔巴塔的病情恶化，帕特里克在次日又将她带回了急诊室，但这时一位护士威胁他要打电话给CYF。帕特里克又气又怕，带着女儿就离开了。调查也由此开始了。"他们是在深夜过来的，"他回忆道，"大概是11点或12点的样子，那时我的孩子早就睡着了。他们和警察一起过来，告知我们他们来这里的原因，然后就进来了，到处看我们的房子，看了看孩子们睡觉的地方。两三天后我就收到了一封信，信上说我将会因为忽视儿童而被留档备查，直到塔巴塔满十八周岁。"

哈里埃特出生以来，CYF就一直出现在她的生活中。哈里埃特出生后，安吉尔把她寄养在他人家中，但当她开始怀疑寄养家庭虐待哈里埃特后，就试图把哈里埃特带回自己家中。她在相关机构申请并接受了育儿课程和机构咨询，她重获监护权的可能性很大。在哈里埃特被接回家后，社工发现了婴儿房中存在用电隐患，致电了安吉尔的房东，威胁要将全家都赶出这栋房子，除非房东派一名合格的电工进行修理。

哈里埃特五岁的时候，有人打电话给虐待和忽视儿童的热线，汇报了一系列的事件。一位匿名的小伙子说，哈里埃特在无人监管的街区跑来跑去。"哈里埃特最多只有两分钟不在我的监管视线之内"，安吉尔反驳道，"但我们街上有一些人会打电话去报告这些事情"。CYF审查员开始对哈里埃特的情况进行调查，去访问这家人和他们的邻居。调查员试图将哈里埃特带到街上，在远离她母亲的地方同她说话。"令我们骄傲的是，女儿很有自我保护意识。"安吉尔回忆道："哈里埃特说，'我不能去那里。这是违反规则的。我已经出界了。'"社工没办法将哈里埃特带到后院，让安吉尔去前院等候。

社工在和哈里埃特交谈后，对安吉尔说："哇，这真是一个听话的小孩子。"安吉尔告诉她："你完全不知道她为什么这么听话。"随后安吉尔说明了家庭管理的规则，并举了个例子：他们在人行道上画一个停止的标志，里面写上"停止"一词。如果哈里埃特越过了这个标志，她就得在门廊的台阶上坐上一段时间。于是调查员们就结了案。

另一个电话打到热线报告说，哈里埃特正在街上逗弄一只狗。安吉尔知道哈里埃特在去洗手间时一直偷偷溜出院子，把食物扔在狗刚刚够不着的地方，对着狗喊叫。安吉尔想尽一切办法来避免这种行为。安吉尔解释说，如果哈里埃特继续这么做的话就会受到惩罚。安吉尔拿走了当天的漫画，还让哈里埃特向狗的主人道歉。"这是在CPS接到电话的前一天我让她做的事！"安吉尔耸耸肩说道。"我告诉那位女士，我不会骗你的。她多次被抓到戏弄这只狗。我正在和她一起解决这个问题。"但是调查员不相信哈里埃特是安全的。"这可能构成对孩子的忽视"，安吉尔记得那位女士这么说道。当安吉尔向一名调查主管解释说她可以随时看到哈里埃特，甚至在浴室里，CYF就结案了。

后来又有了一系列的电话，声称哈里埃特没有穿好衣服、没有吃饭、没有洗澡，也没有服用抗癫痫药物。安吉尔和帕特里克向社工解释说，哈里埃特的神经科医生已经连续取消了两次预约，然后拒绝开处方，因为哈里埃特已经一年多没有接受检查了。她头上戴的用来测量癫痫的医疗设备使洗头变得十分困难。但是哈里埃特并没有像打电话举报的人所说的那样赤脚在寒冷的地面跑来跑去，他们正在努力寻找一位新的神经科医生。安吉尔签署了一份权利放弃文件，这样CYF就可以查阅哈里埃特的医疗档案。在他们所说的事情被证实后，CYF结束了这个案子。

帕特里克和安吉尔怀疑邻居或家庭成员故意打热线电话骚扰他们。安吉尔想起诉，但她无能为力。拨打虐待和忽视儿童热线的志愿者可以匿名，强制举报人如果善意地举报也可以免于民事或刑事责任。"好像每隔一周他们就会出现"，安吉尔沮丧地说道。"虽然他们什么也没发现——我们的案子已经结案了。但每隔一阵子，我就会觉得他们开车过来，查看我们。"

帕特里克从他与 CYF 交涉的经历中学到的经验是：永远要恭敬行事。遵守 CYF 要求的一切，即使你认为自己受到了不公平的对待。"我认为这不公平，但我不会反抗"，他说。"我想如果我反抗的话，他们可能真的会来带走哈里埃特。"他解释说，情况总是对机构有利。"真可怕。我在想，'他们要来带走我的孩子'。这是你首先想到的事：CYF 要来带走你的孩子。这是一种胃里翻江倒海的感觉，尤其是当警察也在场的情况下。我永远不会忘记。"

安吉尔·谢泼德与帕特里克·格里兹两人，和我交谈过的所有与 CYF 交涉过的父母一样，对 CYF 有着各种情绪密切交织的复杂感受。虽然他们描述了令人恐惧和沮丧的经历，但他们也对自己得到的援助和资源表示感谢。他们希望自己在家庭支持中心志愿服务的时间能帮助其他家庭保护孩子的安全，但是他们也怀疑与 CYF 的任何往来都会提高他们的 AFST 分数。

当我问及 AFST 时，大多数父母都感到恐惧和恼怒。一些父母认为该系统不公平地针对他们实施监控。一些父母发现他们为人父母的全部历史被总结成一个单一的数字，这十分有违人道。另一些父母认为，这种模式将使他们更难行使其在该系统中的有限权利。

这对非裔父母来说尤其如此。简宁（Janine）因害怕 CYF 的报复而要求我不要称呼她的姓，她是宾夕法尼亚州兰金市贫困家庭的利益倡导者。当我问她对预测模型的看法时，她果断地回击道："那会失败的。风险太大了。每个人都是一种风险。"

简宁说"每个人都是一种风险"，她并非指任何人都可能打他们的孩子。她是说，她所在社区的每一位家长都可以被 AFST 归为"穷人、黑人"。根据全国少年和家事法院法官理事会收集到的数据，在 37 个州，多米尼加共和国裔、波多黎各裔、非裔和土著儿童被带离原生家庭的比率大大超过了他们在总人口中的比例。例如，在 2011 年，阿拉斯加州 51% 的寄养儿童是土著美国人，尽管土著美国人只占青年人口的 17%。在伊利诺伊州，53% 的寄养儿童是非裔美国人，尽管非裔美国人只占青年人口的 16%。

2016 年，阿勒格尼县 48% 的寄养儿童是非裔美国人，尽管他们只占该县儿童和青年人口的 18%。换句话说，鉴于非裔美国人在总人口中所占的比例，非裔美国儿童实际被寄养的几率超出了 2.5 倍。切尔纳和道尔顿将 AFST 视为一种预测的工具，希望它能提供数据以揭示收案筛选员做出决策时存在的偏见。"我现在看到了很多变量，"道尔顿说，"我不会说［AFST］能纠正比例失衡问题。但我们至少可以更清楚地观察它。"她认为通过挖掘储存库中的大量数据，AFST 可以帮助主观的收案筛选员做出更客观的决定。

但是在 2010 年阿勒格尼县 CYF 进行的一项关于种族比例失衡的研究发现，该县儿童福利服务中的绝大部分失衡是由转介偏见而不是筛查偏见导致。①打给虐待和忽视儿童热线举报黑人和混血种族家庭的电话远多于举报宾夕法尼亚州兰金地区白人家庭的次数。尽管 2006 年阿勒格尼县白人儿童的数量是非裔美国儿童和混血儿童数量的 3.5 倍，但这两个群体被电话转介到 CYF 的次数相等，大约均为 3500 份。

研究发现，转介中的种族失衡问题通常是由于强制举报人误解了 CYF 的使命、角色、有色人种居住社区存在的问题以及阶层不同导致的育儿预期差异。"我永远不会忘记，"一位受访者说，"我终于找到了这个孩子的治疗师。我的感觉就是……到底发生了什么？这孩子可以回家。但治疗师说居住环境对孩子不好。没错，你知道的，社区暴力。"另一位受访者称，一家诊所定期打电话给 CYF 举报父母没有按期带子女就诊，即使他们可能只是在稍晚时预约了医生。

研究表明，孩子被转介到 CYF 后，筛选员的判断力在不均衡性方面没有太大差异。与白人儿童相比，收案工作人员筛选黑人和混血

---

① Rauktis, 2010.

## 第四章 阿勒格尼县算法

儿童进行调查的可能性略高。他们最终决定调查的案件中，有69%集中在黑人和混血儿童，65%集中于白人儿童。对于那些被筛选出接受调查的人，比例大致相同：71%的案件涉及黑人或混血儿童，72%的案件涉及白人儿童。

AFST把它所有的预测能力和计算能力可能都集中在电话筛选上，这是它可以通过实验来控制的步骤。相比之下，电话转介并不是其核心指标，但确是种族比例失衡实际进入该系统的阶段。在幕后，AFST给出了两个分数：有关这个孩子的其他电话接入热线的可能性，以及这个孩子被寄养的可能性。AFST没有对两者进行平均（可能利用CYF调查人员和家事法院法官的专业判断来减轻社区转介造成的一些种族比例失衡问题）。该模型只使用了这两者中较高的那个分数。

安吉尔和帕特里克经历过的骚扰电话将一些"被污染过"的数据引入模型，进一步损害了其准确性。不和睦的邻居、寻求监护权的分居配偶、房东以及关系龃龉的家庭成员通常称CYF为一种惩罚或报复。虽然关于这一主题的研究很少，但对1998年加拿大被举报之虐待和忽视儿童事件的研究报告数据显示，大约4%的虐待儿童举报系故意伪造。在2016年收到的15,139份关于阿勒格尼县虐待和忽视儿童的举报中，我们可以保守地估计有605份是故意伪造的。向虐待和忽视儿童热线电话恶意举报是违法行为。但是宾夕法尼亚州目前允许接收匿名来电者的举报，所以如果邻居、亲戚或熟人决定以这种方式骚扰或恐吓一个家庭，父母几乎无能为力。AFST没有办法识别或屏蔽骚扰电话。

将"电话转介"作为儿童受虐待的指标，存在非常严重的问题。它很容易被操纵。CYF自己的研究表明，这几乎造成了该县儿童保护系统中所有的种族比例失衡问题。换言之，将种族偏见引入系统的活动正是该模型定义虐待的方式。这个易于操控、带有歧视性的变量有可能逆转切尔纳和他的团队所做的所有非凡工作。

155

"我们不能控制电话,"马克·切尔纳说,"当人们在急诊室被询问时如何回应、各种文化因素以及所有其他……这都是我们无法控制的。"但是县政府确实控制着它收集何种数据,选择何种变量。

阿勒格尼县涉及 CYF 的绝大多数家庭,无论黑人还是白人,都主要是工人阶层家庭或贫困家庭。尽管匹兹堡只有 27% 的儿童接受公共援助,但 2015 年 80% 被寄养的儿童被从接受贫困家庭临时援助(TANF)或补充营养援助项目(SNAP)的家庭中带走。在阿勒格尼县,基于阶层的比例失衡比种族比例失衡更糟糕。但与历史上处于不利地位的其他群体不同,穷人并未被广泛视为受法律保护的阶层,因此儿童福利办公室对贫困家庭不成比例的关注和歧视性的对待基本上没有引发社会的质疑。

AFST 认为使用公共服务对儿童是一种风险。AFST 四分之一的预测变量是对贫困的直接衡量:这些变量记录了如 TANF、补充保障收入、SNAP 和县医疗援助等项目的使用情况。另外四分之一预测变量涉及与青少年缓刑和 CYF 的往来互动,这些系统不均衡地聚焦于贫困和工人阶层的社区,尤其是有色人种社区。少年司法系统与成人司法系统一样,面临着许多种族不平等和阶级不平等的现象。[1]一个家庭与 CYF 的互动在很大程度上取决于其所处的社会阶层:中产阶级家庭比贫困或工人阶级家庭拥有更多的隐私,他们较少与强制举报人有所往来,其育儿方式也比贫困和工人阶层的家庭享有更多的文化认同。[2]

美国绝大多数儿童福利调查都涉及忽视问题,而不是虐待。根据美国卫生与公共服务部儿童和家庭管理局的数据,2015 年参与儿童福

---

[1] Birckhead, 2012.
[2] 该模型下剩余的一半变量指标包括每个家庭中儿童的年龄和数量、父母的年龄和数量、被指控者的性格、谁报告了相关被指控的虐待、精神健康状况和吸毒。

利调查的 340 万儿童中，75% 的儿童因遭受忽视而受到调查，只有四分之一的儿童因遭受身体、情感或性虐待而受到调查。①

界定忽视比界定身体虐待或性虐待需要更主观的判断。"忽视是如此之广泛"，来自匹兹堡一个非裔美国人社区家庭援助中心的坦尼娅·汉金斯（Tanya Hankins）说。"我遇到过这样的情况，两个人在争吵，妈妈跑出门，孩子在屋里，随即有人打电话给 CYF。还有一个妈妈，当 CYF 敲门时，她没有回答。她吓呆了。因此，他们没能看到婴儿，然后就提出要将婴儿带走。"

几乎所有忽视儿童的指标也是贫困的指标：缺乏食物、住房不足、无证托儿、交通不安全、公用设施被剥夺、无家可归、缺乏医疗。"绝大多数案件都被认为是忽视，似乎是因为那些家庭居住在贫困、不安全的社区"，少年法庭项目主管凯瑟琳·博洛尼（Catherine Volponi）说。该项目为面临 CYF 调查或抚养权利被终止的父母提供无偿法律援助。"我们存在住房问题，我们没有足够的医疗，我们有毒品和酒精。这是贫困。事实上，［CYF 调查的］大多数儿童并没有受到身体或性虐待。"

接受儿童福利服务不需要接受经济状况调查；不一定非得是低收入家庭才能接受儿童福利服务。CYF 可以为父母提供大量有用的资源：帮助需要一小时洗衣服的新手妈妈临时照顾孩子、幼儿教育和发展项目，甚至上门帮助做家务。但是中产阶级家庭依赖私人资源获得家庭援助，因此他们与专业人士的互动不会被记录下来或在数据储存库中显示出来。

想象一下：如果阿勒格尼县提议纳入保姆、婴儿看护、私人治疗师、匿名酗酒者和高价康复中心的数据来预测富裕家庭中虐待儿童的情况，会有什么样有趣的反应。"我们真的希望获得私人保险数据。我们很想掌握这些数据"，艾林·道尔顿说。但是，正如她自己承认

---

① U.S. Dept, of Health and Human Services, 2015.

的，获取私人数据基本不可能。中产阶级不会容忍这种侵入性的数据收集。

如果有能力的话，每个家庭会避开 CYF，因为该机构混合了两种截然不同且相互矛盾的角色：提供家庭援助和调查虐待事件。接受资源意味着接受该机构有权将你的孩子带走。这是一种侵入性的、可怕的交易，有其他选择的父母是不可能选择它的。贫困和工人阶层家庭被迫交出隐私权、交出他们免受不合理搜查的权利，在获得确保子女安全所需资源和服务的过程中，放弃自己的正当程序。

无可置疑，贫困对儿童有害，也对父母有害。但是，仅仅依赖于收集获取公共资源的家庭数据会导致 AFST 不公平地将穷人作为儿童福利审查的目标。"我们一定是过度地关注了穷人"，道尔顿说。"我们所有的数据系统都带有偏见。而且我们仍然认为这些数据有助于保护儿童。"

我们可以称之为贫困定性（poverty profiling）。与种族定性一样，贫困定性以个人为目标，不是基于他们的行为，而是基于其人身特征：生活贫困。这种模式混淆了穷人的育儿方式和不良的养育方式，AFST 认为获取公共项目的父母对他们的孩子构成风险。

2016 年 9 月一个温暖的日子里，简宁和我坐在匹兹堡东面一个自治市内某 CVS 药店后的公车候车亭里。威金斯堡大部分都是中产阶级聚居区，在过去的五十年里，由于家园钢铁厂的关闭，威金斯堡失去了大约一半的人口。肯德基正通过分发 10,000 份免费餐来庆祝它的"捐赠日"，简宁和她的朋友们利用这个机会登记选票。简宁 40 多岁，穿了一件白色的背心，戴着标志着非裔美国人社区基金会（"Poise Foundation"）的黑色橡胶手镯。这是一个"致力于建设可持续黑人社区和保护黑人家庭"的机构。

让我感到惊讶的是，一个在寄养制度下失去自己孩子的人现在成为了 CYF 所资助的组织的志愿者。但是简宁承认，十多年前她需要有人帮助她的儿子耶利米。那时，她没有安全的住房，没有交通工具去上班，而且还要应对健康问题。耶利米开始逃学、消失，后来有人打电话给热线报告了她的情况。

从简宁的角度来看，接受该机构的援助需要做出令人心痛的选择。她说，当接到关于她儿子逃学的电话后，社工展开了调查，但是在她获得任何服务之前，调查就已经结束了。最终，该机构要求她放弃她的儿子，以获得基本的物质资源，如果有这些资源的话，她就不用把儿子送走，而可以自己照顾他了。"但是他们没有给我帮助，而是要把耶利米送到寄养家庭"，她解释道。"你不得不把你的孩子送去。"简宁的儿子被送进了寄养家庭。简宁得到了帮助，拥有了稳定的住房和医疗保护。尽管她今天仍然和耶利米保持联系——耶利米现在22岁，已经上了大学——但简宁从未重新获得监护权。

然而，如果她认为有人正在危及一个孩童，她会毫不犹豫地拨打虐待和忽视热线。"这不是刻薄坏心"，她解释道。"你要明白，如果真的发生了什么事，你会质问自己：你为什么不打电话？你应该打电话的！""我不是想造成伤害，而是想保护孩子。有两件事不会改变：我是一个母亲，我爱所有的孩子。"

当我们在公共汽车站的长椅上聊天时，萨拉，一个20多岁的深色头发的白人妇女开始分享她自己故事。萨拉正在抚养她的女儿（她努力7年才从寄养家庭中把女儿接回来）。她说，那周是她唯一的休息日。她为了满足CYF的要求到处奔波，去完成一个个必要的会面。她也认为能够得到机构的支持很不错。但是该机构的服务往往更像是障碍而不是福利，以至于她在工作、作为一名单身母亲照顾孩子之外，又增加了一层新的责任。"从未进入过这个系统的人不会明白"，她说。"他们不知道那是什么感觉。每周都有人来我家进行一次毒品和酒精筛查。我每三个月去一次法院。我还必须为我自己去接受心理治疗，为我的孩子去接受心理治疗。"

萨拉、简宁、安吉尔和帕特里克寻求过育儿帮助的每个组织都配备了强制报告人。2015年，在桑达斯基（Jerry Sandusky）丑闻之后——这位前宾夕法尼亚州立大学足球教练因猥亵10名男孩而被判刑30至60年——宾夕法尼亚州降低了虐待儿童的标准。该州还设立了15类强制报告人，包括医疗机构工作人员、学校雇员、志愿者、神职人员和图书馆管理人员。根据法律，强制报告人必须报告任何对忽视或虐待儿童的怀疑，无论通过直接经验了解到还是间接耳闻。强制报告人不必说明他们如何得知所谓的虐待或忽视。他们免受法律起诉。即使他们违反了精神健康或医疗保密条款，也会受到保护。事实上，如果他们不报告自己的怀疑，倒可能会面临起诉、罚款，甚至坐牢。在变革后的一年里，虐待和忽视热线电话的拨打量增加了40%。

最有可能向贫困父母提供帮助和支持的人都是强制报告人：教师、医生和护士、精神病医生和心理治疗师、儿童保育提供者、牧师、课外活动志愿者、社会服务机构的雇员。如此侵入性的审查带来的压力可想而知，不能符合机构要求的代价更是巨大，这种压力经常压倒已经在挣扎的父母。

让萨拉感到困惑的是，这么多社工似乎不明白为什么一个母亲会对他们发脾气："他们会说，'你为什么这么生气？'因为我非常讨厌你一直在这里！别管我。我想让你离开。我们希望你离开。"我给了她我的名片，简宁告诉她到家庭支持中心寻求帮助。然后，萨拉盯着公共汽车，奔向下一个赴约地点。

如果对虐待和忽视儿童行为的调查是一种善意行为，那么AFST的不完美预测可能无可厚非。如果虐待和忽视儿童的调查会向家庭提供足够的、文化上合适的、非惩罚性资源，那么该系统过多地关注穷人和工人阶层也并非完全不可。但是若想获得CYF的资源，需要接受愈加增多的监控和日益严格的行为合规要求。对许多人来说，虐待和忽视儿童的调查是一项具有持久性负面影响的侵扰性、威胁性事件。

获得CYF帮助的代价可能很高。简宁认为，在获得支持之前，你必须"把你的孩子送进"寄养家庭。萨拉的日程表上布满了预约，她必须要去见那些帮助她的专业人士，而她也必须要表现出服从的样子。在帕特里克·格里兹被指控医疗忽视的 20 年后，他仍然记得自己被审视、监控和审判的感觉。"他们来到你家，四处张望，观察你的一举一动"，他解释道。"就像我在显微镜下一样。每次我的孩子一生病，我都要带他们去急诊室。你走进去，似乎所有的眼睛都盯着[你]。'嘿，就是他。我们不得不去盯牢他。'我有很长一段时间都是这样的感觉。"

DHS 的数据储存库和其他变化缩小了资源缺口，缓解了申请多种服务的烦琐过程，阿勒格尼县的许多贫困和工人阶层家长对此表示感谢。但也有人认为，一旦他们进入"系统"，微观审查会加大他们的育儿赌注，赌注不断增加，他们一定就会输。"我们努力遵守"，简宁说。"但是，看，我们不能全部完成。你打开了一扇门，我必须去完成另外十件事情。这只是一个不断向下的旋涡。"

贫穷时的育儿意味着不得不在众目睽睽下育儿。宾夕法尼亚州的儿童安全目标"没有直接的身体或情感伤害"，即使对资源充足的家庭来说，这也很难实现。这个过程的每个阶段都可能引入了主观性、偏见和无法预见性。"你永远不知道会发生什么"，凯瑟琳·博洛尼在匹兹堡少年法庭项目办公室说。"比方说有个电话，因为孩子们独自在家。然后他们调查孩子的妈妈，妈妈承认吸食大麻。现在你站在一位法官面前，他可能认为大麻是通往地狱的大门。当门打开时，一些我们原本不注意的一些事情可能会给这个大问题增添更多的严重性。"

在每个儿童忽视或虐待调查结束后，CYF 工作人员会与该家庭一起制定一份书面安全计划，确定必须遵循的近期步骤和长期目标。但每一项安全措施也是一项合规要求，家长的应对会受到严格监控。有时，一些父母无法控制的因素会使他们难以实施他们的计划。向获得 CYF 援助的相关家庭提供服务的承包商未能履约。公共交通并不可靠。超负荷工作的社工并不总是能够协调承诺的资源。有时父母会抵制 CYF 的命令，憎恨政府侵入了他们的家庭。

未能达到安全目标会增加孩子被带走的可能性。"我们不会试图让 CYF 家庭回落到他们以前的生活水平，"博洛尼说，"我们提高了他们的育儿标准，但是我们没有足够的资源让他们继续维持这种高标准。长期下去，注定会出现问题。"

一份被认为可信的虐待或忽视举报将对孩子父母的生活产生数十年的重大影响。宾夕法尼亚州大多数涉及儿童的工作和志愿者职位都要求申请人提交无虐待儿童历史证明。如果申请人被州儿童热线虐待登记处列为虐待或忽视的行为人，他/她就不能申请从事儿童工作。如果她已经有了一份涉及儿童的工作，就会失去工作。她不能成为女童子军的领队、垒球教练，也不能在孩子的学校做志愿者。

匹兹堡律师阿曼达·格林·霍金斯说："你［必须］改变你养家糊口的方式。"她曾在 2015 年为 CYF 记录删除案件提供无偿辩护。虐童记录"会让你在很多领域找不到工作——任何与孩子有关的领域。你不能再当老师了。你不可能组织任何项目……在男孩女孩俱乐部里。这些人是如何恢复生活的——这可能非常棘手"。

被 CYF 调查、经家事法庭审判并被认定犯有虐待儿童罪的父母——机构对此的术语是"表明"或"成立"存在虐待儿童行为——会收到通知，即他们已被列入儿童热线登记处。在 90 天内，他们可以要求行政审查，以修改或删除他们的记录。在审判中，县政府会出示用来证明虐待或忽视的证据，家长会予以反驳。有时，当贫困家庭挑战儿童福利制度时，他们会赢。但是没有多少人敢起诉 CYF。

杜肯大学法学院的公益项目协调员、律师特蕾西·麦坎茨·刘易斯（Tracey McCants Lewis）告诉我，她从未代理过要求 CYF 删除记录的案子，部分原因是这是一个"比消除刑事记录涉及方面更广泛的过程"。阿曼达·格林·霍金斯也认为这样的挑战极其罕见。"要求删除［CYF］的记录是非常困难的"，她说。"你这是在和政府作对。这

## 第四章　阿勒格尼县算法

就像'大卫迎战歌利亚巨人'。"虽然阿勒格尼县有一个非营利组织，能够代表父母就儿童保护问题向法院起诉，但对于那些试图删除记录的人，却没有公设辩护人。他们必须找到愿意无偿工作的律师代理自己的案件，否则只能自我代理。如果"成立"或"表明"裁决没有被及时删除，父母的记录将留在州虐待登记处，直到被调查对象的孩子年满23岁。

记录删除程序仅适用于那些因严重忽视或虐待儿童而举报至宾夕法尼亚州儿童热线虐待登记处的人。任何涉及"非严重伤害或忽视"的指控都将转介到一般保护服务机构（General Protective Services, GPS）。GPS数据被无限期保存在阿勒格尼县的DHS数据储存库中。有关哈里埃特（安吉尔那个精力充沛但大多情况下顺从的女儿）的诸多电话呢？并没有办法删除这些记录，尽管它们显然只是骚扰电话。当哈里埃特成为母亲后，她的AFST分值会更高，因为她小时候曾经"使用"过儿童保护系统。人们可能会推断，她有一个糟糕的母亲，因此她没有如何育儿的精神引领，于是县政府需要关注她。没有人会知道人行道旁用粉笔写的停止标志，客厅地板上玩的词汇游戏，也不会有人在意安吉尔看向女儿时眼中闪耀的骄傲。

切尔纳和道尔顿认为，如果允许父母们删除这些热线举报记录，可能会影响CYF鉴别和阻止虐待行为所需的关键数据，而无论这些举报是否为诬告。"这些东西需要留在系统里"，切尔纳说。"很多时候，无风不起浪。"道尔顿表示同意。"我个人同意救赎的想法，"她说，"但删除可能预示出虐待和忽视的数据就像拿走我们用以防止未来可能出现的虐待行为的最大工具。"

阿曼达·格林·霍金斯并不认为数据的潜在预测能力能凌驾于父母的宪法性权利。"每个人都有权受正当程序的保护，"她说，"它将决定[CYF能否]在某人的余生中都保有关于其被举报的记录。难道人们不能以其所受正当程序之保护做些什么？这违反了我们的宪法。这太悲哀了。"

马克·切尔纳及其团队希望 AFST 能够提供更好、更及时的信息，帮助 CYF 针对最需要的家庭采取干预措施。他们认为数据收集没有什么坏处，因为他们理解该机构的作用主要是援助，而不是惩罚。切尔纳和道尔顿向我解释说，即使一个家庭被筛选进来接受调查，基本上会因此得到服务，而不是让他们的孩子被带走。但是，与 CYF 互动所带来的社会耻辱不容忽视，而且 CYF 的入侵程度非常严重。

父母对自己子女的养育行为不断被观察、监控和纠正，这让父母会产生一种被锁定、被困住的感觉。"这里有如此之多孩子被带走的女人。"匹兹堡新声音（New Voices）组织——一个致力于保障黑人妇女和女孩全面福祉的基层组织——的高级运营经理卡门·亚历山大（Carmen Alexander）说道："就好像你在孩子身边连打喷嚏的方式都不能错。你必须保持安静。它建立了一种不信任的文化。"

当 CYF 开启调查进程时，父母只有两个选择：要么对机构的命令说不，冒着失去孩子的风险，要么完全服从机构的权威。丹佛大学社会学家詹妮弗·里奇（Jennifer Reich）的研究表明，许多儿童福利机构的社工像警察一样，将反抗视为有罪。帕特·戈登给我看的风险/严重程度文件印证了她的观点。如果父母"对 CYF 的要求做出了适当的回应"、"承认了问题"，并且"主动联系［社工］寻求额外的服务"，此时父母对孩子的风险被视为最小。如果父母"抵制任何机构接触或介入……不允许调查进行"或"否认问题"，此时父母对孩子的风险被视为最大。但是被错误指控虐待或忽视的母亲也可能会抵制机构的接触和介入。为孩子而战的人也可能与 CYF 作战。

"如果我们用一把刷头非常宽的画笔绘画，有两种类型的人来到我的门前。"凯瑟琳·博洛尼说："一个人走进来，试图挥拳踢脚，大喊大叫，告诉我，我才是问题的一部分。""另一个进来，卑躬屈膝，听凭我的指令。我会选刚才那个试图动手的人，因为他们还在里面。但这是最终会获胜的群体。"

## 第四章 阿勒格尼县算法

中产阶级家庭无时无刻不在寻求支持和援助：治疗师、私人药物和酒精康复、保姆、课后项目、夏令营、各类导师和家庭医生。但是因为这些都是私人出资，所以没有一项请求最终会出现在阿勒格尼县的数据储存库里。同样寻求支持的贫困家庭和工人阶级家庭，则由于他们要求获得公共资源，就给他们的孩子带来了风险，尽管 CYF 认为要求获得资源是父母的一个积极因素。[①]"一个母亲过去曾获得过县心理健康服务，为什么会给她带来不利影响？又不是毒品和酒精服务！"匹兹堡民权律师和杜克大学法学教授蒂芙尼·西泽莫尔·汤普森（Tiffany Sizemore Thompson）问道。"这难道不应该表明她实际上是一个负责任的人吗？她不是在努力去接受她认为必要的帮助吗？"

寻求过 CYF 援助的家庭承认人类决策的不可靠性。他们非常清楚，决定谁将被调查、他们将接受什么样的服务、哪些孩子将被带走以及寄养儿童多快能与原生家庭团聚的电话筛选员、社工、行政人员和法官都存在一定的偏见，可能会影响他们的工作。然而，他们宁愿让一个不完美的人来决定他们的家庭，而不是一台完美的电脑。"你可以告诉人们你想如何被对待，"帕梅拉·西蒙斯（Pamela Simmons）说，她在威尔金森堡肯德基对面的选民登记处工作。"他们有自己的观点，但有时你可以改变他们的观点。你有机会改变某个观点。但你不能修改某个数字。"

人类偏见一直是儿童福利领域中的重要问题。在早期，查理斯·罗瑞·布理斯（Charles Loring Brace）的孤儿列车带走了如此多的天主教孩童，以至于宗教少数派不得不创建一个完全平行的儿童福

---

[①] 切尔纳指出，并不是所有包含在模型中的预测变量都被系统解释为负值。例如，使用公共精神卫生服务可能被系统解释为一个正向的保护性因素。这可能会让你的 AFST 分数下降，而不是上升。不幸的是，当我要求拉赫玛和艾米莉·普特南－霍恩斯告知变量权重时，他们拒绝了。而这对于阐明每个因素对模型的重要性，以及它们与 AFST 评分的正负相关性非常重要。

利组织系统。科学慈善工作者的宗教偏见扭曲了他们的决策。他们相信新教徒的孩子可以被他们的家庭救赎，但是天主教徒是不可救药的，他们不得不被送到中西部的农场劳动。今天，儿童福利决策中的种族比例失衡现象破坏了太多黑人和土著美国家庭的联系。这种失衡可以追溯到儿童福利决策中的人类决断。

但是人类偏见正是预测风险模型的固有特征。

结果变量是儿童受伤害的替代指标；它们没有反映实际的忽视和虐待。替代指标变量的选择，甚至是使用全部替代指标的选择，都反映了人类的判断力。

预测变量来自于有限的数据，其中只包括了使用公共资源者的信息。选择接受如此有限的数据反映了模型中蕴含的人类判断力——以及中产阶级家庭比贫困家庭应该享有更多隐私权这样一种推论。

该模型的验证数据是社工、调查人员和法官所做决定的记录，这些人工决定带有他们人性的所有痕迹。

一旦蓝色大按钮被点击，AFST开始运行，它显示了一千个我们看不见的人类选择。但它的运行前提是证据的客观性和绝对正确性。收案筛选员有各种各样的人生经历，从宾夕法尼亚州立大学郊区的白人研究生到像帕特·戈登这样有着十多年经验的非裔匹兹堡人。预测模型的自动判断基本没有自由裁量。人类的自由裁量则是许多人的判断裁量。是的，人类的判断力有缺陷且容易出错。但也是可以修复的。

阿勒格尼县的父母们帮助我阐明了一个自研究以来就一直在我脑海中不断回响的问题。在印第安纳、洛杉矶和阿勒格尼县，技术专家和行政人员向我解释说，公共服务中的新高科技工具增加了透明度，减少了歧视。他们声称，如果不使用大数据来识别他们决策中的模式，就无法知道福利社工、无家可归服务提供者或收案电话筛选员的头脑中在想些什么。

我发现认为人类是不可知的黑匣子的哲学理念令人深感不安。在我看来，这似乎是一种世界观，它放弃了任何同理心的尝试，排除了道德发展的可能性。认为人类决策不透明和不可接近的假设承认了我们已经放弃试图相互理解的社会承诺。阿勒格尼县的穷人和工人阶层想要的不仅如此，他们也有权利得到更多：对他们人性的认可，对他们背景的理解，对他们沟通潜力和作为一个社群存在的肯定。

"电脑接受的只是人放进去的东西，"简宁说，"我更信任社工……你可以和他说话，'你没有看到更大的问题吗？'"

像印第安纳州的福利资格自动化系统一样，AFST 将公共资源的使用视为软弱、缺陷甚至邪恶的标志。切尔纳用职业生涯的大部分时间，在 CYF 创造了一种"优势主导决策"的做法，实现了开放的社区交流和同伴支持的文化。不幸的是，这个系统成为了一个自动工具，将父母使用公共项目的行为视为对其子女的风险。

瞄准"高风险"家庭可能会导致他们退出提供服务、援助和社区的网络。根据美国疾病控制中心暴力预防部门的数据，虐待和忽视儿童的最大风险因素包括社会孤立、物质匮乏和育儿压力，当父母感到一直被监视、失去他们需要的资源、蒙受耻辱或畏惧求助于公共项目时，所有这些风险因素都会增加。一个可怕的讽刺是，AFST 可能会增加它试图预防的儿童虐待事件。

如果一个预测模型产生了它想要测量的结果，我们很难说它有效。被 AFST 评为高风险的家庭将比其他家庭受到更多的审查。在 AFST 得分较高之前，普通的行为可能不会引起任何关注，但它们却会成为对某个家庭开展调查的确认依据。父母现在更有可能被转介到热线，仅仅可能因为上周邻居在其家门口看到了儿童保护服务机构人员。由于高风险分数，父母将被锁定，可能要接受惩罚性更强的措施，要满足机构更多的预期，并要面临更为严厉的审判。如果她失去了自己的孩子，风险模型可以宣称又做出了一个成功的预测。

AFST 于 2016 年 8 月 1 日上线，比我拜访帕特·戈登早了三个半月。在该模型上线后的前九个月，收案中心接到了 7,000 多个电话。数据分析、研究和评估办公室（DARE)2017 年 5 月发布的数据显示，使用 AFST 的收案工作人员筛选进入调查的来电（6%）略多于前一年——那时还没有选择使用该模式。然而，此后被调查和证实的电话数量激增了近四分之一（22%）。平均而言，AFST 得分较高的电话更有可能得到证实：AFST 得分在 16 到 20 之间的电话占 48%，11 到 15 之间的电话占 43%，6 到 10 之间的电话占 42%，1 到 5 之间的电话占 28%。DARE 的初步分析得出结论，使用 AFST 的收案筛选员给予评分更高的转介，以更高的比率被儿童福利调查员证实，从而接受儿童福利服务。因为只有收案筛选员，而不是儿童福利调查员，能够看到 AFST 分数，DARE 认为这些早期结果"也许验证了该工具已经识别出的真正风险差异"。

但是如果你仔细观察数据，就会发现一些令人不安的内容。333 个 AFST 得分超过 20、从而引发了强制性调查的电话中，94 个电话（28%）被一名收案主管推翻，予以排除。剩下的强制筛选只有一半（51%）得到证实。换句话说，只有 37% 触发强制调查的电话有些价值。还有其他不一致的情况。收案筛选员筛选出的得分为 20 的电话与他们以往筛选出的得分为 12 的电话数量大致相同。几乎同样数量的得分为 9 的电话被后续调查证实为 19 分。筛选出的电话数量没有太大变化，但是被证实的调查数量却有所增加，这可能表明 AFST 只是在模拟该机构自己的决策。

2016 年 11 月 29 日，在我访问收案呼叫中心的几天后，拉赫玛团队对 AFST 实施了一项重大数据修复。在 AFST 启动后的几个月里，有 20% 报告至热线的家庭没有得分。艾琳·道尔顿说："我们没有给那些只有父母曾接受服务项目的家庭打分。最脆弱的孩子往往很小；婴儿没有参与社会服务项目的历史。[AFST] 没有给'开膛手杰克'是父亲、他的新娘是母亲的这些婴儿打分。"更新后的模型现在评估了整个家族——情人、叔叔、表亲、（外）祖母、室友以及每一个和

## 第四章 阿勒格尼县算法

他们住在一起的孩子——AFST 的评分是基于得分最高的孩子，即使她不是被举报至热线的孩子。AFST 现在给被举报至热线的 90% 以上的家庭打分，结果出现了更多 18 分及以上的分数。

在许多方面，AFST 是儿童福利预测风险建模的最佳案例。该工具的设计具有开放性、参与性和透明性。其他地区的儿童福利预测系统是由私营公司设计和实施的，很少得到公众的投入或讨论。阿勒格尼县的对该预测模型的实施一直都很谨慎缓慢。AFST 的目标被特意设计为有限且适度。该工具旨在支持人类决策，而不是取而代之。

然而，阿勒格尼县预测虐待儿童的实验值得我们三思。它是全国儿童福利算法实验的早期采用者；类似的系统最近已经在佛罗里达、洛杉矶、纽约市、俄克拉荷马和俄勒冈实施。

本书出版之际，切尔纳和道尔顿依旧在进行数据分析试验。AFST 的下一代将采用机器学习，而不是传统的统计建模。他们还计划引入第二种预测模型，一种完全不依赖热线举报的模型。相反，根据道尔顿 2017 年 9 月的一封电子邮件，计划中的模型"将对前一天或前一周出生在阿勒格尼县的所有婴儿每天或每周运行一次"。运行一个依靠公众拨打热线电话的模型并不能捕捉到所有潜在的施虐者和忽视者；而出生时的模型要精确得多。但道尔顿坚持认为，首要目标不是使用更精确的模型。"我们不是因为它更准确而考虑采用新模型，"她写道，"而是因为我们有潜力防止虐待和忽视。"

然而，使用一个模型来对每个使用县资源的家庭所生的所有孩子进行风险评级，会引起令人烦恼的问题——如何使用该风险评级结果。"我们设有家访热线和家访服务。如果我们资源有限，我们是否会优先考虑让高风险人群享受服务？"艾林·道尔顿问道。"在我看来，也许这样做合乎道德，可能会得到社区的认可。除此之外的另一个步骤是，假设有人走进一家家庭支持中心，请求获得服务。你有没有一面小旗子，上面不一定写着高风险，而是写着'真的希望提供服务，让他们获得服务？'"马克·切尔纳坚持认为 CYF"不会敲你的门，然后说'你很有可能虐待你的孩子'"。但这正是其他风险模型的实施方式,比如产生芝加哥警察局暴力犯罪"热点列表"的算法。

切尔纳团队希望找出那些能够尽早利用这些援助的家庭,干预措施可能会产生重要影响。但是社区成员想知道,出于好意收集的数据将来是否会被用来针对他们。"人们担心马克和艾林离开后情况会发生变化",儿童发展办公室的劳里·穆尔维说。DHS召开了一系列会议,向当地机构、资助者和社区成员介绍预测模型。穆尔维解释说,在那些会议上,人们说,"我们信任你,艾林。我们信任你,马克。但是你们走后会发生什么?"

在适当的条件下——财政紧缩、州长寻求缩减公共机构规模,或者一连串的儿童死亡——AFST很容易成为自动让儿童离开家园的机器。甚至不需要对模型重新编程。今天,如果一个家庭的风险得分超过20分,CYF必须展开调查。明天,得分20分就可能会触发将孩子带离原生家庭的紧急措施。或者10分……或者5分,就可能让这一切发生。

当我问AFST的设计师拉赫玛是否担心模型可能被滥用时,她给了我一个假设的解决方案。"我们能做的一点是[在合同中提到],'如果我们觉得它被不道德地使用,我们有权发表意见。'"但是,如果认为学者公开反对其研究被应用的方式会对公共政策或机构实践产生重大影响,也未免太幼稚了。

如果邻居或急诊室护士再次拨打热线电话举报安吉尔和帕特里克的家人,他们无疑会被增加AFST的得分。这个家庭里有一个6岁的孩子。有多个看护者。虽然他们是一个紧密联系的家庭,但并不是所有的人都有生物学上的联系。这个家庭有长期接受公共援助的历史。安吉尔正在看咨询师,正在服用治疗创伤后应激障碍的药物。他们已经和CYF打交道了几十年,尽管在过去的9年里,他们和CYF的关联主要是他们的志愿服务和经安吉尔申请的育儿课程、临时帮助和临时看护。

采访快结束时,安吉尔对她面临的双重困境有感而发。"我知道我并不是唯一和CYF有过正面经历的人,"她说,"我找到他们说,'嘿,我需要你的帮助。'[但是]因为我的女儿,我曾长期和他们打交道。我也使用了县服务项目。为此[AFST]会给我一个很高的分数。AFST会在相当长的时间内把我作为重点关注对象。"

帕特里克和安吉尔一直生活在恐惧之中,担心他们的家人会再次接到电话,担心AFST会针对他们的女儿或孙女进行调查,并有可能将她们带往寄养家庭。"我女儿现在九岁了,"安吉尔说,"我仍然担心有一天他们会过来看她,见她独自一个人就带走她,然后对我说,'你不能再拥有她了。'"

# 第五章　数字济贫院

2017年一个温暖的四月天，我散步去公共图书馆寻找洛杉矶县贫民农场的照片，这个农场今天被称为兰乔·洛斯·阿米戈斯（Rancho Los Amigos）国家康复中心。一个头戴粉红色棒球帽，身穿脏兮兮连帽衫的中年非裔美国男子，站在靠近第五和南大广场拐角处的人行道上。他以一种痛苦扭曲的姿态转动着身体，胳膊在身前像游泳一样摇摆，整个人仿佛被风推搡。他在恸哭，发出的声音高亢，却令人惊讶的轻柔，介于唱歌和抽泣之间，没有任何言语。无数人在他身边经过，白人、黑人、拉美人，旅游者和当地人，富人和穷人，但没有人回头。当我们从他身边经过的时候，我们看向别处，避免有所对视，我们的嘴角紧闭，没有人停下来问他是否需要帮助。

在美国，财富和贫困比肩并存。这种对比在洛杉矶市中心尤为明显，在赤贫者近在咫尺的距离内，都市白领每天喝着拿铁，翻阅着智能手机里的信息。然而，在每个美国城市、城镇和乡村中，几乎都存在这种无形的隔膜：一边是艰难挣扎、维持其基本生计的人，一边是无需担心生活需求之人。我在印第安纳州的蒙西和宾夕法尼亚州的蒙哈尔看到过，我在家乡也看到过。

美国的贫困不是无形的。只是我们看到了，但又马上转开了目光。我们的否认有着非常深层次的原因。对于美国的贫苦现状只有这样一种方法来解释,在这个世界上最大的经济体里,我们大多数人都将经历贫困。根据马克·兰克(Mark Rank)具有开创性的生命历程调研,51%的美国人在20岁到65岁之间将至少有一年生活在贫困线以下。他们中的三分之二将寻求社会福利救助,比如贫困家庭临时援助(TANF)、一般援助(General Assistance)、补充收入(Supplemental Security Income)、住房援助、营养补充援助(SNAP)或医疗补助(Medicaid)。[①]但我们仍然假装贫困是一种反常现象,仅发生在极少数的"病态"人群中。

在美国,我们与贫困的关系一直被社会学家斯坦利·科恩(Stanley Cohen)称为"文化否认"。文化否认是一种使我们得以了解残忍、歧视和压迫,但从不公开承认其存在的过程。这是我们如何知悉那些不愿知晓之物的方式。文化否认不是一种个体才有的人身或心理属性;它是一个由学校、政府、宗教、媒体和其他机构组织和支持的社会过程。

当我们在洛杉矶公共图书馆附近经过那个痛苦的男人时,我们没有问他是否需要帮助,因为我们全都认为对他无能为力。我们从旁经过却避免和对方对视,这种行为传达出一个信号,在内心深处,我们早已了然。我们不能进行眼神交流,因为我们在执行一种所谓"视而不见"的文化仪式,有意无意地放弃对彼此的责任。我们的内疚因我们感受到痛苦但却无动于衷、视而不见而燃起。这就是否认贫困对我们这个国家的影响。我们避开的不是街角的那个人,而是彼此。

否认令人疲惫不堪且代价高昂。否认对个人来说是件不舒服的事,因为他们要忍受"看见了现实,却不得不视而不见"的认知冲突。否认使我们周遭的地理区域错位,我们建造了基础设施——郊区、高速公路、私立学校、监狱——这让职业中产阶级能积极地避免同贫困和工人阶层有共同的生活环境。否认削弱了我们作为政治共同体的社会纽带;那些不能直视他人、避免目光接触的人会发现很难实施集体

---

[①] Rank, 2004: 102–103.

治理。

在美国，贫困因为我们对其的界定方式而被积极地否定了——某一时刻，降到任意一条收入线以下，即为贫困。官方的贫困线让贫困看起来像是一个令人惋惜的社会反常现象，可以用错误的决定、个人行为和文化病理学（cultural pathology）来解释。实际上，很大一部分人都会反复经历暂时性的贫困状态，这些人的背景相去甚远，行为举止也千差万别。

我们的公共政策专注于指责贫困，而不是纠正贫困造成的负面影响或消除贫困的根源。对"个人责任"的执迷使我们的社会安全网在道德上无可指责。正如政治学家耶斯查·芒克（Yascha Mounk）在他2017年的著作《责任时代》（The Age of Responsibility）中所主张的，我们庞大而昂贵的公共服务机构的首要功能是为了调查个人的痛苦际遇是否可能由其自身过错导致。

媒体和政治评论员都在否认贫困。他们把穷人描绘成病态性地依赖社会的少数群体，对职业中产阶级社会构成威胁。无论保守派还是自由派的观点都是如此：右翼的声音往往谴责穷人是寄生虫，而左翼则以家长式的姿态对穷人无力改变自己生活而感到绝望。穷人和贫困社区被冠以没有希望、毫无价值的标签，这种极其片面的想法，使得我们大多数人即使身处贫困，却试图对之轻描淡写或予以否认。

我们否认贫穷的习惯如此显著以至于贫穷只有在贫困和工人阶层进行破坏性的抗议活动，发起直接挑战现状的草根运动时才会被承认。正如弗朗西斯·福克斯·皮文和理查德·克罗沃德在经典著作《穷人运动》和《管制穷人》中的观点，当穷人们为他们的权利及生存而组织起来进行斗争时，他们才会取得胜利。但是贫穷管理机制——济贫院、科学慈善机制和公共福利制度——具有令人惊讶的适应性及持久性。尽管贫穷管理机制的模式随着时间不断改变，但对穷人的分流、控制、监管以及惩罚却从来没有停止过。

举例而言，1877年铁路大罢工生动展现出的不仅有穷人的苦难，

## 第五章　数字济贫院

更有他们巨大的政治力量。贫困和工人阶层的激进主义吓坏了精英阶层并赢得了重要的和解：回归到了集中于分发现金与物资的济贫方式，也背离了济贫的机制化。但紧接着，科学慈善将其取而代之。技术发生了改变——科研工作集中于调查研究和监管而不是将穷人们控制在类似于监狱的地方，但结果是一样的。成千上万的人不被允许使用公共资源，家庭支离破碎，穷人们的生活被审查，被管制，陷入危境。

该模式在大萧条期间重现，在20世纪70年代反对福利权利运动时再次出现。现在，它又重现了。

简言之，当美国的贫困和工人阶层能够作为有力的政治武器时，济贫机构及其管制技术就会偏向于更深程度的文化否认，愈加运用合理手段，粗暴地使穷人回归到顺从状态。济贫机构就是一台台机器，被用来破坏贫困和工人阶层的集体力量并让其他所有人变得冷漠。

当我们谈论目前作为民众和公共机构互动媒介的技术时，我们倾向关注它们的创新性和它们打破常规的方式。其最大的拥趸将之称为"颠覆者"，声称它们改变了旧的权力关系，产生出更透明、更能回应民众需求、更有效率甚至本质上更民主的政府。

这种对新事物的过分关注使我们没有看到数字工具嵌入旧有权力-权利体系的重要方式。虽然印第安纳州的自动资格认证系统、洛杉矶的协调入住系统和阿勒格尼县的风险预测模型可能是最前沿的，但它们也是根深蒂固、令人不安的历史制度的一部分。作为美国的一项制度，济贫院比宪法早了125年。认为一个统计模型或一个排名算法会神奇地颠覆几个世纪以来建立的文化、政策和制度，只不过是一场幻想。

如同传统砖泥砌筑的济贫院，数字济贫院同样让穷人无法接触到公共资源。和科学慈善一样，它调查穷人、给其分类并令其入罪。和反对福利权利期间诞生的其他工具一样，它使用集成数据库来锁定穷人、追踪穷人和惩罚穷人。

在前面几个章节中，我通过实地考察，展示了新科技工具如何在全国各地的社会服务项目中运行。非常有必要倾听那些新科技工具的目标受众；他们讲述的故事会不同于那些从行政人员和分析家角度出发的故事。现在，我将全景式地讲述这些工具如何共同运作，创生出一个规制穷人的影子机构。

## 转移穷人的公共资源：印第安纳州

数字济贫院在贫困和工人阶层试图获取共享资源时设置障碍。在印第安纳州，福利资格自动化制度的运行，加之交由私营公司操作，使获得福利救济人员的数量急剧减少。僵化的行政程序和不合理的期待值使人们无法获得他们本应享有的福利。脆弱不堪的规则和设计不当的操作指标意味着一旦发生错误，往往会被解释成是申请人而不是州政府或承包商的错误。自动决策工具永不出错的假设意味着计算机化的决策优于旨在为申请人提供程序公正的程序。由此造成的结果是，成百万人的福利申请遭到了拒绝。

然而，所谓明确无误的分流转移只能获得有限的成功。在印第安纳州，福利被剥夺而导致的明显又看似偶然的苦难激起了人们的愤怒，引发了强烈的抵制。那些被剥夺福利的人群讲述了他们的故事。维权人士召集联盟。诉讼被纷纷提起。普通的印第安纳居民……某种程度上赢得了胜利。尽管州长米奇·丹尼尔斯撤销了 IBM 的合同，家庭与社会服务管理局还推出了混合登记系统，TANF 的获得比率在该州依旧处于历史低位。

印第安纳州的资格实验失败了，因为它没能令人信服地创造出一个关于"不配"获得福利申请的故事。做出拒绝结果的行政人员对于穷人的敌意没有差别。自动化的结果波及 6 岁的女孩、修女以及因心脏衰竭而住院的祖母们。维权人士认为这些人是无辜的受害者，并且该计划违背了印第安纳居民慈善、同情的天然禀性。

尽管自动化导致的社会排斥在全国扩散，作为一种阶层压迫的策略，它也有着关键性的弱点。因此，当直接转移资源失败后，数字济贫院创造出了某种更为狡猾的东西：一种将大多数穷人归罪，同时又为少数幸运者提供拯救生命资源的道德叙事。

180

## 分类穷人、入罪穷人：洛杉矶

洛杉矶县为无家可归者提供服务的机构希望高效地利用资源，更加有效地与各方合作，也许因为如此，将选择援助对象这一令人悲痛的工作——在 60,000 名无家可归者中决定谁应该获得帮助——外包了出去。

根据其设计者的说法，该市的协调入住系统能够将最亟需帮助的群体与最合适的资源相匹配。但是，还有另一种视角来看待协调入住系统的排名功能：作为一种成本－效益的分析工具。为那些长期无家可归的最弱势群体提供永久性援助房，要比把他们留在急诊室、精神卫生诊所和监狱便宜得多。在那些相对而言弱势程度最低的无家可归群体身上支出小额、有时限的钱款，为他们重新提供房屋安置，要比令他们长期无家可归便宜得多。这种社会分类对于排名最高和最低的人来说效果很好。但是，如果像加里·伯特莱特那样，当你的生存成本超过了纳税人的潜在储蓄，那么你的生活就不再具有优先性。

截至撰写本文之时，洛杉矶无家可归的 21,500 人没有收到任何援助，他们的数据在无家可归者信息管理系统中停留了七年。几乎没有保护个人信息的安全措施，洛杉矶警察局可以在没有搜查令的情况下获取这些信息。这是执法部门钓鱼执法的秘诀。将治安管理与无家可归者服务系统相整合，模糊了维持经济安全与调查犯罪之间的界限，含混了贫困与犯罪之间的界限，收紧了追踪定位和诱捕那些无住所者的约束之网。这张网络需要周遭遍布数据性基础设施，需要建立道德分类系统来筛选对象。

通过协调入住系统收集的数据也创造了一个有关洛杉矶无家可归者的新故事。这个故事有两种发展方式。乐观估计，更细微的数据可以帮助该市和整个国家直面其未能照顾无家可归的邻居而产生的灾难性失败。在悲观版本中，将无家可归者按脆弱程度分类的做法本身削弱了公众对无家可归者群体的支持。它给职业中产阶级留下了这样的印象：真正需要帮助的人正在获得帮助，而那些无法获得资源的人从根本上而言要么就难以应对，要么就是一群罪犯。

如果数字济贫院只是像印第安纳州那样直接禁止获得公共福利，倒是很容易应对。但是，对穷人的分类和定罪是将贫困和工人阶层纳入一种限制其权利、剥夺其基本需求的制度中。数字济贫院不仅将其排除在外，它径直将数以百万计的人横扫进一个损害其人格和自决权的控制系统。

## 预测穷人的未来行为：阿勒格尼县算法

对洛杉矶成千上万的无家可归者进行评估以建立一种道德分类系统既费力又费钱。利用算法预测却有望通过统计学和现有数据来产生一种高性价比和所谓"科学"的等级制度，又无需像医生诊治病人那样逐一人工进行。当转移资源失败且分类穷人成本过高时，数字济贫院会使用统计学方法来推断。诸如洛杉矶 VI-SPDAT 之类的调查，会询问一个人已经采取了何种行动。阿勒格尼县的 AFST 预测系统则会根据一个人以往的行为模式来推测他将来可能采取的行动。

分类会考量个体之于群体的行为，而预测则主要基于关系网。阿勒格尼县的 AFST 在各家各户的所有家庭成员上运行，而不仅仅局限于被举报至热线的父母或子女。在新的预测方式下，你不仅会受到自己行为的影响，还会受到恋人、室友、亲戚和邻居行为的影响。

与分类不同，预测具有代际性。安吉尔和帕特里克的举动将影响哈里埃特的未来 AFST 得分。他们对公共资源的使用提高了哈里埃特的得分。塔巴塔还是孩子的时候，帕特里克与 CYF 的争执将提升哈里埃特成人后的得分。安吉尔和帕特里克今天的举动可能会限制哈里埃特的未来以及她的孩子的未来。

预测模型的影响因而呈现指数性征。由于预测依赖于关系网并且跨越了几代人，因此其危害有可能像传染病一样传播，从初始接触点蔓延到亲戚和朋友，再到朋友的关系网，像病毒一样冲遍整个社群。

历史上从没有任何贫困管理制度将如此之多的精力集中在试图猜测关注目标可能出现的行为模式上。这是因为，我们作为一个集体时，对贫困人口的实际苦难关注较少，而更多地聚焦于他们可能对他人造成的潜在威胁。

AFST 应对的是一个真正的重大问题。看护人有时的确会对孩子造成可怕的伤害，国家介入其中以保护那些无法自保之人也无可非议。然而，即使孩子可能受到巨大伤害，也无法为加诸贫困家庭之上的不受任何限制的实验开脱。中产阶层永远不会容忍 AFST 评估他们的父母。将之适用到那些别无选择只能遵守的群体身上是歧视，毫无民主可言，这不可原谅。

在 19 世纪，医学院校对尸体的解剖需求日益增长，导致抢劫坟墓现象的大幅出现，以及禁止偷窃尸体的严厉法案。贫民窟的墓地迅速成为当今所谓非法人体交易最优先选择的目标。为了应对医院和医生对廉价待解剖尸体的日益增加的需求，很多州纷纷通过立法，将贫困群体尸体的黑市交易合法化：即可以将无人认领的贫民窟和监狱囚犯尸体交给医学院进行解剖。中产阶级完全不可接收的躯体处置方式，却被视为穷人为科学做出贡献的一种途径。

法医人类学家仍然常常在济贫院埋葬穷人的墓地里发现有被乱动过的骨骸：证据是股骨和盆骨的痕迹，头骨的顶部像被掀开的瓶盖。①

---

① Killgrove, 2015.

昨天，我们在这些穷人的尸体上做实验；今天，我们又在草率地决定他们的未来。

新技术的发展往往伴随着一种危险的魔幻思维，这仿佛是一种奇怪的保证，即我们的工具革命将不可避免地抹去过往清洗穷人造成的伤痕。数字济贫院的隐喻意味着当我们谈论技术和不平等时，要抵制遗忘历史和消除背景的做法。

县济贫院和数字济贫院的相似之处令人瞠目。两者都将穷人从公共福利中分流出来，限制他们的流动性，强制其工作，分离其家庭，导致其丧失政治权利，将穷人作为实验对象，将穷人的生存视为犯罪，对嫌疑对象进行道德分类，令中产阶级在道德上疏离穷人，重现种族主义和阶级主义的人类价值等级制度。

然而，在某些方面，公共服务中的高科技工具与砖泥建构的济贫院不甚一致。县济贫院是工业革命时代的产物，科学慈善机构尤为符合进步时代的特征，数字济贫院也契合于我们这个时代的特殊环境。县济贫院映射出中产阶级对产业失业率上升的担忧：它把被抛弃的工人挡在人们视线之外，但又将其留在附近，以防突然需要劳动力。科学慈善创建了一个价值等级制度，控制获取资源的途径，决定社会包容的边界，以此来回应本土精英对移民、非裔美国人和贫困白人的恐惧。

如今，数字济贫院回应的是芭芭拉·埃伦里奇（Barbara Ehrenreich）所谓职业中产阶级中出现的"坠落恐惧"。埃伦里奇写道，面对工人阶层的崩溃、上层巨贾们财富扭曲式的膨胀以及国家人口结构的日益多样化，白人职业中产阶级不顾一切地维护自己的地位，他们在很大程度上放弃了正义、平等和公正。② 在唐纳德·特朗普当选美国总统之前，他们日益增长的反自由主义在公开场合还不激烈。这是一种"狗哨"式的残忍：当然，我们不能容忍对黑人学童使用消

---

② Ehrenreich, 1989.

防水带，但迈克尔·布朗（Michael Brown）、弗雷迪·格雷（Freddie Gray）、娜塔莎·麦肯纳（Natasha McKenna）、埃泽尔·福特（Ezell Ford）和桑德拉·布兰德（Sandra Bland）所遭遇的致命性暴力执法也不会受到谴责。对穷人的非自愿绝育今天已经不再可能，但惩罚贫困家庭、令其饥饿、将其归罪的福利改革却在某种程度上被默许了。数字济贫院诞生于、也完美契合于这一政治时刻。

因此，即使二者关系密切，以往的济贫院和当今的数字济贫院仍有显著不同。各县设立的实体济贫院将穷人集中起来，但无意之中在不同种族、性别和出生地的人群中形成了阶级团结。当我们坐在同一张桌子旁，会发现彼此经历中的相似之处，即使我们只能被迫以粥为食。监控设备和数字社会分类制度将我们切分成更加微小的群体，以便对穷人进行各种侵犯和控制。当我们置身于一所隐形的数字济贫院时，我们变得越来越孤立，仿佛与周围断了联系，即便周围的人也可能与我们同样痛苦。

数字济贫院还有什么其他的新特点？

### 数字济贫院的本质令人难以理解

驱动数字济贫院的软件、算法和模型复杂并且往往是保密的。有时它们受到商业程序的保护，正如 IBM 和 ACS 的软件——这些软件拒绝了众多急需帮助的印第安纳州人获得现金补助、食品和医疗服务。有时一个高科技工具的操作细节都受到严格保密，以防客户获取到相关算法。例如，洛杉矶的一个救助中心给工作人员的工作规范上写着："不要把弱势指数 – 服务优先级决策辅助工具（VI-SPDAT）给被救助的人看。不要向他们提起这个会给他们打分。我们并不想提醒受救助者，从而使我们的工具失效。"有时候某种模型的演算结果也会因为保护其目标对象而进行保密。马克·切尔纳和艾琳·道尔顿不想让阿勒格尼家庭筛选工具的评分成为法官或者调查人员皆能看到的考量标准，避免潜移默化地影响他们的决定。

然而，对于民主而言，透明度至关重要。一个人因为收入太高而没有资格享受某个公共服务项目,会感到沮丧和不公。然而,一个人因为"未予配合"而被拒绝享受该公共服务项目的福利,则传递出另一种信息。一个人被毫无理由地拒绝他应当享有的福利,似乎是在被告知,"你是如此一文不值,我们把这些救命用的援助扣下了,仅仅是因为我们想要这么做"。

政治决策中的公开性非常重要。这是保持公众对公共机构信心的关键,也是实现公正和正当程序的关键。

### 数字济贫院广泛分布

自动决策系统、匹配算法以及风险预警模型等高科技工具具备快速扩散的潜力。印第安纳州的 ACS 呼叫中心以前所未有的速度拒绝了很多人的福利申请,部分原因是呼叫中心的员工无法像以往公共部门的社工那样耗费时间在面对面的交流上。在不到四年的时间里,协调入住资格系统从在某一社区进行的私营试点项目变成了政府拨款的救济服务资格审查系统,负责洛杉矶全县无家可归者救助服务,在不到四年的时间里,千万居民皆须使用该系统。尽管 AFST 由考虑全面的人类服务机构操作,但基本上没有实现其初始目标,然而类似的儿童虐待风险防范模型正在急剧增加,从纽约市到洛杉矶、俄克拉荷马以及俄勒冈。

19 世纪 20 年代,支持者认为美国每个县都应该有一个济贫院。但是,为穷人建造这么多济贫院既昂贵又耗时。尽管我们最终在全国范围内还是建立了 1000 多所济贫院,但县济贫院很难广泛分布。优生学家哈里·劳克林(Harry Laughlin)曾提出对全国"最落后的十分之一"人口(约 1,500 万人)进行非自愿地绝育来消除贫困。但劳克林的种族清洗理论仅在纳粹德国得到推广,他对"不合格者"进行广泛绝育的计划在"二战"后被人们唾弃。①

数字济贫院快速扩张的阻碍则要少得多。

---

① Cohen, 2016.

## 第五章 数字济贫院

**数字济贫院持续存在**

**数量**一旦广泛增加，就会很难抛弃数据系统。举个例子，想想如果全世界得知谷歌这样的大数据公司严重违反了用户信任将会怎样。假设他们将日历数据卖给了一个国际偷车集团。将会立即引起广泛抗议，指责相关政策是不公平的，危险的，甚至可能是非法的。用户会马上寻求能够进行电子邮件、预约服务、文档存储、视频会议和网络搜索的其他服务商。

但我们需要一段时间才能将我们的生活脱离谷歌的"掌控"。你必须暂时将 Gmail 转发到新的电子邮件账户，否则没有人能找到你。谷歌日历可能是唯一与你的安卓手机兼容的日历。谷歌的基础架构已经被整合到如此之多的系统当中，以至于使用谷歌，仿佛是天然地顺理成章。

同样，一旦你将社工的各项工作分解成可以切割且可互换的具体任务，安装一个排名算法和一个无家可归者管理信息系统，或者将你所有的公共服务信息整合到一个数据库中，你几乎不可能逆转进程。我们鼓励新员工掌握新技能、新态度和新能力。数百万美元的合同使得公司为了利益要保护其算法。一种有望预测儿童虐待的分数很快就变得不容忽视。既然 AFST 已经启动，对不使用它的后果的担忧将巩固它核心而持久的地位。

新技术在被机构吸收后发展势头强劲。随着它们日趋成熟，它们也变得越来越难以挑战、改变或放弃。

**数字济贫院永恒存在**

数字济贫院里的数据将持续存在相当长一段时间。纸质记录的时代就已成过往，因为纸的物理特性造成了它们存储方面的局限性。然而数字济贫院却承诺要创造一个永恒的记录。

曾经对他人造成伤害的决定应该依旧会产生各种结果。但是终生被一个精神健康诊断、一次疏忽照管孩童的指控或者一份犯罪记录追踪，会消泯某些人的生存机会，限制自主权，损害自决权。此外，永久性保留公共服务项目的数据加剧了不当披露和数据违反的风险。恒久性记录是惩罚，是训诫，不是正义。

40年前，法国国家信息和自由委员会确立了数据"被遗忘权"的原则。正如大卫·弗莱尔蒂（David Flaherty）在《监视社会中的隐私保护》（Protecting Privacy in Surveillance Societies）一书中所指出的，委员会认为数据不应无限期地存储在公共系统中而不做处置。相反，只有当电子信息用于必要目的时，特别是一旦被披露即可构成重大风险时，才应该予以保留。

这个想法在美国引起了强烈的抵制。但是，正义需要救赎的机会和重新开始的能力。这要求我们设法推动数据收集系统定期清空。任何人的未来都不应被其过往所限。

**我们都居住在数字济贫院**

我们一直生活在我们为穷人建立的世界里。我们创造了一个残疾人和老年人毫无用处的社会，当我们受到伤害或变老时就会遭到抛弃。我们仅仅根据赚取工资的能力来衡量人的价值，就会在一个不重视关怀和低估社区的世界里煎熬。我们的经济基础是剥削有色人种和弱势群体的劳动，眼睁睁地看着持续存在的不平等扼杀了人类的潜力。我们看到世界正不可避免地被血腥的竞争撕裂，我们无法认识到合作和携手并进的其他方式。

过去，只有穷人住在县济贫院的公共宿舍里。只有穷人被置于科学慈善的诊断显微镜下。但今天，我们所有人都生活在为贫困者而设的数字陷阱中。

可以将数字济贫院想像成由光导纤维编织而成的无形蜘蛛网。每根纤维可分别导向麦克风、相机、指纹扫描仪、GPS跟踪器、警报线和Crystal ball软件。其中一些纤维束彼此粘连，相互连接，形成了传递千兆字节数据的网络。我们的每个动作都会振动这张网络，从而揭示我们的位置和方向。这些线束可以被人开关。它们可以回溯历史，也可以展望未来。它们将我们和我们认识、关爱的人联系在一张张关系网中。当你的社会经济水平每况愈下时,这些线束的编织便会愈加紧密,并且,更多的线束将被开启。

我们全都被飞快地卷入了数字济贫院。我们都被它缠住了。但我们中的许多职业中产阶级只是草草反抗了几下,因为在上层,这张网上的漏洞更大,激活的线束也更少。我们可能不得不暂停片刻,以摆脱它黏腻的掌控,但它的影响不会持久。

当我的家人因医疗保健欺诈案而受到警告时,我们只需在这一次努力摆脱线束的控制。我们没有陷入刑事司法制度、医疗补助和儿童保护服务等线束中。我们没有被父母的历史或邻居的行为模式所困扰。我们挑战了数字济贫院的一根线丝,并最终取得胜利。如果我们能幸免于上述遭遇,正在阅读本书的许多人也可以。那么,为什么美国职业中产阶级们需要在意一张主要用来将穷人定罪的无形网络呢?

## 为了我们自己

从最浅薄的层面而言,职业中产阶级应该关注数字济贫院,因为这样做符合我们自身的利益。我们很可能最终会陷入这个网中黏性更高、密度更高的部分。随着工人阶层的空心化,经济阶梯的最上层和最底层变得更加拥挤,职业中产阶级陷入贫困的可能性越来越大。即使我们没有跨过官方设定的贫困线,我们也有可能在某个时刻使用某个家庭调查项目来获得资助。

这些项目将被我们蔑视的最初目标对象所塑造:长期贫困者。我们将忍受那些旨在阻碍我们获取公共资源的侵入性复杂程序。大量关于我们的数据将被采集、挖掘、分析和共享。我们的价值、行为和关系网络将受到调查,我们的过失将被入罪。一旦我们陷入数字济贫院更加黏稠、更加难以摆脱的领域,它的网将使我们很难从厄运或糟糕的选择中缓解过来。

或者，这个系统可能已经出现在我们面前。只是网顶部的线束间隔很宽，暂时关闭。正如多萝西·艾伦提醒我的那样，20年前在穷人身上进行测试的那些技术工具最终将用于每个人。一场全国性的灾难或一场政治政权更迭可能会证明，应当在各个阶层内全面开展数字济贫院的监控活动。因为数字济贫院能够被其他机构连通，职业中产阶级所有生活领域可能会突然被"开启"以接受审查。因为数字济贫院持续存在，一个在今天完全合法但在未来却可能属于犯罪的行为会被用来回溯性追究责任。

## 自动化不平等伤害了我们所有人

如果不考虑狭隘的私利，我们都应该关注数字济贫院，因为它加剧了歧视并且创造了一个不公正的世界。理解数字济贫院如何自动产生不平等的关键是宾夕法尼亚大学传播学者奥斯卡·甘迪（Oscar Gandy）提出的"理性歧视"概念。[①] 理性歧视不需要阶级或种族仇恨，甚至不需要无意识的偏见。它只需要忽略那些已经存在的偏见。当自动决策工具的设置不是为了明确消除结构性不平等时，它们的增长速度和扩散规模只会加剧这种不平等。

例如，从1935年到1968年，联邦住房贷款银行董事会和房东贷款公司采集数据，将非裔美国人社区定性为高风险投资。之后，公共和私人贷款机构都拒绝在这些地区发放贷款。这条房地产红线的划定是基于公然的种族敌意和贪婪所致。正如道格拉斯·梅西（Douglas S. Massey）和南希·丹顿（Nancy A. Denton）在其1993年的经典之作《美国种族隔离：种族隔离和下层阶级的形成》（American Apartheid: Segregation and the Making of the Underclass）中所解释的那样，种族敌意通过所谓"跑马圈地"等做法蔓延开来，房地产经纪人会选择工

---

[①] Gandy, 2009.

人阶层的白人社区进行种族更替，收购一些房屋，然后悄悄地卖给黑人家庭。然后，他们会挨家挨户地煽动种族主义者对"入侵"的恐惧，继而提出以降价购买白人住房。房地产红线对我们的城市布局有着深远的影响，邮政编码仍旧能非常有效地传递出种族分布状况。

但随着公开的歧视性做法在政治上变得不可接受，表面上种族中立的做法取而代之。今天，基于数据的"反向"红线已经取代了以前的住房歧视。据伦敦政治经济学院西塔·佩纳·甘加达兰（Seeta Pena Gangadharan）说，金融机构使用从数据经纪那里购买的元数据，将房地产市场分割成越来越精细的微观人口群体，如"农村和几乎不需要的人"和"急需的人"。虽然驱动这种目标营销的算法并没有明确地基于种族和阶层因素做决定——1968年的《公平住房法》（Fair Housing Act）认定其违法，但所谓"苦苦挣扎着的少数民族二等市民"（Ethnic Second-City Strugglers）的标签显然仍旧具有种族和阶层色彩。[①] 弱势群体则成为次级贷款、发薪日贷款或其他剥削性金融产品的目标客户。

反向红线是一种理性化歧视。相比种族主义者或阶级主义者做出的敌意性决定而言，它并不具有歧视性。事实上，它常常被认为具有"包容性"：它向濒临破产的街区提供金融产品。但是，它表面上的中立性分类却会带来歧视性恶果，将整个街区的财富洗劫一空，并带来一系列灾难性后果。

数字济贫院以高科技工具的理性歧视代替了一线社工有时也会出现的偏向性决定。管理者与数据科学家们将公众的视线集中于社工、财产管理人、服务提供者以及接待中心工作人员可能导致的决策偏见。他们暗指其下属（通常是工人阶层）是造成组织内部种族主义与阶级主义的罪魁祸首。随后，管理者与技术专家们聘请经济学家与工程师来建构更"客观"的制度体系以根除位于其经济水平之下的群体

---

[①] Gangadharan, 2012.

遭遇的所谓"人为缺陷"。精英阶层中的阶级主义与种族主义在技术神秘化和基于数据的招数洗刷后，变得客观中立。

2016年11月，我大部分时间在匹兹堡，希望暗访优步著名的无人驾驶汽车。但我没能成功，因为这些车主要出现在市中心和快速贵族化的斯特普区。我花了很多时间在迪凯纳、威金斯堡、希尔区和宅地，但我没发现一辆无人驾驶汽车。

自动驾驶汽车使用大量由优步真人司机和一个两人组成的车载工程师团队收集的地理空间数据来破解如何在城市中自由穿梭，如何应对其他车辆、自行车与行人。在被《卫报》的茱莉亚·凯莉·王问到自己在优步未来发展中的作用时，已经为该公司工作了三个月的罗伯·贾琦说道："我们反复使用的只是临时被租用的车辆，在新技术研发之前暂时占位。"①

我曾询问担任阿勒格尼县区域办公室收案主管的布鲁斯·诺埃尔他是否关注过他所管理的接待人员可能在训练一种最终会将他们取而代之的算法。"不会，"他坚持道，"永远不会有任何取代此类人员以及此种联系的事物。"然而，非常确切地说，人类已经被从公共事业的驾驶座位上替换下来。曾经，在经济困难时期，美国的精英阶层们将穷人们扔下公交车。如今，他们将缓解贫困的钥匙交给了机器人驾驶员。

## 数字济贫院损害了我们国家的价值观

我们都应该关注数字济贫院，因为它与我们最坚持的集体价值观——自由、平等与包容——相悖。

美国人民从建国伊始便宣称要珍视自由。这是《独立宣言》中所称的不可剥夺的权利。第五修正案和第十四修正案规定了"非经正当

---

① Wong, 2016.

法律程序，任何人……都不应被剥夺生命、自由或财产。"小学生们宣誓效忠的是一个承诺"人人享有自由与正义"的共和国。

然而，当我们不再谈论这些宏观性的条款，试图决定在一个多元化国家中确保最多数人享有自由的最佳方式时，冲突就发生了。关于如何解读自由，往往围绕两个迥异的观点展开。一方面，自由是免于政府干涉，做自己想做的事的权利。例如，一些团体希望减少政府对企业的监管，以降低竞争壁垒，他们要求的是免受政府干预。另一方面，自由是自决权，即能够自主行动并实现某种效果。例如，那些希望以低于市场利率提供联邦学生贷款的团体认为，所有学生都有接受高等教育的自由，而不必一辈子被负债所累。

这两种自由却都遭到了数字济贫院的限制。

数字济贫院促进了政府的干预、审查和监视，损毁了"免受干预"的本质。高科技工具的兴起增加了对贫困和工人阶层行为模式和日常选择的数据的收集、存储和共享。这种监视过多地被用于识别那些可制裁的不法行为，从而导致穷人的福利被转移，他们也被归罪。任何人都不会认为本书描述的制度有助于促进自由，减少政府干预。

数字济贫院还削弱了贫困和工人阶层行使自决权和进行自治的能力，侵犯了他们行使这些权利的自由。数字济贫院的复杂性使目标对象感到无能为力，不知所措。很多时候，这些工具只会碾压一个人的决心，直到他们放弃本应享有的一切：资源、自主权、尊重和尊严。

美国人民早就达成广泛共识：平等是一项重要的国家价值观。尽管《独立宣言》由奴隶主签署，但其中有一句名言：人人生而平等；他们被造物主赋予了某些不可剥夺的权利。同自由一样，也有许多不同的方式来诠释平等。

一方面，许多人把平等理解为平等对待。主张强制量刑的人认为，无论行为人的性格如何，也无论犯罪的环境如何，类似的罪行都应该有类似的惩罚。另一方面，许多人认为，只有当不同人和不同群体能够从公共产品和政治成员身份获得同等价值时，才能实现平等。为了滋养这种平等，必须消除机会的结构性障碍。

然而，这两种平等都被数字济贫院削弱了。

数字济贫院再现了文化偏见，削弱了正当程序，损害了作为平等对待的平等。高科技工具具有一种与生俱来的权威性和客观性，这使得我们常认为，相较于人类做出的决定，高科技工具的决定带有的歧视意味更少。但是通过编程抉择、数据挑选以及性能指标同样也会产生偏向性。简而言之，数字济贫院并不会同等情况同等对待。

数字济贫院也削弱了贫困和工人阶层从公共资源和政治群体成员身份中获得同等价值的能力。它重新界定了社会工作，将其重新定义为信息处理过程，继而用计算机代替社会工作者。而那些尚未被替代的人则成为了算法的延展。

但是社会工作不是信息处理。正如最高法院大法官小威廉·J.布伦南在回顾自己在戈德伯格诉凯利案判决中的著名意见，公共福利项目的平等需要"一种热情，一种能够洞悉表面文章背后生活涌动的热情"。[①] 社会工作者最好通过帮助家庭应对复杂的官僚主义操作来推动平等，偶尔需要以更高层次的正义为名，偏离规则。

数字济贫院限制了作为平等价值的平等，因为它过于迅速地冻结目标对象，认为他们身上汇总了种种最困难的选择。平等需要发展的能力，进化的能力。但正如凯西·奥尼尔所写的那样，"数学模型本质上是基于过往，基于过往模式会不断重复这一假设"。[②] 政治投票者及其模型未能预料到唐纳德·特朗普会取得 2016 年美国总统大选的胜利，因为这一次，选民们的选择并不符合基于过往选民行为的统计分析预测。人事无常，各种运动此起彼伏，社会更替在所难免。正义要求具备演化的能力，但数字济贫院将我们紧紧桎梏在过往的行为模式中。

---

① Brennan, 1988: 22.
② O'Neil, 2016: 38.

最后，美国人民普遍认同政治和社会包容性是第三种国家价值观念。包容性需要参与到民主机构和决策过程中，也即林肯总统在葛底斯堡所称的"民有、民治、民享"政府。包容性还需要社会和文化的吸纳，一种对国家的归属感，相互的责任感，休戚与共，彼此担当。这一理想一直存在于美国实际上的座右铭中——"合众为一"，在我们的护照和货币上都能见到。

与自由和平等一样，包容性的定义方式也有多种。其中最常见的是作为同化的包容，即个人和群体必须遵循现有的结构、价值观和生活方式才能融入社会。那些认为美国政府的文件只能以英文版本提供的群体正在推动以同化的方式促进包容。另一种理解包容性的方式是将其理解为一个人得以在社会上按照自己的意愿蓬勃发展。它要求我们调整社会与政治结构，以支持和尊重每个孩童和成人的平等价值。

然而，这两种包容性都遭到了数字济贫院的削弱。

数字济贫院削弱了作为同化的包容性。在最恶劣的例子中，比如印第安纳州的公共福利项目申请否决激增，它径直将市民排除在政府项目之外。更隐晦的情况是，数字济贫院通过政策上细化目标对象而加剧社会和政治分裂。数据挖掘形成了统计学意义上的不同社会分组，在此基础上，决策者能够分门别类地对所有群体进行干预。这种量体裁衣、因人而异的治理可能会加剧社会分裂而不能促进包容。"定制化"政府可能会很好地服务于某些个体，但随着对特殊待遇的认知愈加广泛，它将增加不同群体之间的敌意。

数字济贫院也限制了其目标对象按其意愿方式取得发展的能力。当贫困和工人阶层在数据审查下，一次次验证着自己的社会价值相对较低的教训。斯蒂普斯一家与雪莉·伯登逐渐意识到，他们的生命相比周围更富裕的邻居而言，重要性小了许多。林赛·基德威尔和帕特里克·格里兹认识到，没有人能在政府对抗中取得胜利。加里·伯特莱特和安吉尔·谢泼德意识到，监控无所不在，期待着看到遵守和屈服的表现。在究竟如何成为一个公正民主的政治制度一员？这些都是可怕的教训。

数字济贫院拒绝访问共享资源。它会提出一些具有侵入性和创伤性的问题。它让人很难理解政府官僚机构如何运作，谁可以获取你的信息，他们会如何使用这些信息。它告诉我们，只有完美，我们才能属于政治共同体：永远不要忘记勾选一个"是"字选项，永远不要忘记预约，永远不要犯错。它提供的援助少得可怜：县心理医生15分钟的疏导，几美元现金，接收租赁帮助时的一个镜头。它挥舞着一根巨大的棍子：与子女分离、失去医疗保险甚至遭到监禁。数字济贫院是一套治理"陷阱"制度，是一个无形的恶霸，总是给人快速且致命的打击。

## 数字济贫院左右政治

数字济贫院创建于20世纪70年代，以平息福利权利运动的政治胜利与职业中产阶级反对公共福利项目之间的冲突。为了完成这一目标，必须将其使用的新高科技工具仅仅视为行政手段升级，而非随之而来的政治决定。

数字济贫院诞生之时，全国上下提出了很多难题：在存在不平等的情况下，我们对彼此有着怎样的责任？照顾别人于我们有何等回报？我们又将如何面对自动化和计算机带来的经济变化？数字济贫院将这些巨大的政治困境重塑为效率和系统工程等一系列更加寻常的问题：即我们如何才能在资源和需求之间实现最优匹配？我们如何消除欺诈，使不合格的人出局？我们如何用最少的钱做最多的事情？数字济贫院使我们放弃了更宏大、更关键的问题探讨。

今天，恶果纷纷来袭。2012年，美国经济的不平等达到了自1928年以来的最高峰，出现了一类新的阶层——赤贫阶级，他们每天的生活费不足2美元。社会顶层庞大的财富积累使评论者毫不夸张地将当下这个时刻称为第二个镀金时代。

然而,本书中描述的三种制度都有一个未被声明的目标,即缩小政府规模,寻找解决国家问题的非政治性解决方案。AFST 设计者拉赫玛于 2016 年为新西兰《自治领邮报》撰写的一篇观点文章中写道,"2040 年时,人们将不得不承认,大数据将会使公共部门全面萎缩。一旦我们的数据完成了相应的工作任务,就不再需要由大批公务员以老式的方式完成了。信息和观点都将会是立竿见影、实时定制且易于历时性比较。而且在理想情况下,所有人都会认为它完美地实现了去政治化。"[1] 自动化福利项目资格、协调入住和 AFST 都讲述了一个类似的故事:当我们完善了算法后,自由的市场和大量的信息将保证数量最多的民众享有最佳结果。我们根本不再需要政府。

这种观点认为最好的政府实施最少的治理,然而与之相悖的一个事实是在历史上,只有在大规模抗议活动迫使联邦政府投入大量资金的情况下,我们才可能迎击持久性贫困。《社会保障法》《退伍军人法案》和《向贫困宣战》的很多项目都存在致命的缺陷:他们将有色人种排除在项目之外,限制了自己所能发挥的平等作用。但是它们提供了广泛的风险解决方案,并承认繁荣应当得到广泛的分享。

社会安全网存在的前提是分担社会不确定性成本的共识。福利国家更平等地在社会成员间分配由于噩运导致一些后果。他们承认,我们作为一个社会,对于创建一个既有赢者也有输家的制度对彼此负有集体责任。然而,数字济贫院的道德算计将这些风险予以个体化,试图推诿本应承担的社会承诺。

这些高科技工具将继续出现,但我们应当知道,用高科技进行社会分类大多出现在严重不平等和极权主义统治的国家中。正如埃德温·布莱克(Edwin Black)在《IBM 和大屠杀》(*IBM and the*

---

[1] Vaithianathan, 2016.

*Holocaust*）中所写，数以千计的何勒内斯打孔卡系统——一种早期计算机软件——使纳粹政权能够更有效地识别、跟踪和寻找犹太人和其他目标人群。一个骇人听闻的事实是，纹在奥斯威辛集中营囚犯手臂上的序列号码正是以打孔卡号码为首数字。

从南非于1951年人口普查中挖掘的数据，被用以建立一个集中性的人口登记册，将所有人划入四个种族类别中的一种，以此来监控2,500万南非黑人的迁徙流动、工作机会、医疗保险和住房情况。2015年，电子前线基金会的辛迪·科恩（Cindy Cohn）代表南非黑人为起诉IBM帮助和教唆种族隔离而提交的法庭之友意见书中写道："南非全国身份识别制度的技术后盾……使种族隔离政权更有效地使'剥夺'该国黑人的'国民身份'：南非黑人被识别圈定，被强制种族隔离，并最终被白人领导的政府压迫。"①

对边缘群体进行分类，将其作为目标对象来给予"特别关注"，可能会提供有益的个性化帮助。但它也同时会导致迫害。数字济贫院的高科技工具将何去何从，很大程度上取决于你信任——或者不信任——美国政府会保护我们所有人免受此类恐惧。

我们决不能忽视或低估这段可耻的历史。如果对受歧视的外围人群应用一种十分高效的技术，却缺乏强有力的人权保护，那么极有可能演变为一种暴行。目前，数字济贫院将行政权力集中在一小批精英手中。其集中整合数据系统和数字监控设施达到了前所未有的控制程度。这种分类穷人的自动化工具如果任其发展，将造成严重的不平等，除非我们下定决心开辟另一条道路。但是我们表现得仿佛正义自己会到来一样。

如果还有其他方案，我们必须目的明确地将其建构出来，一块砖瓦一块砖瓦，一个字节一个字节。

---

① Cohn, 2015.

# 结 论

## 拆除数字济贫院

1968年3月31日,马丁·路德·金博士在华盛顿特区的国家大教堂进行了最后一次周日布道,"在大变革中保持清醒"。马丁·路德·金指出,世界正在经历三重革命:一重由自动化和"计算机控制化"引发的技术革命,一重由核武器引发的战争革命,以及由全球范围内反殖民主义、争取自由斗争引发的人权革命。尽管技术创新仿佛令世界"地域一体",但我们对彼此的道德承诺却没有跟上这个进程。"我们已成功凭借科学技术实现了天涯比邻,可还做出足以令人们亲如兄弟的道德承诺。"他说:"然而,在某种程度上,我们却必须如此……我们被同一件命运之衣系在一起,束缚在一张无法逃避的相互依存之网中。"

21世纪的今天,我们已经实现了路德·金预言的"地域一体"。但我们仍没有达到他所设想的道德进步。他呼吁立即根除种族不平等这一全国性恶疾。他号召我们"消除美国以及全世界的贫穷"。他警示那些正沾沾自喜的人们,社会运动将很快向他们敲响革命的警钟。

"我们来到华盛顿是为了发起一场'穷人运动',"他说道,"我们曾读过,'我们认为这些真理不言自明,人人生而平等,造物者赋予他们若干不可剥夺的权利,其中包括生命权、自由权和追求幸福的权利。'……现在,我们要求美国忠于自己多年前签署的宏伟承诺"。

金于四天后在田纳西州的孟菲斯市被暗杀,他当时正在此准备支持罢工的非裔美国清洁工人。

金死后,穷人运动继续推进,但却没有获得他所预期的结果。该运动有一百万美元的预算,有跨种族的穷人群体形成的广泛联盟,以及科丽塔·斯科特·金、哈里·贝拉方特等名人的支持。来自全国各地的九个篷车——包括纽约、洛杉矶、西雅图、塞尔玛,以及最著名的是一个自密西西比州马克斯的骡车队——到达华盛顿,没有发生一起重大事故。他们有一个明确(如果说不是宏大)的议程:鼓动全美最穷困的人们参与在国会大厦的非暴力运动,直至确保能够获得联邦层面的承诺——通过经济和社会性权利法案。

但是穷人运动也面临着极大的挑战。马丁·路德·金被暗杀使得南方基督教领袖协会(Southern Christian Leadership Conference,SCLC)陷入内乱,对于消除贫穷的承诺产生分歧意见。金死后引起的全国性城市暴动令职业中产阶级白人群体愈加感到被围困,对于民权运动的反弹情绪也有所增强。

埃德加·胡佛(J.Edgar Hoover)领导下的联邦调查局对这场运动尤为关注,对在国家广场上建造的"复活城"中生活的 3,000 名穷人采取了平叛行动。根据杰拉尔德·麦克奈特(Gerald McKnight)在 1998 年出版的《最后的十字军东征》(*The Last Crusade*),该营地不仅受到联邦调查局的监视,而且还受到美国陆军情报、边境巡逻、国家公园警察和大都会警察局的监视。司法部情报处的付费线人和"反谍计划"的特工渗透进营地,煽动暴力和异议。这座城中城的电话遭到监听,无线电传输广播遭到拦截,以识别所谓的"罪犯和恐怖分子"。

SCLC 领导人可能存在的性别和阶级偏见也破坏了穷人活动。该组织总是不重视福利权利领导人(主要是贫穷的黑人妇女)在建立全国性组织网络中发挥的重要作用,而这正是穷人运动得以展开的

结论：拆除数字济贫院

一个重要前提。一个著名的事件是，这导致约翰尼·蒂蒙（Johnnie Tillmon）谴责金博士在对福利问题不甚了解的情况下，即要求全国福利权利组织（National Welfare Rights Organization）的支持。

正如记者玛丽·林恩（Mary Lynn）和尼克·科茨（Nick Kotz）在其1977年的著作《力争平等》(*A Passion for Equality*)中所记载的，金在1968年的芝加哥计划会议上似乎因福利权利领导人的尖锐问题而不知所措，约翰尼·蒂蒙轻轻地说："金博士，如果你不知道这些问题，你应该说你不知道。"金承认道："你是对的，蒂蒙女士。我们对福利一无所知。我们来这里是为了学习。"①

这种谦卑的态度在金被暗杀后没有延续下来。当SCLC的领导人到达华盛顿时，他们住在附近的一家汽车旅馆中，而不是与"复活城"中的抗议者一起。那里没有准备烹饪设施。当SCLC的员工吃热腾腾的饭菜时，前线的抗议者们却不得不忍受长达数周的甜甜圈、麦片、香肠和奶酪三明治。卫生和安全设施不足，他们曾经称为希望之城的地方最终在数周的风雨和泥泞、无法满足的物质需求和人际暴力的重压下坍塌。据麦克奈特说，联邦政府在占领6周后将"复活城"夷为平地时，SCLC的领导层感到终于松了一口气。

穷人运动是美国未竟的伟大旅程之一。它的目标于今日而言，同样迫切。但数字济贫院呈现出了金没有预见到的新挑战。我们正处在一个重要的十字路口。在全国范围内，金描述的工业技术革命正随时可能破坏他呐喊呼吁、组织筹备和为之战斗的道德革命的愿景。

现今的通讯能力无与伦比，我们的平等和多元化却在猛烈退化。我们没有达到人人享有"现有工作和收入"的基本标准，而是面临着历史上前所未有的经济不平等。我们未能实现金在1968年提出的消除种族歧视和消除贫困的目标，而是生产了一代令人震惊的尖端技

---

① Kotz, 1977: 249.

术,将原有的歧视予以自动化,加剧了不平等。

但这一结果并非不可避免。我们可以消除数字济贫院。

推翻我们建立的锁定穷人、管制穷人、惩罚穷人的制度,不仅仅需要高科技。它更需要的是文化、政治和个人道德的深远变化。

消除数字济贫院最重要的一步是改变我们对贫困的看法、言论和感受。解决大数据滥用问题的最佳方法是讲述更好的故事,尽管这听上去可能奇怪。对于穷困和工人阶级人群的狭隘框定已经从根本上限制了我们的视野。记者莫妮卡·波茨(Monica Potts)认为我们只能接受那些讲述苦难与不幸的陈词滥调,或是关于糟糕选择及其后果的道德剧码。仿佛讲述经济窘迫的故事时,只能得出两种结论,即她所写的:"'你应该同情穷人'或者'你不应该同情穷人'。"①

更深层次限制我们视野的是将穷人与其他人相区分的叙述方式。一旦我们认识到贫穷是大多数美国人都会经历的事物,再继续坚称存在一种"贫穷文化"就不免奇怪了。这并不是说那些出生在贫苦家庭的人们在摆脱贫困时没有面临任何特殊挑战。他们当然有。在美国,衡量成年人是否贫困的最佳指征便是你是否生来贫困,因为贫穷会影响你受教育的质量,你居住社区的资源,你遭受暴力和创伤的风险,以及你的健康状况。这也不是说所有穷人都处于相同的贫困情形。种族不平等和歧视、性别偏见、慢性健康问题、精神疾病、身体残疾以及非法移民和有犯罪记录者额外面临的其他阻碍,将导致贫穷的可能性更高,摆脱贫穷的困难更为巨大。

但贫穷不是一座孤岛,而是一方边境。经济水平的变动时有发生,尤其是穷人与工人阶层之间的经济边界并不明晰。由于一些政策尽可能从工人阶层的钱包中榨取每一分钱,同时又在削减穷人的社会福利、免除上层中产阶级和富人的社会义务,处于阶层交界、贫困线上下的群体之间往往互生龃龉。他们可能常常自责,也可能势不两

---

① Potts, 2014.

立，但他们也有很多共同之处。如果要消除数字济贫院，我们面临的第一个挑战是在贫困和工人阶层之间建立同理心，使之相互理解，以便形成有利的政治联盟。

好消息是，这项任务已经在顺利进行。20年来，由贫困者领导的、具有广泛基础的包容性消除贫困运动在美国蒸蒸日上。例如，贫困者经济人权运动（The Poor People's Economic Human Rights Campaign, PPEHRC）就诞生于1998年6月组织的一次新自由巴士之旅，目的是呈现福利改革的毁灭性影响。几个月后，参与巴士之旅的几个组织在福利维权人士谢里·洪卡拉（Cheri Honkala）的领导下成立了PPEHRC。对于PPEHRC来说，重新定义"贫困"并扩大那些视己为贫困者的联盟，是其"建立跨种族界限、团结贫困者运动"目标的核心。

如果你连1948年《世界人权宣言》承诺的任何一项经济权利都没有，如医疗、住房、有最低生活工资的工作和高质量的教育，PPEHRC即会把你算作贫困者。这种对贫困的重新定义具有战略性的考量，旨在帮助贫困者和工人阶层在彼此的经历中产生共情。运动的内容非常广泛，从建造帐篷城、重新占领已经被废弃的"人权屋"，到直接游行及记录侵犯经济人权的行为。但讲述故事却是他们工作的核心。

例如，2013年，PPEHRC在费城召开了贫困妇女国际法庭听审活动。世界妇女法庭的公开听审促使人们关注针对妇女的暴力行为，包括侵犯我们基本人权的行为。连续几天里，他们为普通人提供了一个能够出庭作证的平台，有一组陪审员听取、思考并收集证据，以要求政府与企业承担违反人权的责任。

这三天中，约有100名来自东部各州的与会者分享了他们的故事。"这是个神圣的地方，在这里我们听到那些或许被视而不见，或许被迫消失，或许被迫认为自己毫无价值的群体的声音。"洪卡拉在第一天说道："聆听这些被告知应保持缄默或消失的群体的发声非常重要，不仅具有战略意义，而且至关重要。这不是什么锦上添花或道德正确，它势在必行，它将带来变革，甚至改变整个世界。"

这种亲身经历的、来自真实生活的同理心能使"我们/他们"变为同一个"我们"，而不必特别模糊个体生活的真正差别。在我们认识到彼此都在遭受共同苦难时，所喷薄而出的正义怒火将会是一股惊天动地的力量，一场引起变革的先声。

PPEHRC最近加入到了新穷人运动的工作中，它联合了众多宗教人士、民权活动人士、呼吁经济正义人士和组织者，致力于引起公众关注贫困和种族主义给人类带来的巨大苦难和压迫。与PPEHRC类似，真相委员会（Truth Commissions）进行的故事讲述也是其战略核心。

然而，正义需要的不仅是讲述真相。它还需要动员基层力量来改变既有现状。正如50年前的穷人运动一样，如今的穷人运动也努力建立一个真正由穷人自己主导的、超越种族与阶级的运动。那些真正由穷人和工人阶层领导的组织在吸引资源方面面临着一些特殊困难，因为基金会很难相信穷人能管理好资金。在包含了职业中产阶级活动家的进步联盟中，他们也常常受到排挤，因为他们的语言和行为并不总能适应进步运动文化的主流规范。他们的行动和政策建议很少被主流媒体所报道。那些代表穷人的职业中产阶级领导下的组织能够更为成功地吸引资金、进步盟友和公众关注。但他们往往又不认同穷人和工人阶层的激进观念，也没有后者的无尽能量。

1968年2月，金和SCLC的其他成员草拟了一封致约翰逊总统和国会的信，明确要求通过经济和社会权利议案。他们写道："我们不是来这里寻求赈济，我们要求的是正义……我们这些黑人代表自己的民众发声。我们主张的权利不仅适用于我们自己的族人。这是所有人的权利，是这个国家已经宣称但并没有将之付诸实践的权利"。他们随即列出了保障所有美国人民追求生命权、自由权和追求幸福所必需的六项基本权利。其中包括：

## 结论：拆除数字济贫院

1. 所有受雇公民享有体面工作的权利。
2. 所有公民享有最低收入的权利。
3. 拥有体面住房的权利和自由选择居住街区的权利。
4. 得受适当教育的权利。
5. 参与决策过程的权利。
6. 享有现代科学应用于医疗所产生之全部权益的权利。

为争取足够资金来资助该宏图议程，SCLC 要求约翰逊政府立即从越南撤军，制定一项国内马歇尔计划，将国民生产总值的 3% 用于建设民众负担得起的住房，并通过一项和平时期的退伍军人法案以支持数百万贫困青年接受高等教育或职业教育。

"有了这些权利，"他们总结道，"美国在《独立宣言》两百周年之际，即可朝向复兴美国梦迈出巨大的一步。"金在给支持者的一封致函中提醒到，穷人运动是美国唤醒其"建设性民主变革意识的最后机会"。[1]

然而，1976 年出现了数字济贫院，同时，一场限制贫困家庭权利的运动也席卷全国。随着限制性更强的规则出台、更快的处理速度、更少的人工裁量权和更完备的监控系统等诸多因素的共同作用，我们本已岌岌可危的社会安全网被彻底摧毁。国会以越南战争的高昂开支为说辞，来论证废除反贫困战争计划的合理性。穷人运动主张的和平时期退伍军人法案，公共服务工作和最低保障收入从未被实现。

如今，这些目标仍旧遥不可及，甚至希望渺茫。但是，如果我们真心希望拆除数字济贫院——并且消灭贫困——可能比从这份已有 50 年历史的需求清单入手更为艰难。在工薪阶层——甚至一些职

---

[1] King, 1968a: 1.

业中产阶级——开始掉到贫困线下并进入数字济贫院最密集的网络时，便会发生不断求助公共项目资助的状况。当然，创造足够高薪的工作将结束许多公共项目被不断使用的情况，但是，正如凯瑟琳·J.艾丁（Kathryn J.Edin）和H.卢克·谢弗（H.Luke Shaefer）在《两美元过一天：一文不名地在美国生活》（*$2.00 a Day: Living on Almost Nothing in America*）中指出，工作并不能解决每个人的问题。"我们需要一个可以提供临时现金来进行缓冲的项目，"他们写道，"因为无论我们实施什么战略，工作……有时并不管用。"①

面对自动化可能加剧未来失业的担忧，一种现金援助计划，即全民基本收入（UBI）正在复苏。目前芬兰和加拿大安大略省正在进行UBI实验。2017年5月，夏威夷通过了一项法案，宣布"所有家庭……都应当享有基本的经济保障"并开始探索实施UBI。脸书首席执行官马克·扎克伯格和特斯拉汽车的创始人埃隆·马斯克等高科技企业家都认为，UBI将为每个人提供大胆创新和尝试新想法的基本保障与现金缓冲。

UBI计划通常每年提供8,000到12,000美元。原则上，UBI可能实现真正普遍化——向每位市民提供，但在政治实践中，确定开展的各种"充分收入"项目往往只面向那些失业或收入低于最低收入线的人群。他们提供无条件的现金：那些获取UBI的人可以工作，可以按照其意愿将分到的钱花掉或存储起来。跨政治意识形态的支持者认为，基本收入能够缓冲经济萧条带来的冲击，对抗福利机构官僚主义做法，使民众能够抵御经济下滑带来的影响，使低工资工人得以补给他们的收入。它们也能保障基本的人类尊严：不必进行药物测试，不必接受父母监督或财务审查。无条件现金发放的假设前提是穷人和工人阶层已经知道如何花他们的钱并照顾他们的家庭。

但是，福利权利运动在其"充分收入"计划遭遇尼克松政府的家

---

① Edin and Shaefer, 2015: 168.

庭援助计划时，他们已经认识到UBI并不是一个万灵药。某种程度上，它可以被视为一种贿赂行为，旨在鼓励穷人和工人阶级接受自身在政治上、社会上和工作上被排斥在外。此类计划里的收入通常很低，即使从事一些低工资的工作，这些家庭也很难为下一代提供稳定的经济支持。它可能会降低其他人的工资，甚至可能鼓励公司制定一些更加不稳定、更具剥削性的雇佣制度。它可能导致大规模的替代社会福利国家或使社会福利国家私有化，使人们更难获得补贴住房、医疗保健、营养补助、儿童保育或职业培训。

尽管如此，UBI可能是拆除数字济贫院的第一个重要步骤。肆意寻找"欺诈"行为，从"不配享有服务"的群体处转移福利，形成一系列可被制裁的罪行，总是在一种恐怖的氛围下进行分类筛选，数字济贫院的惩罚性机制已显露无遗：它是一种过于精密复杂，造成时间、资源和人力浪费的技术基础设施。

减少公共援助的惩罚性，增加它的覆盖范围也将缓解我提及的无家可归服务和儿童保护服务中的许多问题。根据《洛杉矶时报》的盖尔·霍兰（Gale Holland），由于福利不足且难以维持，每月有大概13,000人在洛杉矶县无家可归。[①] 每年约有260万虐待儿童案件，因忽视而非虐待行为导致。而有保障的经济缓冲可能会消除其中相当一部分案件。

包括马丁·路德·金在内的许多UBI倡导者都认为，有保障的收入并不能替代强健积极的社会福利国家。非惩罚性的现金援助系统可能有助于拆除数字济贫院，但它不会消除贫困。

改变对贫困的文化理解和政治回应将是一件非常艰难持久的工作。技术发展不太可能会放慢脚步去等待我们出现新的故事，形成新的观点。与此同时，我们需要制定基本的技术设计原则以最大程度地

---

① Holland, 2015.

减少危害。

在各类讲座、会议和聚会上，经常有工程师或数据科学家来找我讨论其程序设计的经济和社会意义。我告诉他们需要回答两个问题，来进行一个快速的"本质检测"：

1. 该技术工具是否增加了贫困人群的自决权？是否增加了贫困人群的服务机构？

2. 如果该工具的目标对象是非贫困人群，他们是否可以容忍？

我在本书中描述的各类技术操作，没有一个符合如此基本的标准。我们必须要求更多。

因为我们希望对贫困创建一种新的国家叙事，建立一种新的贫困政治，我们必须从拆除数字济贫院开始。它需要我们充分发挥想象力，提出全然不同以往的问题：如果一个基于数据的系统旨在鼓励穷人和工人阶级按照自己的方式使用资源满足需求，那么它将如何运作？那些认可穷困民众、家庭和社区价值和创造力的决策系统又会是什么样？这也将需要我们提高技能：即保护人权又能加强人类能力的高科技工具相较不能实现此目标的工具更难构建。

可以将下列无害化原则作为新世纪数据科学家、系统工程师、黑客和行政官员希波克拉底誓言的基础。

### 大数据时代的无害誓言

本人敬谨宣誓，尽我所能，遵守此约：

我将尊重所有人的正直和智慧，承认他们有能力掌控自己的生活，我将乐于与他们分享本人知识能带来的所有好处；

我将利用自己的技能和资源为人类的潜能搭建桥梁，而非制造障碍。我将创建一些工具来帮助有需要资源之人消除获取资源

## 结论：拆除数字济贫院

的障碍；

我绝不会利用自己的专业知识加深种族主义、阶级主义、健全主义、性别歧视、恐同仇外、变性人歧视、宗教偏见等以往的偏见与歧视，以及其他形式的压迫。

我将以史为鉴。无视四百年来对穷人的压迫无异于串谋那些"无意为之"却不难预料到的结果之中。当平等和善意被认定原初状态时，即会出现此类结果。

我将根据民众需要而非数据价值来加强系统整合。我将把系统整合作为满足人类需求的机制，而不以此加强对人民无所不在的监视。

我不会仅因为数据本身去搜集数据，也不会因为我能留存数据之能力即将之留存。

当知情同意和便捷设计相冲突时，知情同意应始终优先。

我不会设计一个会损害穷人既有法定权利的数据系统。

我将铭记，自己研发设计的技术不服务于数据点或某些可能性或某模式，而是服务于人类。

事实证明，数字济贫院将会隔离穷人并且给他们打上耻辱的烙印，因而，它有违我们的共同愿望。但是，它也可能达到完全相反的效果。无处不在的高科技装置让我们看到自己的挣扎、希望和梦想如何交织在一起。它可能形成原本几乎没有可能的联盟，正如印第安纳州的自动化资格验证试点引起了众怒，依赖济贫金生活的底层人民、州政府的社工、非营利机构、地方政府无不愤怒。科技之网将我们聚拢，这种现象绝非偶然。正如金所说："人类的进步永远不会停留在一成不变的车轮上。"① 数字济贫院必然会遭到人们有组织的强烈反对。

过去十年最振奋人心的社会运动已经开始设法解决阶级歧视和

---

① King, 1968b.

贫困的问题，只是他们未能认识到数字济贫院在稳固经济暴力中的作用。

"占领华尔街"运动引起了人们对1%人群财富缩水的高度关注。但是，将其余的人群笼统地称为99%，模糊了职业中产阶级、工人阶级和穷人生活经历上的真正差别。此举为提高最低工资和债务减免奠定了基础，但尚未触及公共服务。虽然无家可归者经常成为"占领运动"的一部分，但他们很难成为领导者，他们的问题也无法被作为中心问题。

"黑人生命同样重要"运动的核心在于肯定所有黑人生命，这有助于消除阶级分歧，动员不同阶层的人共同反对警察的暴行，终结大规模监禁行为，建立起有凝聚力、彼此关爱的社区。这场运动的创始人艾丽西亚·加尔萨（Alicia Garza）、欧帕尔·托米提（Opal Tometi）和帕蒂斯·寇乐斯（Patrisse Cullors）明确提出，这场运动谴责所有政府暴力行为，而不仅仅是警察暴力。"黑人生命同样重要"运动——包括"黑人生命同样重要网络"（Black Lives Matter Network）在内的50个组织共同发起的运动——呼吁为所有黑人提供无条件、有保障的最低生活收入。

但是，"黑人生命同样重要"运动虽然产生了多种观点，但最引发公众注意的是采取措施制止刑事司法系统对黑人身体、思想和心灵实施的暴力行为。同样，也应该监督公共服务、无家可归者服务和儿童保护服务中的暴行和非人性操作，它必须在我们的社会工作中占据应有的位置。正如我的同事、"停止洛杉矶警察局监视联盟"（Stop LAPD Spying Coalition）中的玛丽拉·萨巴（Mariella Saba）经常提醒我的那样：小心警徽，这很重要。但是治安管理文化"穿"的制服形式有很多种。

国家从没有要求任何一个警察去杀人。

然而，数字济贫院会杀人。大多数受害者是妇女、儿童、精神病

## 结论：拆除数字济贫院

患者、残疾人和老年人。他们中的很多人是贫困和工人阶层的有色人群。其他人也有很多是白人穷人和工人阶层。解决数字济贫院问题可以帮助社会进步运动将注意力从"警方"（police）本身转移到"治安"（policing）过程。

治安的范畴比执法更广泛，它涵盖了维持秩序、管控民众生活以及关押某些人使其适应我们不公正的社会等。县济贫院是一种超越法律的机构，其设立目的在于监禁那些没有犯任何罪的人。科学慈善机构管理着两代穷人和工人阶层的生活，但徒留下诸多冷酷的结果。如今，数字济贫院通过其高科技工具推断和预测：管控那些甚至尚未发生的事件。

在我最为悲观的时刻，我担心我们在一个重要的历史时刻——数字济贫院使现实中的监狱机构变得不再重要——赢得了反对大规模监禁的斗争。大公司们已经预料到，建立没用围墙的数字监狱将会节省大量成本。例如，德勤华永会计事务所2012年发表的一份题为《公共部门，破旧立新》的报告，提出"用电子监控改革刑事司法"是政府服务领域进行"破旧立新的机会"。

用一组图形能够更好地阐释他们的观点。左侧是监狱牢房，中间是一个等号，右侧是五个半带着电子脚镣的小人。数字济贫院的暴力性不像治安中的残酷暴行那么直接。它的运作更难以被发现。但是我们必须抵制它的道德分类，我们必须抵制它对历史、背景和架构的抹除。

揭露数字济贫院的残酷需要巨大的勇气。贫困和工人阶层的人群必须挺身而出，分享自己的生活经历，求同存异，以此为基础建立一个不可动摇的联盟。由于多年以来种族一直是分裂我们的中心问题，因此首要任务在于扩大和培养穷人运动反对种族主义的能力。不过，正视很多进步组织中根深蒂固的阶级歧视也同样重要。一场真正的革命将从人民中来，它将满足人们对安全、居所、健康、饮食及家庭等基本物质需求。它将尊重穷人及工人阶级的知识、力量及领导力。

与此同时，职业中产阶级和富人必须承认存在一种巨大的经济不平等，承认他们对此应负的责任，并重新审视他们在建设一个更加正义的世界中所应发挥的作用。对于拥有专业知识、工具、时间及金钱等丰富资源的科技人员尤为如此。许多人可能是并不知情的数字济贫院建设者，他们也必须拿起工具，努力将之拆除。

马丁·路德·金博士在1968年3月31日的布道中，称那些"良知上反对消除贫困战争之人"将会接受道德审判。他声如洪钟，在国会大厦缓慢而庄严地说道：

> 这是美国正在面临的问题。一个大国究其根本，应是一个慈悲之国，但美国并未兑现其对贫民应尽的责任与义务。
>
> 终有一天，我们须面对上帝，就所作所为接受审判。诚然，可以说，我们架起巨桥横渡大洋，建起高楼触及天空，制造潜艇潜入深海，利用科技发明事物。
>
> 但我似乎听见上帝在说："不足矣。我依旧食不果腹，衣不蔽体。我没有一个干净像样的房子可住，可你们没有为我提供住所。因此，你不能进入我伟大的王国。我的兄弟们，你们对待最需要帮助之人如此，对我也将如此。"这就是当今美国面临的问题。

五十年后，金的提问显得愈加紧迫。他没有想到，自己曾称赞的技术奇迹可能会针对穷人。我们在道德上的发展仍然落后于技术革命的影响。更重要的是，由于这个国家未能解决金所言最关键的挑战——消除种族主义和终结贫困，数字革命已经发生扭曲，以适应我们这个仍然不平等的世界。

我们同样也将就所作所为接受上帝的审判。我们已经编写出能像人类一般交谈的机器人程序。我们已经制造出可以自动驾驶的汽车。我们甚至拥有允许我们记录警方滥用权力和动员民众抗议的应用程序。

然而，上帝依旧说："这还不够！"

# 致　谢

本书的核心内容来自于那些居住在印第安纳州、洛杉矶和阿勒格尼县数字济贫院里的人的故事。许多同意谈论自己经历的人都承担着巨大的风险。他们可能失去救命的医疗服务、食物、住房和孩子的监护权。重新回到那段记忆也常常痛苦万分。我对那些愿意分享自己故事之人的勇气感到敬佩。我希望自己没有辜负他们应得的尊重，准确地讲述出事情的本原。

很多人给我反馈和鼓励，有一些人尤为值得特别提及。尼克·马图里斯（Nick Matulis）仔细阅读了手稿中的每一个字，有时甚至读了好几遍，并给出了宝贵的编辑反馈意见。他积极地搜寻着书中的无趣段落，不停地促使我要紧紧吊起读者的胃口，不能失去惊心动魄的故事情节。阿莱蒂亚·琼斯（Alethia Jones）在地铁上看书，在周末挤出时间来看书，在深夜看书。她快速而激情澎湃的阅读让我达到了一个更高的标准。她的一丝不苟令我意识到，一本书可以开启一场对话，也可以召唤读者行动起来。帕特里夏·斯特拉赫（Patricia Strach）的反馈全面而深刻。我们的交流让这本书更加厚重，她坚定的支持帮助我克服了一路上的疑虑。我的话语经过娜迪亚·劳森（Nadya Lawson）的表述，听起来再好不过。谢谢你做我的阿门角。

阿德里安·尼科尔·勒布朗（Adrian Nicole LeBlanc）在危机时

刻挺身而出，坚持不懈地支持这项工作。

我在圣马丁的编辑伊丽莎白·戴斯加德（Elisabeth Dyssegaard）对这本书和我本人可谓押上了极高赌注。我感激她在我刚起笔时的信任，在我努力摆脱瓶颈期时的弹性支持，在我需要有人"催促"落笔完稿时的坚定。圣马丁出版公司的其他团队成员——劳拉·阿佩森（Laura Apperson）、艾伦·布拉德肖（Alan Bradshaw）、劳瑞·弗里伯（Laury Frieber）、莎拉·贝克（Sarah Becks）和丹妮尔·普利里普（Danielle prieliep）——不断地摸索、推敲、润饰，直到这本书达到了最佳效果。

我的经纪人萨姆·斯托洛夫（Sam Stoloff）承担了背后的所有事情，但却从没有抱怨，永远幽默。他是一个拥护者，一个坚定的盟友，一个敏锐的读者，更是一个可信赖的知己。

我的事实核查人（fact-checker）斯蒂芬妮·麦克菲特斯（Stephanie McFeeters）是一位作风严谨的英雄，她发现的错误比我愿意承认的还要多。

妮娜·鲍德温（Nina Baldwin）、卡罗尔·尤班克斯（Carole Eubanks）、朱莉·诺夫科夫（Julie Novkov）、梅丽莎·索恩（Melissa Thorne）和纽约沙赫蒂科克（Schaghticoke）的潜水员图书馆作家小组也在手稿的空白处注入了真知灼见，让我的内心充满勇敢。杰西·斯泰尔斯（Jesse Stiles）、奥利维亚·罗宾逊（Olivia Robinson）、劳伦·艾伦（Lauren Allen）和里奇·佩尔（Rich Pell）在匹兹堡为我建造了一个家。

在撰写初稿的过程中，我一直珍视与"我们的数据机构"（Our Data Bodies）团队的数次交谈：西塔·佩纳·冈加达兰（Seeta Peña Gangadharan）、塔米卡·刘易斯（Tamika Lewis）、塔瓦纳·佩蒂（Tawana Petty）和玛丽拉·萨巴（Mariella Saba）。他们的忠诚、幽默和洞察力不断地促使我深入思考，我想成为什么样的人，我想实现什么目标。

# 致 谢

如果没有来自新美国福特学术项目的资助，就不可能有本书的出版。我在印第安纳州、洛杉矶和阿勒格尼县写作调研期间，很大一部分资金都源于这笔资助。特别感谢安德烈斯·马丁内斯和彼得·卑尔根。此外，2015 届新美国学院的研究员和教职工都是我重要的良师益友，特别是莫妮卡·波茨、安德里亚·埃利奥特、福兹·霍根、贝奇·谢弗、克里斯汀·伯格、瑞秋·布莱克、阿莱塔·斯普拉格、贝奇·谢弗、伊丽莎白·温加滕、安德鲁·博尔登、克里斯托弗·伦纳德、格里塔·比鲁姆、安迪·冈、瑞安·格里蒂和乔什·布莱巴特。新美国的 TDM 团队，特别是丽莎·沃森（Lisa Watson）和范妮·麦基坦（Fanny McKeithen），曾在一个非常黑暗的时刻来救助我的家人，我将永远感激不尽。

《自动不平等》的问世也得益于关键时刻到来的两个写作实习。我要感谢哈里特·巴洛、本·斯特拉德、佐哈尔·吉特利斯以及蓝山中心的所有其他工作人员和支持者。我也要感谢研究营的营员们，特别是安德里亚·基耶达、莫妮卡·赫尔南德斯、凯瑟琳·苏特克利夫和马林·沃茨，感谢你们在杰森遇袭而我被困在森林时的帮助与支持。

凯里全球公益研究所（Carey Institute for Global Good）提供了一笔罗根（Logan）非小说研究资助，使我得以在关键时刻有机会休息，集中精力写作。感谢蒂姆·维纳的宣传及大量批判性阅读我当时的文稿。感谢卡罗尔·阿什、加雷斯·克劳福德和乔什·弗里德曼组织准备了这一令人难以置信的资源，感谢塔米·库克、约翰·默里和其他工作人员，他们为我使用这些资源提供了后勤保障。

我非常感谢我的雇主，纽约州立大学奥尔巴尼分校。女性、性别和性研究系的学生和同事为我提供了一个充满活力与挑战的家园。政治科学系的同事们为我提供了便利和支持，使我能够开展这项工作。

最后，我最要感激的是我的伴侣杰森·马丁，他在四年充满冒险的变革、灾难和重振中表现出非凡的风度、诚实和勇气。虽然他自己摔倒了，但他总是能扶助我。杰森，如果有一个人让我甘之如饴地共赴地狱，那就是你！

## 文献和方法

下面的注释旨在提供更精确的来源信息，为我的调研过程提供透明性，向读者呈现对我的思考至关重要但可能没有在本文中予以直接使用的材料。在自动决策、算法责任和数字歧视新形式方面的杰出著作越来越多。我希望下列内容能帮助读者更深入地理解数据时代的前景和自动不平等的危险。

我在下文列出了之前完成的所有采访，包括那些在文章中被明确引用的采访，以及那些没有被明确引用的采访。我非常感谢每一个与我交谈的人，他们的坦诚对我理解这个选题至关重要。当然，少数选择不公开姓名的信息来源没有出现在文中。

我在各地的调研写作都先接触了那些与最直接受我研究系统影响的家庭有密切联系的组织。印第安纳州法律服务中心、印第安纳州的公民自由联盟和世代项目把我与那些在福利获取资格审核现代化过程中失去福利的人联系在一起。洛杉矶社区行动网络（Los Angeles Community Action Network）、市中心妇女中心（Downtown Women's Center）和位于洛杉矶南部的"回家之路"庇护所（Pathways to Home shelter）向我介绍了参与协调入住系统的无家可归者。阿勒格尼县的家庭援助中心平台向我介绍了经阿勒格尼家庭筛选工具排名后的父母。

我倾向于亲自采访。我两次前往印第安纳州进行调研，第一次是2014年12月，第二次是2015年3月。我5次前往洛杉矶调研，分别是在2015年1月、2015年5月—6月、2015年12月、2016年2月和2016年5月。2016年7月、8月、9月和11月，我先后四次前往阿勒格尼县。其中最短停留六天，最长则将近一个月。一些后续访谈通过电话进行。我极少仅仅通过电话或视频会议在线采访信息来源人士。

本书中使用的采访都是逐字记录。由于篇幅有限，有些采访仅仅被使用了一小部分。当采访材料被本书直接使用时，它会出现在引号中。为了清楚起见，有时会对引文加以编辑。部分源于受访者的内容，没有出现在引文中，是对过去某一事件的回忆，或者是对采访记录和我笔记中更长对话的转述。

我用化名（多萝西·艾伦）来称呼多年前匿名参与本学术研究的一个人，应另一位人士的要求，隐去了姓氏。如第四章所注释，斯蒂芬和克日什托夫也是化名。其他所有被引用话语的人将以他们的全名出现。

在编辑本书的最后阶段，我聘请了一位专业的事实核查人员来核实初稿。她的洞察力、专注力和勤奋工作对我讲述的故事至关重要。她查阅了我的历史资料。她与信息来源人士交谈，阅读采访笔录，观看公开听证会的视频，阅读报纸报道，研读我的调研笔记，以核实书中人物身份和事件内容的准确性。

## 引言：标红警示

**访谈**
多萝西·艾伦（Dorothy Allen）
**已出版文献**
Federal Bureau of Investigations. "What We Investigate: Health Care Fraud." https://www.fbi.gov/investigate/white-collar-crime/health-care-fraud.

Moretto, Mario. "LePage Releases EBT Data Showing Transactions at Strip Clubs, Bars, Smoke Shops." *Bangor Daily News*, Jan. 7, 2014.

National Health Care Anti-Fraud Association. "The Challenge of Health Care Fraud."

https://www.nhcaa.org/resources/health-care-anti-fraud-resources/the-challenge-of-health-care-fraud.aspx.

State of Maine. "EBT Transaction Data" 2014. https://docs.google.com /file/d/ 0B2MlKOyJIQRGRnItZGVzaXllYOU/edit. [Accessed Sept. 13, 2017.]

State of Maine House of Representatives. *Committee Amendment "A" to H.P. 725, L.D. 1030, Bill, "an Act to Require That Electronic Benefits Transfer System Cash Benefits Are Used for the Purpose for Which the Benefits Are Provided."*126th Legislature, H.P. 725, L.D. 1030.

Tice, Lindsay, "Mainers Using EBT Cash in Unusual Places." *Bangor Daily News,* Jan. 19, 2014.

US Department of Health and Human Services. "Departments of Justice and Health and Human Services Announce over $27.8 Billion in Returns from Joint Efforts to Combat Health Care Fraud." News Release, Mar. 19, 2015. http://www.hhs.gov/about/news/2015/03/19/departments-of-justice-and-health-and-human-services-announce-over-27-point-8-billion-in-returns-from-joint-efforts-to-combat-health-care-fraud.html.

Xerox Corporation. "Public Welfare Agency Burdened by Paper Processes. Xerox Delivered Needed Relief." In *Case Study: Government*, nd. http://docushare.xerox.com/pdf/PADeprofPublicWelfare-CS.pdf. [Accessed May 5, 2015.]

# 第一章　从济贫院到数据库

**已出版文献**

Almy, Frederic. *Relief: A Primer for the Family Rehabilitation Work of the Buffalo Charity Organization Society.* New York: Charity Organization Dept, of the Russell Sage Foundation, 1910.

Ambrose, Jay."Welfare Clients—Victims or Villains?" *Knickerbocker News*, Feb. 25, 1971, 1-A, 4-A.

Axelrod, Donald. "Memo to Richard L. Dunham: Welfare Requests for Your Discussion at Governor's Staff Meeting." Albany, NY: New York State Archives, 1971. Record 15000-88, Box 30: Welfare Programs: Welfare Administration Computerization Projects.

Bailis, Lawrence Neil. *Bread or Justice: Grassroots Organizing in the Welfare Rights Movement.* Lexington, MA: Lexington Books, 1974.

Bellesiles, Michael A, *1877: America's Year of Living Violently.* New York: New Press, 2010.

"Body Speculators in Troy." *New York Times,* Feb. 3, 1879, 1.

Bolton, Charles C. "Farmers without Land: The Plight of White Tenant Farmers and Sharecroppers." *Mississippi History Now*, 2004. http://www.mshistorynow.mdah.ms.gov/articles/228/farmers-without-land-the-plight-of-white-tenant-farmers-andsharecroppers. [Accessed Sept. 13, 2017.]

"Children of the Poor House." *The Standard* (Syracuse, NY), Jan. 21, 1856.

Clement, Priscilla Ferguson. *Welfare and the Poor in the Nineteenth-Century City: Philadelphia, 1800-1854.* Rutherford, NJ: Fairleigh Dickinson University Press, 1985.

Crannell, Linda. "The Poorhouse Story." http://www.poorhousestory.com/.

Dawes, Sharon S. *New York's Welfare Management System: The Politics of Information.* Nelson A. Rockefeller Institute of Government, State University of New York, 1986.

Du Bois, W.E.B. *The Philadelphia Negro.* Publications of the University of Pennsylvania, No. 14. Series in Political Economy and Public Law. Millwood, NY: Kraus-Thomson Organization Ltd., 1973.

*Federal Government Information Technology: Electronic Record Systems and Individual Privacy.* Congress of the United States, Office of Technology Assessment, 1986.

Gilens, Martin. "How the Poor Became Black: The Racialization of American Poverty in the Mass Media." In *Race and the Politics of Welfare Reform,* Sanford F. Schram, Joe Soss, and Richard C. Fording, eds. Ann Arbor: University of Michigan Press, 2003: 101-30.

Grauer, Anne L., Vanessa Lathrop, and Taylor Timoteo. "Exploring Evidence of Nineteenth Century Dissection in the Dunning Poorhouse Cemetery." In *The Bioarchaeology of Dissection and Autopsy in the United States,* Kenneth C. Nystrom, ed. Switzerland: Springer International Publishing, 2017: 301-13.

Green, Elna C. *This Business of Relief: Confronting Poverty in a Southern City, 1740-1940.* Athens, GA: University of Georgia Press, 2003.

Greenberg, David H., Wolf Douglas, and Jennifer Pfiester. *Using Computers to Combat Welfare Fraud: The Operation and Effectiveness of Wage Matching.* New York: Greenwood Press, 1986.

Gustafson, Kaaryn S. *Cheating Welfare: Public Assistance and the Criminalization of Poverty.* New York: New York University Press, 2011.

Holcomb, Charles. "Rocky to Thin 'Welfare Gravy.'" *Knickerbocker News,* Mar. 16, 1971, 1A, 5A.

*In the Matter of an Inquiry into the Administration,Discipline,and Moral Welfare of the Rensselaer County Poorhouse.* Albany, NY: New York State Archives, 1905.

Jackson, Larry R., and William A Johnson. "Protest by the Poor: The Welfare Rights Movement in New York City." New York: RAND Institute,1973.

Katz, Michael B. In the Shadow of the Poorhouse: A Social History of Welfare in America. New York: Basic Books, 1996.

——*The Undeserving Poor: From the War on Poverty to the War on Welfare.* 1st ed. New York: Pantheon Books, 1990.

Katz, Michael B., and the Committee for Research on the Urban Underclass Social of the Science Research Council. *The "Underclass" Debate: Views from History.* Princeton, NJ: Princeton University Press, 1993.

Kennedy, Howard. "Policy Due on 'Night Raid' Checking of Welfare Cases," *Times,* Feb. 18, 1963, 1.

Killgrove, Kristina. "How Grave Robbers and Medical Students Helped Dehumanize 19th Century Blacks and the Poor." *Forbes,* July 13, 2015. https://www.forbes.com/sites/kristinakillgrove/2015/07/13/dissected -bodies-and-grave-robbing-evidence-of-unequal-treatment-of-19th -century-blacks-and-poor/#lc2632f66dl2. [AccessedJuly 27, 2017]

"Leasing the County Farm and Stone Quarry on the Same" *Troy Daily Whig,* Feb. 8,1869,1.

Lombardo, Paul. "Eugenics Sterilization Laws." Dolan DNA Learning Center, Cold Spring Harbor Laboratory. http://www.eugenicsarchive.org/html/eugenics/essay 8, fs.html. [Accessed June 23, 2017.]

Lombardo, Paul A. *Three Generations, No Imbeciles: Eugenics, the Supreme Court, and Buck v. Bell.* Baltimore: Johns Hopkins University Press, 2008.

Massachusetts General Court Committee on Paupers Laws and Josiah Quincy. *Commonwealth of Massachusetts: In the Year of Our Lord One Thousand Eight Hundred and Twenty One: The Committee, to Whom Was Referred, at the Last Session of the General Court, the Consideration of the Paupers Laws of This Commonwealth, with Directions to Report, Whether Any, and If Any, What Amendments, or Alterations May Be Made Therein, with Leave to Report by Bill, or Otherwise, Ask Leave to Report.* Boston: Russell & Gardner, 1821.

Mink, Gwendolyn. *The Wages of Motherhood: Inequality in the Welfare State, 1917-1942.* Ithaca, NY: Cornell University Press, 1995.

Nadasen, Premilla. *Rethinking the Welfare Rights Movement.* New York: Routledge, 2012.

——*Welfare Warriors: The Welfare Rights Movement in the United States.* New York: Routledge, 2005.

Nadasen, Premilla, Jennifer Mittelstadt, and Marisa Chappell. *Welfare in the United States: A History with DocumentS, 1935-1996.* New York: Routledge, 2009.

New York Legislature, Senate Select Committee Appointed to Visit Charitable Institutions. *Report of Select Committee Appointed to Visit Charitable Institutions Supported by the State and All City and County Poor and Work Houses and Jails of the State of New York: Transmitted to the Legislature, January 9, 1857. In Senate: 1857,* No. 8: Senate Document (New York State). Albany, NY: C. Van Benthuysen, printer to the legislature, 1857.

New York State Department of Social Services. *Welfare Management System: A Proposed*

*Design and Implementation Plan.* Albany, NY: Department of Social Services, 1975.

Orwig, Timothy T. "Three Nineteenth-Century Massachusetts Almshouses and the Origins of American Poorhouse Architecture." Masters Thesis, Boston University, 2001.

"Our County Institutions." *Troy Daily Whig,* Feb. 6, 1857, 1.

Peel, Mark. "Charity Organization Society." *in Encyclopedia of American Urban History,* David R. Goldfield, ed. Thousand Oaks, CA: Sage Publications, 2007.

Piven, Frances Fox, and Richard A Cloward. *Regulating the Poor: The Functions of Public Welfare.* New York: Pantheon, 1971.

Quadagno, Jill S. *The Color of Welfare: How Racism Undermined the War on Poverty.* New York: Oxford University Press, 1994.

Reese, Ellen. *Backlash against Welfare Mothers: Past and Present.* Oakland, CA: University of California Press, 2005.

"Revelations Promised: Alleged Mismanagement of the Rensselaer County Poorhouse." *Albany Express*, Dec. 5, 1885, 1.

Rezneck, Samuel. "The Depression of 1819: A Social History." *American Historical Review* 39, 1 (1933): 30-31.

Richmond, Mary Ellen. *Social Diagnosis.* New York: Russell Sage Foundation, 1917.

Rockefeller, Nelson A. *Public Papers of Nelson A. Rockefeller, Fifty-Third Governor of the State of New York.* Albany, NY: New York State Archives, 1959.

Schneider, David M. *The History of Public Welfare in New York State.* Chicago: University of Chicago Press, 1938.

"Shot Himself: Financial Troubles Drove Calvin B. Dunham to End His Life with a Pistol Ball." *Illustrated Buffalo Express*, Jan. 19, 1896.

Smith, Bruce. "Poor Relief at the St. Joseph County Poor Asylum, 1877–1891." *Indiana Magazine of History* 86, 2 (1990): 178-96.

Trattner, Walter I. *From Poor Law to Welfare State: A History of Social Welfare in America,* 6th ed. New York: Free Press, 1999.

Wagner, David. *Ordinary People: In and Out of Poverty in the Gilded Age.* New York: Routledge, 2016.

Watkinson, James D. "Rogues, Vagabonds, and Fit Objects: The Treatment of the Poor in Antebellum Virginia" *Virginia Calvacade* 49, Winter 2000: 16–29.

Weise, Arthur James. *Troy's One Hundred Years: 1789–1889.* London: Forgotten Books, 2015.

*Welfare Management System: A Proposed Design and Implementation Plan.* Albany: New York Dept, of Social Services, 1975.

Wyman, George K. "Nationwide Demonstration Project Newsletter" Albany: New York State Dept, of Social Services, 1971.

Yates, John Van Ness. "Report of the Secretary of State in 1824 on the Relief and Settlement of the Poor" In *Annual Report for the Year 1900,* vol. 1, New York State Board of Charities, 937–1145. Albany, NY: 1824.

未公开档案

我在研究纽约州"数字济贫院"的兴起时用到的很多材料。来自于纽约州档案馆（New York State Archives）的精彩收藏。重要资料包括：Record 15000-88 Boxes 29 and 30: Welfare Programs: Welfare Administration Computerization Projects。

## 第二章　美国中部地区的福利资格自动化处理系统

访谈

Jamie Andree; Michelle Birden; Glenn Cardwell; John Cardwell; Karen Francisco; Dennis Frick; Fred Gilbert; Patty Goff; Jane Porter Gresham; Chris Holly; Denny Lanane; Senator Tim Lanane; Ruth Lawson; Gene Lushin; Marcia; Maria Martino; Adam Mueller; Kim Murphy; Ginny Nilles; Matt Pierce; Gavin Rose; Dan Skinner; Jeff Stewart; Kim and Kevin Stipes; Marilyn "Kay" Walker; Terry R. West; Myra Wilkie; Lindsay Williams (Kidwell); Kyle Wood

已出版文献

"Bill Would Slow FSSA Rollout." *South Bend Tribune,* Jan. 21, 2009. Bradner, Eric. "Agency Tests a Nun's Faith (Indiana Welfare Agency in Disarray)." *Courier Press,* Mar. 20, 2009.

Burdick, Betsy. "Indiana State Government's Performance Report, July-December 2007." 2008.

Carr, Mike, and Rich Adams. "The Hybrid System." http://www.aphsa.org/content/dam/aphsa/pdfs/NWI/2012-07-Business-Model-for-Hybrid-System-Integration.pdf. [Accessed June 23, 2017.]

Cermak, Joe. "Local Representative Wants Legislators to Change Modernized Welfare."*NewsLink Indiana,* May 16, 2008.

Cole, Eric, and Sandra Ring. *Insider Threat: Protecting the Enterprise from Sabotage, Spying, and Theft.* Rockland, MA: Syngress, 2006.

Corbin, Bryan. "Bill Filed to Halt Further Expansion of Indiana's New Welfare Eligibility Program." *Indiana Economic Digest,* Jan. 19, 2009.

——."Welfare Gripes Persist." *Evansville Courier Pressy,* Dec. 29, 2008.

Creek, Julie. "Losing the 'Human Factor': State Focuses on Technology in Privatizing Key Welfare Duties." *Fort Wayne Journal Gazette,* May 14, 2006, 13A.

Daniels, Mitch. "Editorial: FSSA Contract with IBM Is Obvious Answer to Obvious Need." *South Bend Tribune,* Jan. 3, 2007. http://articles.south bendtribune.com/2007-

01-03/news/26769021_1_welfare-system -fssa-indiana-economy. [Accessed June 28, 2017.]

Davis, Martha F. *Brutal Need: Lawyers and the Welfare Rights Movementy, 1960–1973*. New Haven, CT: Yale University Press, 1993.

Ernst, Rose, Linda Nguyen, and Kamilah C. Taylor. "Citizen Control: Race at the Welfare Office." *Social Science Quarterly* 94, no. 5 (2013): 1283-307.

"FSSA Releases Details of New Eligibility System—the Hybrid System." News release, Dec 14, 2009. http://blog.ihca.org/2009/12/fssa-releases-details-of-new.html. [Accessed Sept. 13, 2017.]

Greenhouse, Linda. "New Look at an 'Obscure' Ruling, 20 Years Later." *New York Times*, May 11, 1990.

Harvey, Roger. "Church Leaders Charged with Food Stamp Fraud." Channel 13 WTHR, May 9, 2006.

Herbers, John. "Reagan Called Warm to Welfare-Work Plan." *New York Times*, Feb. 23, 1987.

Higgins, Will. "Falling through Welfare's Cracks." *Indianapolis Star*, July 20, 2009, A1, A4.

Holtz, Maribeth. "Hundreds Line Up to Share Their FSSA Complaints." *Chronicle Tribune*, May 14, 2008.

Indiana Family and Social Services Administration (FSSA), Monthly Management Reports, http://www.stats.indiana.edu/fssa_m/index.html. [Accessed Aug. 3, 2017.]

Indiana Inter-Agency Review Committee. "Eligibility Modernization: An Indiana Solution." June 2005. http://www.in.gov/fssa/transformations/pdf/Eligibility Modernization_An Indiana Solution.pdf. [No longer accessible.]

Jarosz, Francesca, Heather Gillers, Tim Evans, and Bill Ruthhart. "Roll- out of Welfare Changes Halted." *Indianapolis Star*, July 31, 2008, A1, All.

Kusmer, Ken. "IBM Releases Plan for Fixing Indiana's Welfare Problems." *News and Tribune*, July 24, 2009. http://www.newsandtribune.com /news/local_news/ibm-releases-plan-for-fixing-indiana-s-welfare -problems/article_eblcflcf-fdd4-5b99-bl4b-0c26fbl75708.html. [Accessed July 27, 2017.]

Leadership Conference on Civil Rights. "Justice on Trial: Racial Disparities in the American Criminal Justice System." Washington, DC: 2000. https://web.archive.org/web/20161007113926/http://www.protect civilrights.org/pdf/reports/justice.pdf. [Accessed July 27, 2017.]

Linville, Erin, and Indiana Family & Social Services Administration. "Eli-gibility Modernization: The Need for Change." 2006.

"Mitch Daniels: The Right Stuff." *Economist*, Apr. 19, 2010.

Murray, John. "Disputed Welfare Practices Don t Hold up in Court." *Indianapolis Star,* Apr. 1, 2010.

"Numbers Don't Support State't Claim That All Is Well." *Star Press* (Muncie), May 18, 2008, 2D.

Overmyer, Beth. "Medicaid Enrollment & Modernization-What You Should Know!" Indiana Council of Community Mental Health Centers presentation, 2009.

Riecken, Rep. Gail. "FSSA Disclosure, Transparency, Evaluation Must Be Priorities." *Fort Wayne Journal Gazette,* May 21, 2010,13A.

Rowe, Gretchen, Carolyn O' Brien, Sam Hall, Nancy Pindus, Lauren Eyster, Robin Koralek, and Alexandra Stanczyk. "Enhancing Supplemental Nutrition Assistance Program (SNAP) Certification: SNAP Modernization Efforts: Final Report." Alexandria, VA: US Department of Agriculture, Food and Nutrition Service, Office of Research and Analysis, 2010.

Roysdon, Keith. "Once-Mighty Borg-Warner Plant Sits Empty, Waiting in Muncie." *Indiana Economic Digest,* Mar. 23, 2015.

Schneider, Mary Beth. "Audit of FSSA Finds 185 Problems." *Indianapolis Star, June* 16, 2005.

Schneider, Mary Beth, and Tim Evans. "Shake-Up Pro Will Take Over the FSSA." *Indianapolis Star,* Dec. 8, 2004.

——. "Ex-Local Official to Head the FSSA." *Indianapolis Star*, Dec. 8, 2004, A1, A8.

Schneider, Mary Beth, and Bill Ruthhart. "Daniels: Critics Were Right." *Indianapolis Star,* Oct. 16, 2009, Al, A15.

Sedgwick, Weston. "Governor Accepts Recommendation to Modernize FSSA Eligibility Processes." News release, Nov. 29, 2006.

Soss, Joe, Richard C. Fording, and Sanford Schram. *Disciplining the Poor: Neoliberal Paternalism and the Persistent Power of Race.* Chicago: University of Chicago Press, 2011.

State of Indiana. "Request for Proposals 6-58: Eligibility Determination Services." Department of Administration and Indiana Family and Social Service Administration. Indianapolis, IN: 2006.

Taylor, Steve. "Border Lawmakers: Cancellation of Accenture Contract Was Long Overdue." *Rio Granda Guardian,* Mar. 13, 2007.

Welch, Matt, Joshua Swain, and Jim Epstein. "Mitch Daniels on How to Cut Government & Improve Services." *Reason,* May 19, 2015.

"'Welfare Queen' Becomes Issue in Reagan Campaign," *New York Times,* Feb. 15, 1976, 51. Reprinted from the *Washington Star,* no author credited.

Werner, Nick. "Welfare Troubles Prompt Meeting." *Star Press,* Apr. 23, 2008, 3A.

**法庭资料**

Brief of Appellants: *Sheila Perdue v. Anne W. Murphy,* No. 49A02-1003-PL-00250 (Indiana Court of Appeals 2010).

Complaint for Damages and Declaratory Relief: *State of Indiana v. International Business Machines Corporation* (Marion County Court 2016).

Finding of Fact, Conclusions of Law, and Judgement for IBM, *State of Indiana v. International Business Machines Corporation* (Marion County Court, 2012).

Findings of Fact, Conclusion of Law, and Summary Judgment: *Sheila Per- due, et al. v. Anne W. Murphy,* No. 49D10-0803-PL-013340 (Marion Superior Court 2010).

*Goldberg v. Kelly,* No. 397 U.S. 254, 62 (United States District Court for the Southern District of New York 1970).

Plaintiff Complaint: *International Business Machines v. The State of Indiana* (Marion Circuit/Superior Court 2010).

*Sheila Perdue, et al. v. Michael A. Gargano, et al.,* No. 49S02-1107-PL-437 (Indiana Supreme Court 2012).

*State of Indiana v. International Business Machines Corporation,* No. 49S02-1408-PL-00513 (Indiana Supreme Court 2016).

## 第三章　天使之城的高科技无家可归服务

**访谈**

Jose-Antonio Aguilar; T.C. Alexander; Gary Blasi; Gary Boatwright; Lou Contreras; Devin Desjarlais; General Dogon; Bob Fitzgerald; Kris Freed; Maria Funk; John Horn; Quanetha Hunt; Deon Joseph; Rachel Kasselbrock; Hamid Khan; Chris Ko; Veronica Lewis; Hazel Lopez; Tracy Malbrough; Patricia McHugh; William Menjivar; Christina Miller; Robert Mitchell; Ana Muniz; Richard Renteria; Tiffany Russell; Molly Rysman; Al Sabo; James Smith; Monique Talley; Tanya Tull; Nathaniel VerGow; Danielle Wildkress; Jennifer Wolch

**已出版文献**

Aron, Hillel. "L.A.'s Culture War Over the Last True Skid Row in America." *LA Weekly*, July 24, 2014.

Barragan, Bianca. "Downtown LA Vacancy Rate Hits 17-year High," *Curbed Los Angeles,* Sept 15, 2017. https://la.curbed.eom/2017/9/15/163l6040/downtownla-high-vacancy-rate-rent. [Accessed Sept. 21, 2017.]

——."Historic South-Central Has the Most Crowded Housing in the US" *Los Angeles Curbed, March 10, 2014.*

Blasi, Gary, and Forrest Stuart. "Has the Safer Cities Initiative in Skid Row Reduced Serious Crime?" 2008. http://wraphome.org/wraparchives /downloads/safer_cities.pdf.

[Accessed June 26, 2017.]

Boden, Paul. "lhe Devastating Impacts of Safer Cities Policing in Skid Row" *Huffington Post,* 2011. http://www.huffingtonpost.com/paul-boden /on-homeless-memorial-day-_ 1_b_811966.html. [Accessed Aug. 1, 2017.]

Boyle, Hal. "Skid Row: The West's Bowery." *Evening Independenty* June 14, 1947: 10.

Culhane, Dennis P. "We Can End Homelessness" *Penn Top Ten,* 2016. http://www.penntopten.com/wp-content/uploads/2016/05/Top-10-Homelessness-Essay.pdf. [Accessed June 26, 2017.]

Cunningham, Mary, Sarah Gillespie, and Jacqueline Anderson. "Rapid Re- Housing: What the Research Says." New York: Urban Institute, 2015. http://www.urban.org/sites/default/files/publication/54201/2000265 -Rapid-Re-housing-What-the-Research-Says.pdf. [Accessed June 26, 2017.]

Davis, Mike. "Afterword—a Logic Like Hell's: Being Homeless in Los Angeles." *UCLA Law Review* 39 (Dec. 1991): 325-27.

——.*City of Quartz: Excavating the Future in Los Angeles.* New York: Verso, 1990.

DiMassa, Cara Mia. "Little Tokyo Residents Resent Mental Health Facility." *Los Angeles Times,* Feb. 21, 2008.

Downtown Center Business Improvement District. "Downtown Los Angeles Demographic Study 2013." http://www.downtownla.com/survey/2013/results/DTLA-Demo-Study-2013.pdf. [Accessed March 3, 2016.]

Eng, Lily. "Chief Praised, Rebuked in Crackdown on Homeless." *Los Angeles Times,* Aug. 22, 1990.

Gandy, Oscar H. *The Panoptic Sort: A Political Economy of Personal Information.* Boulder, CO: Westview Press, 1993.

Gerry, Sarah. "*Jones v. City of Los Angeles*: A Moral Response to One City's Attempt to Criminalize, Rather Than Confront, Its Homelessness Crisis." *Harvard CivilRights- Civil Liberties Law Review* 42 (2007): 239-51.

Green, Richard K., Vincent Reina, and Selma Hepp. "20l4 USC Casden Multifamily Forecast." In *USC Lusk Center for Real Estate,* 2014. https:// lusk.usc.edu/sites/default/files/2014-USC-Casden-Multifamily-Forecast.pdf. [Accessed June 26, 2017.]

Gutierrez, The Honorable Philip S. "*Tony Lavan, et al. v. City of Los Angeles, et al.* Order Issuing a Preliminary Injunction." https://cangress.files.wordpress.com/2011/06/lavan-preliminary-injunction-highlights.pdf. [Accessed June 26, 2017.]

Gustafson, Kaaryn S. "The Criminalization of Poverty." *Journal of Criminal Law and Criminology* 99, no. 3 (2009): 643-7160.

Holland, Gale. "Fears Mount over a Homeless Plan That Residents Say Will 'End Venice as We Know It.'" *Los Angeles Times,* Oct. 18, 2016.

——."L.A. Leaders Are Crafting New Plan to Help Homeless on Skid Row." *Los Angeles Times,* July 15, 2014.

——."Plan to Turn Cecil Hotel into Homeless Housing Is Withdrawn." *Los Angeles Times*, Apr. 4, 2014.

——."Treading a Fine Line, L.A. Council Considers Ordinance to Boost Homeless Sweeps." *Los Angeles Times,* Mar. 30, 2016.

——."Venice Residents Fight over Homeless Housing Project—and Character of the Neighborhood." *Los Angeles Times,* Mar. 11, 2017.

Howard, David B. "Unsheltered: A Report on Homelessness in South Los Angeles." Special Services for Groups, 2008. http://www.ssg.org/wp-content/uploads/Unsheltered_Report.pdf. [Accessed June 26, 2017.]

Huey, Laura. *Negotiating Demands: The Politics of Skid Row Policing in Edinburgh, San Francisco, and Vancouver.* Toronto: University of Toronto Press, 2007.

Irvine, Huston. "Skidrow Scrcn2ide." *Los Angeles Times Sunday Magazine,* Mar. 26,1939: 6, 21.

Littlejohn, Donna. "San Pedro Meeting Erupts over Homeless Storage *Center." Daily Breezey* Oct. 5, 2016.

Lopez, Steve. "A Corner Where L.A. Hits Rock Bottom." *Los Angeles Time,* Oct. 17, 2005.

Los Angeles Central City Committee. "Centropolis: The Plan for the Central City of Los Angeles." Studies prepared jointly by Los Angeles Central City Committee, Los Angeles City Planning Dept., Traffic Dept., [and others]: 1960.

Los Angeles Department of Mental Health. "Rapid Rehousing: Overview and New Developments." In *9th Annual Housing Institute,* 2016. http://file.lacounty.gov/SDSInter/dmh/246452_RapidRehousing-6-8-16.pdf. [Accessed June 26, 2017.]

Los Angeles Homeless Services Authority. "The Greater Los Angeles Homeless Count.," 2017. https://www.lahsa.org/homeless-count/reports. [Accessed June 26, 2017.]

Lyon, David. *Surveillance as Social Sorting: Privacy, Risky and Digital Discrimination.* New York: Routledge, 2003.

Massey, Douglas S., and Nancy A. Denton. *American Apartheid: Segregation and the Making of the Underclass.* Cambridge, MA: Harvard University Press, 1993.

McDonald, Jeff. "State Ruling May Aid City Crackdown on Homeless: Courts: Decision Will Support Ventura's Plan to Toughen Municipal Ordinance against Camping in Parks,Officials Say." *Los Angeles Times*, Apr. 25, 1995.

O'Brien, J.C. "Loose Standards, Tight Lips: Why Easy Access to Client Data Can Undermine Homeless Management Information Systems." *Fordham Urban Law Journal* 35 (3), 2008: 673-93.

Office of Los Angeles Mayor Eric Garcetti. "Comprehensive Homelessness Strategy."

https://www.lamayor.org/comprehensive-homelessness -strategy. [Accessed Aug. 1, 2017.]

——."Mayor Eric Garcetti and City Council Approve Emergency Spending on Homeless Housing and Shelter." News Release, Dec. 9, 2015. https://www.lamayor.org/mayor-eric-garcetti-and-city-council-approve-emergency-spending-homeless-housing-and-shelter. [Accessed June 26, 2017.]

OrgCode Consulting Inc. and Community Solutions. VULNERABILITY INDEX SERVICE PRIORITIZATION DECISION ASSISTANCE TOOL (VI-SPDAT), American Version 2.0 for Single Adults, 2015.

Parson, Don. "Los Angeles' 'Headline-Happy Public Housing War.'" *Southern California Quarterly* 65 (3), 1983: 265.

Posey, Jacquie. "Penn Researcher Says Ending Homelessness Is Possible." nd. http://www.upenn.edu/spotlights/penn-researcher-says-ending-homelessness-possible. [Accessed June 26, 2017.]

Rosenberg, Jeremy. "Laws That Shaped L.A.: How Bunker Hill Lost Its Victorians." KCET, https://www.kcet.org/departures-columns/laws -that-shaped-la-how-bunker-hill-lost-its-victorians. [Accessed June 26, 2017.]

Sides, Josh. *L.A. City Limits: African American Los Angeles from the Great Depression to the Present.* Oakland, CA: University of California Press, 2003.

Spivack, Donald R. "Community Redevelopment Agency (CRA)." https:// www.scribd.com/document/59101874/History-of-Skid-Row. [Accessed June 26, 2017.]

Stuart, Forrest. *Down, Out, and Under Arrest: Policing and Everyday Life in Skid Row.* Chicago: University of Chicago Press, 2016.

——."Policing Rock Bottom: Regulation, Rehabilitation, and Resis-tance on Skid Row." Dissertation,Ph.D., Department of Sociology, University of California, Los Angeles, 2012.

Tsemberis, Sam J. Housing First: *The Path ways Model to End Homelessness for People with Mental Illness and Addiction.* Center City, MN: Ha-zelden, 2010.

US Commission on Civil Rights. "Understanding Fair Housing." Washington, DC: US Govt. Printing Office, 1973.

White, Magner. "L.A. Shows the World How to End Slums." *Los Angeles Examiner (SpecialPullout),* Oct. 12, 1959: 1-6.

Wild, Mark. *Street Meeting: Multiethnic Neighborhoods in Early Twentieth- Century Los Angeles.* Oakland, CA: University of California Press, 2005.

Willse, Craig. *The Value of Homelessness: Managing Surplus Life in the United States.* Minneapolis: University of Minnesota Press, 2015.

Wolch, Jennifer, and Michael J. Dear. *Malign Neglect: Homelessness in an American City.*

San Francisco: Jossey-Bass Publishers, 1993.

**档案**

我曾几次前往洛杉矶图书馆中心分馆,展开精彩的研究之旅,这加深了我对洛杉矶的了解。我非常感谢那里才华横溢、充满热情的研究馆员的帮助。他们的历史报纸档案和政府文件合集对我尤为重要,其中有充满传奇色彩的"中心城市"(Centropolis)规划和洛杉矶市中心发展"银皮书"(Silver Book)方案的影印件。我也很喜欢他们收集的历史地图,尤其是桑博恩火险(Sanborn Fire Insurance)地图和拜斯特房地产调查(Baist's Real Estate Surveys)图集,它们帮助我重构了贫民街的历史。他们的常规收藏还包括一本罕见的纪念兰乔·洛斯·阿米戈斯国家康复中心百年的图书,其中包括部分仅存的洛杉矶县济贫院照片。

# 第四章 阿勒格尼县算法

**访谈**

Carmen Alexander; Karen Blumen; Fred Brown; Marc Cherna; Kim Berkeley Clark; Erin Dalton; Doreen Glover; Patricia Gordon; May Gray; Patrick Grzyb; Tanya Hankins; Amanda Green Hawkins; Mary Heards; Rochelle Jackson; Janine; Tracey McKants Lewis; Laurie Mulvey; Bruce Noel; Kate Norton; Emily Putnam-Hornstein; Marcia Raines; Judy Hale Reed; Ken Regal; Jessie Schemm; Angel Shepherd; Pamela Simmons; Tiffany E. Sizemore-Thompson; Barbara Stack; Rhonda Strickland; Kenneth R. Strother; Rhema Vaithiana- than; Catherine Volponi; and Colleen Young

**已出版文献**

Ackerman Jan. "'Why Did You Do That'." *Pittsburgh Post-Gazette,* Mar. 30, 1994: B-l, B-6.

Allegheny County Department of Human Services. "Predictive Risk Modeling in Child Welfare in Allegheny County: The Allegheny Family Screening Tool." http://www.alleghenycounty.us/Human-Services /News-Events/Accomplishments/Allegheny-Family-Screening-Tool .aspx. [Accessed June 26, 2017.]

Baxter, Joanne. "External Peer Review for *Interim findings on the feasibility of using predictive risk modelling to identify new-born children who are at high risk of future maltreatment (April 2013)*." Wellington, New Zealand: Ministry of Social Development, Aug. 2013.

Belser, Ann. "Baby Byron Given Back to His Mom." *North Hills News Record*, Dec. 28, 1993: Al, A6.

Billingsley, Andrew, and Jeanne M. Giovannoni. *Children of the Storm: Black Children and American Child Welfare*. New York: Harcourt, Brace, Jovanovich, 1972.

Birckhead, Tamar. "Delinquent by Reason of Poverty." Juvenile Justice Information Exchange, 2012. http://jjie.org/2012/08/20/delinquent-by-reason-of-poverty/.

[Accessed June 26, 2017.]

Bobkoff, Dan. "From Steel to Tech, Pittsburgh Transforms Itself." In *All Things Considered,* NPR, Dec. 16, 2010. http://www.npr.org/2010/12/16/131907405/from-steel-to-tech-pittsburgh-transforms-itself. [Accessed Aug. 1, 2017.]

Bull, John M.R. "County CYS Director Accepts Florida Post." *Pittsburgh Post-Gazette,* Jan. 9, 1995: Al, A2.

Cabrera, Marquis. "Florida Leverages Predictive Analytics to Prevent Child Fatalities—Other States Follow." *HuffPosty*, Dec. 21, 2015. http://www .huffingtonpost.com/marquis-cabrera/florida-leverages-predictive_b _8586712.html. [Accessed June 26, 2017.]

Center for the Study of Social Policy. "Predictive Analytics in Child Welfare: A Broader View from the Field," https://www.youtube.com/watch? v=3VaFEWmynYo. [Accessed June 26, 2017.]

Collier, Roger. "New United States Mammogram Guidelines Ignite Debate." *Canadian Medical Association Journal* 182 (2), 2010: E101-E02.

Compac 21 (The Committee to Prepare Allegheny County for the Twenty-first Century). "Preparing Allegheny County for the 21st Century: A Report to the Allegheny County Board of Commissioners." 1996.

Dalton, Erin. "Data Sharing. Actionable Intelligence for Social Policy." http://www.aisp.upenn.edu/wp-content/uploads/2015/11/Dalton -Data-Sharing.pdf. [Accessed June 26, 2017.]

Dare, Tim, and Eileen Gambrill. "Ethical Analysis: Predictive Risk Models at Call Screening for Allegheny County." Centre for Social Data Analytics, University of Auckland, 2016.

Deitrick, Sabina, and Christopher Briem. "Allegheny County Economic Trends 2005." University Center for Social and Urban Research, University of Pittsburgh, 2005. http://ucsur.pitt.edu/wp-content/uploads /2014/ll/ACEconomicTrends2005.pdf. [Accessed June 28, 2017.]

Frey, William H., and Ruy Teixeira. "The Political Geography of Pennsylvania: Not Another Rust Belt State." *Brookings Policy Brief,* Brookings Institute, April 15, 2008. https://www.brookings.edu/research/the-political-geography-of-pennsylvania-not-another-rust-belt-state/. [Accessed June 28, 2017.]

Fuoco, Michael A. "Dad Held in Death of Girl, 2." *Pittsburgh Post-Gazette,* Mar. 10,1994: Al, A13.

Gill, Sam, Indi Dutta-Gupta, and Brendan Roach. "Allegheny County, Pennsylvania: Department of Human Services' Data Warehouse." http://datasmart.ash.harvard.edu/news/article/allegheny-county-pennsylvania-department-of-human-services-datawarehouse-4. [Accessed June 27, 2017.]

Gillingham, Philip. "Predictive Risk Modelling to Prevent Child Maltreatment and Other Adverse Outcomes for Service Users: Inside the 'Black Box' of Machine Learning" *British Journal of Social Work* 46 (6), 2016: 1044-58.

——"Why the PRM Will Not Work." In *Re-Imagining Social Work in Aotearoa New Zealand,* RSW Collective, Oct. 8, 2015. http://www.reimaginingsocialwork. nz/2015/10/why-the-prm-will-not-work/. [Accessed June 28, 2017.]

Harcourt, Bernard E. *Against Prediction: Profiling, Policing, and Punishing in an Actuarial Age.* Chicago: University of Chicago Press, 2007.

Hawkes, Jeff. "After the Sandusky Case, a New Pennsylvania Law Creates Surge in Child Abuse Reports." *Lancaster Online,* Feb. 20,2015. http://lancasteronline.com/news/local/after-the-sandusky-case-a-new-pennsylvania-law-creates-surge/article_0354lf66-b7a3-lle4-81cd-2f6l4d04c9af.html. [Accessed June 28, 2017.]

Heimpel, Daniel. "Managing the Flow: Predictive Analytics in Child Welfare." *Chronicle of Social Change,* April 6, 2017. https://chronicle ofsocialchange.org/analysis/managing-flow-predictive-analytics-child-welfare. [Accessed Aug. 1, 2017.]

Hickey, Kathleen. "Saving Children, One Algorithm at a Time." In *GCN: Technology, Tools, and Tactics for Public Sector IT, July 26,* 2016. https://gcn.com/articles/2016/07/26/child-welfare-analytics.aspx. [Accessed June 28, 2017.]

The Independent Committee to Review CYS. "Report of the Committee to Review Allegheny County Children and Youth Services" (The Murray Report). Submitted to the Advisory Board of Children and Youth Services of Allegheny County, Feb. 17, 1995.

Kelly, John. "Rapid Safety Feedback's Rapid Ascent." *Chronicle of Social Change,* Feb. 28, 2017. https://chronicleofsocialchange.org/child-welfare-2/rapid-safety-feedbacks-rapid-ascent. [Accessed Aug. 1, 2017.]

Kirk, Stacey. "Paula Bennett Rejects That She Knew about 'Lab Rat' Child Abuse Study." http://www.stuff.co.nz/national/politics/70725871/paula-bennett-rejects-lab-rat-child-abuse-study-greenlit-under-her-watch. [Accessed June 26, 2017.]

Kitzmiller, Erika M. "Allegheny County's Data Warehouse: Leveraging Data to Enhance Human Service Programs and Policies." *Actionable Intelligence for Social Policy.* Philadelphia: University of Pennsylvania, May 2014. https://www.aisp.upenn.edu/wp-content/uploads/2015/08/AlleghenyCounty-_CaseStudy.pdf. [Accessed Aug. 1, 2017.]

Levenson, Michael. "Can Analytics Help Fix the DCF?" *Boston Globe,* Nov. 7, 2015.

Lindert, Bryan. "Eckerd Rapid Safety Feedback: Summary and Replication Information." nd. http://static.eckerd.org/wp-content/uploads /Eckerd-Rapid-Safety-Feedback-Final.pdf. [Accessed Aug. 1, 2017.]

Ministry of Social Development (New Zealand). "The Feasibility of Using Predictive Risk Modelling to Identify New-Born Children Who Are High Priority for Preventive Services." Feb. 2, 2014. http://www.msd.govt.nz/documents/about-msd-and-our-work/publications-resources/research/predictive-modelling/00-feasibility-study-report.pdf. [Accessed Aug. 1, 2017.]

———."White Paper for Vulnerable Children, Volume II." 2012 https://www.mvcot.govt.nz/assets/Uploads/Documents/whitepaper -volume-ii-web.pdf. [Accessed Aug. 1, 2017.]

Niedecker, Stacy. "Byron's Mother Ready for Family to Be Together." *North Hills News Record,* Dec. 30, 1993: A4.

O'Neil, Cathy. *Weapons of Math Destruction: How Big Data Increases Inequality and Threatens Democracy.* New York: Crown, 2016.

Pelton, Leroy. "The Continuing Role of Material Factors in Child Maltreatment and Placement." *Child Abuse & Neglect* 41 (2015): 30–39.

Piven, Frances Fox, and Richard A. Cloward. *Regulating the Poor: The Functions of Public Welfare.* New York: Pantheon, 1971.

———.*Poor People's Movements: Why They Succeed, How They Fail.* New York: Vintage, 1978.

Pro, Johnna A. "Baby's Death Puts System in Question." *Dittsburgh Post-Gazette,* Mar. 11, 1994: C1, C7.

The Protect Our Children Committee. "Child Protection Report: Digging Deeper to Understand How Pennsylvania Defines Child Abuse." nd. http://www.protectpachildren.org/files/Child-Protection-Report -On-Defining.pdf. [Accessed July 31, 2017.]

Putnam-Hornstein, Emily, and Barbara Needell. "Predictors of Child Protective Service Contact between Birth and Age Five: An Examination of California's 2002 Birth Cohort." *Children and Youth Services Review* 33 (2011): 2400-07.

Rauktis, Mary E., and Julie McCrae. "The Role of Race in Child Welfare System Involvement in Allegheny County." Pittsburgh, PA: Allegheny County Dept, of Human Services, 2010. http://www.alleghenycounty analytics.us/wp-content/uploads/2015/12/The-Role-of-Race-in-Child -Welfare-System-Involvement-in-Allegheny-County.pdf. [Accessed Aug. 1, 2017.]

Reich, Jennifer A. *Fixing Families: Parents, Power, and the Child Welfare System.* New York: Routledge, 2005.

Roberts, Dorothy E. *Shattered Bonds: The Color of Child Welfare.* New York: Basic Books, 2002.

Shroff, Ravi. "Stats and the City: A Data-Driven Approach to Criminal Justice and Child Welfare." In *DataBites.* New York City: Data & Society, June 14, 2017. http://listen.datasociety.net/databites-100-series -stats-city-data-driven-approach-criminal-justicechild-welfare/. [Accessed Aug. 1, 2017.]

Smith, Matthew P. "Authorities Take 'Baby Byron.'" *Pittsburgh Post- Gazette,* Dec. 28, 1993: Al, A2.

Smith, Michael. "Building an Interoperable Human Services System: How Allegheny County Transformed Systems, Services and Outcomes for Vulnerable Children and Families." Smithtown, NY: Stewards of Change, 2008.

Stack, Barbara White. "Criticized CYS Policies to Be Studied." *Pittsburgh Post-Gazette,* Sept. 28, 1994: Cl, C4.

——."CYS Failed to Tell Judge Facts in Case." *Pittsburgh Post-Gazette,* Oct. 1, 1994: Al, A3.

——."CYS, Father Betrays Girl, *Pittsburgh Post-Gazette,*" Sept. 4, 1994: A1,A8.

——."U.S. Probe of Youth Agency Sought." *Pittsburgh Post-Gazette*, Oct. 4, 1994: B1, B4.

TCC Group. "Peer Review Report 1." Wellington, New Zealand: Ministry of Social Development, 2015. https://www.msd.govt.nz /documents/about-msd-and-our-work / publications-resources /research/predictive-modelling/feasibility-study-schwartz-tcc-interim -review.pdf. [Accessed Aug. 1,2017.]

US Centers for Disease Control and Prevention. "Adverse Childhood Experiences: Looking at How ACEs AfFect our Lives and Society." nd. http://vetoviolence.cdc.gov/ apps/phl/resource_center_infographic .html. [Accessed July 31, 2017.]

US Department of Health and Human Services and Children's Bureau. "Child Maltreatment 2015." Jan. 19, 2017. https://www.acf.hhs.gov/cb/resource/child-maltreatment-2015. [Accessed Aug. 1, 2017.]

Vaithianathan, Rhema, Tim Maloney, Nan Jiang, Irene De Haan, Claire Dale, Emily Putnam-Hornstein, and Tim Dare. "Vulnerable Children: Can Administrative Data Be Used to Identify Children at Risk of Adverse Outcomes?" Centre for Applied Research in Economics. Auckland, NZ: University of Auckland Business School, Sept. 2012. http://www.msd. govt.nz/documents/about-msd-and-our-work/publications-resources/ rdsearch/vulnerable-chilaren/auckland-university-can-administrative-data-be-used-to-identify-children-at -risk-of-adverse-outcome.pdf. [Accessed Aug. 1, 2017.]

Vaithianathan, Rhema, Tim Maloney, Emily Putnam-Hornstein, and Nan Jiang. "Children in the Public Benefit System at Risk of Maltreatment Identification Via Predictive Modeling." *American Journal of Preventa-tive Medicine 45* (3), 2013:354-59.

Vaithianathan, Rhema, Emily Putnam-Hornstein, Nan Jiang, Parma Nand, and Tim Maloney. "Developing Predictive Models to Support Child Maltreatment Hotline Screening Decisions: Allegheny County Methodology and Implementation.", Centre for Social Data Analytics, University of Auckland, April 2017. http://www.

alleghenycountyanalytics.us/wp-content/uploads/2017/04/Developing-Predictive-Risk-Models-package-with-cover-l-to-post-l.pdf. [Accessed Aug, 1, 2017.]

Wilson, Moira L., Sarah Tumen, Rissa Ota, and Anthony G. Simmers. "Predictive Modeling: Potential Application in Prevention Services." *American Journal of Preventative Medicine* 48 (5), 2015: 509-19.

Woods, Darian. "New Zealand's Child Abuse Analytics Study Hits Political Snag." *Chronicle of Social Change*, Aug. 7, 2015. https://chronicleofsocialchange.org/featured/new-zealands-child-abuse-analytics-study-hits-political-snag. [Accessed Aug. 1, 2017.]

**档案**

在研究阿勒格尼县家庭筛查工具的初期，我访问了哈里斯堡的宾夕法尼亚州立档案馆。我在公共福利部的记录中找到了至关重要的历史背景，尤其是 RG-23 系列：Boxes 8-1618 Carton 26 (Administrative Correspondence), 8-1638 Carton 61 (Interdepartmental Correspondence), 8-1628 Carton 54 (Interdepartmental Correspondence), and 8-1635 Carton 58 (Interdepartmental Correspondence)。

## 第五章　数字济贫院

**已出版文献**

*Automating Apartheid: U.S. Computer Exports to South Africa and the Arms Embargo.* Philadelphia: NARMIC/American Friends Service Committee, 1984.

Blacck, Edwin, *IBM and the Holocaust: The Strategic Alliance between Nazi Germany and America's Most Powerful Corporation.* New York: Crown Publishers, 2001.

Brennan, William J. "Reason, Passion, and 'the Progress of the Law.'" *Car-dozo Law Review* 3 (1988): 3-23.

Cohen, Adam. *Imbeciles: The Supreme Court, American Eugenics, and the Sterilization of Carrie Buck.* New York: Penguin Press, 2016.

Cohn, Cindy. "Amicus Brief of the Electronic Frontier Foundation (Case 14-4104, Document 57)." 2015. https://www.eff.org/files/2015/02/11/eff_ibm_apartheid_amicus_brief_final.pdf [Accessed June 26, 2017.]

Desilver, Drew. "U.S. Income Inequality, on Rise for Decades, Is Now Highest Since 1928." Pew Research Center, 2013. http://www.pewresearch.org/fact-tank/2013/12/05/u-s-income-inequality-on-rise-for-decades-is-now-highest-since-1928/. [Accessed June 26, 2017.]

Ehrenreich, Barbara. *Fear of Falling: The Inner Life of the Middle Class.* New York: Pantheon Books, 1989.

Flaherty, David H. *Protecting Privacy in Surveillance Societies: The Federal Republic of Germany, Sweden, France, Canada, and the United States.* Chapel Hill, NC: University of

North Carolina Press, 1989.

Gandy, Oscar H. *Coming to Terms with Chance: Engaging Rational Discrimination and Cumulative Disadvantage*. New York: Routledge, 2009.

Gangadharan, Seeta Pena. "Digital Inclusion and Data Profiling." *First Monday* 17 (5-7), 2012.

Haney Lopez, Ian. *Dog Whistle Politics: How Coded Racial Appeals Have Reinvented Racism and Wrecked the Middle Class*. New York: Oxford University Press, 2014.

Killgrove, Kristina. "How Grave Robbers and Medical Students Helped Dehumanize 19th Century Blacks and the Poor." *Forbes*, July 13, 2015. https://www.forbes.com/sites/kristinakillgrove/2015/07/13/dissected-bodies-and-grave-robbing-evidence-of-unequal-treatment-of-19th-century-blacks-and-poor/#468b84886dl2. [Accessed Aug. 1, 2017.]

Massey, Douglas S., and Nancy A. Denton. *American Apartheid: Segregation and the Making of the Underclass*. Cambridge, MA: Harvard University Press, 1993.

Mounk, Yascha. *The Age of Responsibility: Lucky, Choice, and the Welfare State*. Cambridge, MA: Harvard University Press, 2017.

O'Neil Cathy. *Weapons of Math Destruction: How Big Data Increases Inequality and Threatens Democracy*. New York: Crown, 2016.

Rank, Mark R. One Nation, *Underprivileged: Why American Poverty Affects Us All*. New York: Oxford University Press, 2004.

Stone, Debonzh A. *Policy Paradox: The Art of Political Decision Making*, 3rd ed. New York: W. W. Norton, 2012.

Taube, Aaron. "How Marketers Use Big Data to Prey on the Poor." *Business Insider*, Dec. 19, 2013. http://www.businessinsider.com/how-marketers-use-big-data-to-prey-on-the-poor-2013-12. [Accessed Aug. 1, 2017.]

Vaithianathan, Rhema. "Big Data Should Shrink Bureaucracy Big Time." *Stuff*, 2016. http://www.stufF.co.nz/national/politics/opinion /85416929/rhema-vaithianathan-big-data-should-shrink-bureaucracy-big-time. [Accessed June 26, 2017.]

Wong, Julie Carrie. "'We're Just Rentals': Uber Drivers Ask Where They Fit in a Self-Driving Future." *Guardian*, Aug. 19, 2016. https://www. theguardian.com/technology/2016/aug/19/uber-self-driving-pittsburgh-what-drivers-think. [Accessed June 28, 2017.]

## 结论：拆除数字济贫院

**已出版文献**

Alexander, Karl L., Doris R. Entwisle, and Linda Steffel Olson. *The Long Shadow: Family Background, Disadvantaged Urban Youth, and the Transition to Adulthood*. American Sociological Association, Rose Series in Sociology. New York: Russell Sage

Foundation, 2014.

Deloitte Touche. *Public Sector, Disrupted: How Disruptive Innovation Can Help Government Achieve More for Less*. 2012. https://www2.deloitte.com/content/dam/Deloitte/global/ Documents/Public-Sector/dttl-ps-publicsectordisrupted-08082013.pdf. [Accessed Aug. 1, 2017.]

Edin, Kathryn J., and H. Luke Shaefer. *$2.00 a Day: Living on Almost Nothing in America*. Boston: Houghton Miffin Harcourt, 2015.

Garza, Alicia. "A Herstory of the #Blacklivesmatter Movement." http:// blacklivesmatter.com/herstory/. [Accessed June 28, 2017.]

Gillespie, Sarah. "Mark Zuckerberg Supports Universal Basic Income, What Is It?" *CNNMoney*, May 26, 2017. http://money.cnn.com/2017/05/26/news/economy/mark-zuckerberg-universal-basic-income/index.html. [Accessed June 28, 2017.]

Hiltzik, Michael. "Conservatives, Liberals, Techies, and Social Activists All Love Universal Basic Income: Has Its Time Come?" *Los Angeles Times*, June 22, 2017. http://www.latimes.com/business/hiltzik/la-fi-hiltzik-ubi-20170625-story.html. [Accessed June 28, 2017.]

Holland, Gale. "13,000 Fall into Homelessness Every Month in L.A. County, Report Says." *Los Angeles Times*, Aug. 25, 2015. http://www .latimes.com/local/lanow/la-me-homeless-pathways-20150825-story.html. [Accessed Aug. 1, 2017.]

House of Representatives of the State of Hawaii. *Requesting the Department of Labor and Industrial Relations and the Department of Business, Economic Development, and Tourism to Convene a Basic Economic Security Working Group*. 29th Legislature. http://www.capitol.hawaii.gov/session2017/bills/HCR89_____. HTM. [Accessed Aug. 1, 2017.]

Jackson, Thomas. *From Civil Rights to Human Rights: Martin Luther King, Jr., and the Struggle for Economic Justice*. Philadelphia: University of Pennsylvania Press, 2007.

King, Jr., Dr. Martin Luther. "Remaining Awake through a Great Revolution." Sermon in the National Cathedral. Washington, DC, Mar. 31, 1968 (1968b). http://kingencyclopedia.stanford.edu/encyclopedia /documentsentry/doc_remaining_awake_through_a_great_revolution.l.html. [Accessed Aug. 1, 2017.]

Kotz, Mick, and Mary Lynn *Yiotz. A Passion for Equality: George A. Wiley and the Movement*. New York: W. W. Norton & Co., 1977.

McKnight, Gerald. *The Last Crusade: Martin Luther King, Jr., the FBI, and the Poor People's Campaign*. Boulder, CO: Westview Press, 1998.

Movement for Black Lives. "Platform: Reparations." https://policy.m4bl.org/reparations/. [Accessed Aug. 1, 2017.]

Potts, Monica. "The Other Americans." *Democracy: A Journal of Ideas* 32 (2014). http://

democracyjournal.org/magazine/32/the-other-americans/. [Accessed Aug. 1, 2017.]

**档案**

退伍军人民权运动的在线文献网站 http://www.crmvet.org/is an 是一个非凡的资料库。在这里我找到了很多描述贫民运动的原始资料，包括：Martin Luther King. *Statement Announcing Poor People's Campaign*. Dec. 4, 1967。

Martin Luther King. *Letter to Supporters Regarding Poor Peoples Campaign*. Apr. 1968 (1968a).

SCLC ~ Martin Luther King. *Economic Bill of Rights*. 1968.

Unsigned, assumed to be Dr. King and perhaps others associated with SCLC. *Draft: To the President, Congress, and Supreme Court of the United States*. Feb. 6, 1968.

# 索 引[*]

ACLU 美国公民自由联盟，54，59
Adams, Richard, 理查德·亚当斯 71—72
Adequate Income Act,《充分收入法》32，210
Affiliated Computer Services (ACS), 联盟计算机服务公司 45，48—49，51，62—63，67，69—70，75—76，185
affordable housing, 可负担住房 86—87，89，106，113，124，143，208. See also public housing 参见公共住房
African Americans, 非裔美国人
    Black Lives Matter, "黑人生命同样重要" 214
    and child welfare, 儿童福利 134，152—155，156，165，167—168
    and Civil Rights movement, 民权运动 30，81，105，121，201—204，208—209，216—217
    and criminal justice system, 刑事司法制度 81，214—215

and digital poorhouse, 数字济贫院 6，12，184，215
and eugenics, 优生学 23
and exclusion, 排除 19，27—29，31，33，198
and housing, 住房 87，104—105，123，125，191
Movement for Black Lives, "黑人生命同样重要" 运动 214
and poorhouses, 济贫院 19
and public relief, 公共救济 10，26—29，31，33
and scientific charity movement, 科学慈善运动 23—24
and welfare, 福利 30，33，78—81
and Welfare rights movement, 福利权利运动 32—33，203
Aid to Dependent Children (ADC), 儿童援助计划
    and "employable mother" rule, 33 "可

---

[*] 索引中页码为原书页码，即本书边码。

210

# 索 引

就业的母亲"规则
history of, 历史 27–29
See also Aid to Families with Dependent Children (AFDC) 参见"抚养未成年子女家庭援助计划"
Aid to Families with Dependent Children (AFDC), 抚养未成年子女家庭援助计划
 and eligibility rules, 资格限定规则 29–30
 history of, 历史 27–32
 and New York, 纽约 34, 36
 and Nixon administration, 尼克松政府 31–32
 and Reagan administration, 里根政府 45, 80
 replaced by Temporary Assistance to Needy Families (TANF), 被贫困家庭临时援助计划取代 36
 statistics, 数据 30, 32–33, 35, 37
 and welfare rights movement, 福利权利运动 32–33
Alexander, Carmen, 卡门·亚历山大 165
Alexander, T.C., T.C.亚历山大 91, 114
Allegheny County, Pennsylvania, 宾夕法尼亚州阿勒格尼县
 Children, Youth and Families (CYF), 县儿童、青年和家庭办公室 127–129, 132, 136, 140, 142–169, 172–173
 Department of Human Services (DHS), 民政部 132–136, 139, 147, 161, 164, 172
 See also child welfare; predictive risk models 参见儿童福利；风险预测模型
Allegheny Family Screening Tool (AFST), 阿勒格尼县家庭筛查工具 11, 127, 132, 140–147, 152–156, 158, 161, 164–173, 181–182, 185–187, 198, 166n1
Allen, Dorothy (pseudonym), 多萝西·艾伦（化名）9, 190
Almy, Frederic, 弗雷德里克·艾尔米 22
Anderson, Jacqueline, 杰奎琳·安德森 113
Andree, Jamie, 杰米·安德烈 49–50, 53, 75
apartheid, （前南非）种族隔离政策 191, 199
area under a receiver operating characteristic (ROC) curve, 受试者工作特征曲线覆盖领域 145
Aron, Hillel, 席勒·亚伦 89
automated decision making, 自动决策制定 3, 5–6, 9–10, 12–13, 16, 36, 81–82, 136–137, 179, 185, 190, 192. See also decision making 参见决策制定
automated eligibility systems, 资格自动认证系统 3, 9, 11–12, 52, 77, 82, 168, 178, 198
Becker, Vaneta, 瓦内塔·贝克尔 71
Bell, Christal, 克里斯塔·贝尔 78
Bellesiles, Michael, 迈克尔·贝里尔 21
Bennett, Paula, 鲍拉·本尼特 137–138
Berlinger, George F., 乔治·F.柏林格 35–36
Bill & Melinda Gates Foundation, 比尔及梅琳达·盖茨基金会 85
Bill of Rights, economic and social, 经济和社会权利议案 208–209
Birden, Michelle "Shelli", 米歇尔·雪莉·伯登, 51–52, 54–55, 82, 197

Black, Edwin, 埃德温·布莱克 199
black boxes, human beings as, 人类作为不可知的黑匣子 168
Black Lives Matter, "黑人生命同样重要" 214
Bland, Sandra, 桑德拉·布兰德 184
Blasi, Gary, 加里·布拉斯 125
Boatwright, "Uncle" Gary, 加里·伯特莱特"大叔" 98–103, 114, 117, 125
Boyle, Hal, 哈尔·博伊尔 84
Brace, Charles Loring, 查理斯·罗瑞·布理斯 167
Bratton, William, 威廉·布拉顿 117–118
Brennan, Cecilia, 塞西莉亚·布伦南 78
Brennan, William J., Jr., 大法官小威廉·布伦南 58, 195
Brown, Michael, 迈克尔·布朗 184
*Buck v. Bell*, 巴克诉贝尔案 23
Buzelle, George, 乔治·布泽尔 23
Cardwell, Glenn, 格伦·卡德威尔 54, 77
Cardwell, John, 约翰·卡德威尔 44, 66, 83
caregiving and caregivers of children, 儿童看护和儿童看护者 127, 130, 147, 173, 182
    and gendered expectations, 性别期待 205
    rewarding, 回报 197
casework and caseworkers, （福利）个案调查工作与社工
    and child welfare, 儿童福利 131, 133–134, 139, 143, 149–151, 159–160, 162, 165
    and digital poorhouse, 数字济贫院
    and eligibility rules, 资格限定规则 29
    history of, 历史 21–22, 24, 26

    and homelessness, 无家可归 95, 97, 102, 110–111
    and human bias, 人类偏见 79
    and hybrid eligibility system, 混合资格审查制度 75–77
    and the New Deal, 新政 26, 29
    and predictive risk models, 风险预测模型 143, 166–168
    scientific casework, 科学个案调查工作 177
    and scientific charity, 科学慈善 21–22, 24, 26
    and welfare reform, 福利改革 45–47, 52–55, 59, 62–63, 70, 74
    and welfare rights movement, 福利权利运动 34–35
cash benefits, 现金福利补助 7, 51, 82, 185
Cermak, Joe, 乔·瑟马克 69
Charity Organization Society, 慈善组织协会 22
Cherna, Marc, 马克·切尔纳 132–136, 142, 144, 153, 155, 164–165, 169, 171–172, 185, 166n1
child abuse and neglect hotlines, 儿童虐待与忽视热线 127–29, 139–141, 145–147, 149–155, 159–160, 169–173, 182
    and mandatory reporters, 强制报告人 127, 151, 153, 156, 160, 170
    and nuisance calls, 恶意骚扰电话 151, 155, 164
    and racial disproportionality, 种族失衡 153–156, 167
    and referral bias, 转介偏见 153
Child Abuse Prevention and Treatment Act (CAPTA, 1974), 《儿童虐待预防和

# 索引

处理法》129–130
child welfare, 儿童福利
 case of Byron Giffin, 拜伦·格里芬案 133
 case of Shawntee Ford, 肖恩蒂·福特 133–134
 child placement as proxy for maltreatment, 儿童安置作为虐待行为成立的指标 155
ChildLine (hotline), 儿童热线 139
ChildLine Abuse Registry, 州儿童虐待热线登记处 163
 community re-referral as proxy for maltreatment, 社区转介作为虐待行为成立的指标 155
 General Protective Services (GPS), 一般保护服务 140, 164
 and human bias, 人类偏见 167
 and mandated reporting, 强制报告 127, 151, 153, 156, 160, 170
 neglect vs. abuse, 忽视 v. 虐待 129–131
 and race, 种族 134, 152–155, 156, 165, 167–168
 and referral bias, 转介偏见 153
 and religion, 宗教 167
 risk factors for abuse, 儿童受虐风险指标 169
 and scientific charity, 科学慈善 167–168, 183, 188
 See also Allegheny Family Screening Tool (AFST); child abuse and neglect hotlines; predictive risk models, 参见阿勒格尼县家庭筛查工具; 儿童虐待与忽视热线; 风险预测模型
civil rights, 民权 18, 207
civil rights movement and activism, 民权运动 30, 81, 105, 121, 203
 See also King, Martin Luther, Jr.; Southern Christian Leadership Conference (SCLC), 参见马丁·路德·金; 南方基督教领袖协会
Civil Works Administration (CWA), 土木工程署 25–26
Civilian Conservation Corps (CCC), 平民保育团 25–26
Clinton, Bill, 比尔·克林顿 37
Cloward, Richard, 理查德·克罗沃德 25, 177
Cohen, Stanley, 斯坦利·科恩 175
Cohn, Cindy, 辛迪·科恩 199
COINTELPRO (the COunter INTELligence PROgram of the FBI), 联邦调查局的反谍计划 121, 203
Communism, 共产主义 21, 85–86
confidentiality, 保密 66, 115, 160
 See also privacy 参见隐私
Conrad N. Hilton Foundation, 康拉德·希尔顿基金会 85
coordinated entry system (CES), 协调录入系统 11–12, 84–85, 91–93, 95, 97–98, 101, 103, 106, 108–109, 112–113, 117–119, 121–125, 178, 180–181, 185, 198
correlation vs. causation, 相关性 v. 因果性 144–145
county farms, 县农场 See poorhouses 参见济贫院
county homes, 县贫困家园 See poorhouses 参见济贫院
COWPI. See Indiana, Committee on Welfare Privatization Issues, 参见福利私营议题委员会
creative economy, 创意经济

in Los Angeles, 洛杉矶 89, 121
　　in Pennsylvania, 宾夕法尼亚 178
criminalization, 入罪
　　and automated decision-making, 自动决策制定 16
　　and digital poorhouse, 数字济贫院 178–179, 180–181, 183–184, 189, 194
　　and homelessness, 无家可归 111, 114, 117, 123
　　and poverty, 贫困 12, 116, 117, 121, 180–181, 183–184, 189
　　and welfare reform, 福利改革 184
Crouch, Suzanne, 苏珊娜·克劳奇 71
Culhane, Dennis, 丹尼斯·卡尔亨 92
Cullors, Patrisse, 帕蒂斯·寇乐斯 214
cultural denial, 文化否认 175–178
Cunningham, Mary, 玛丽·坎宁安 113
Dalton, Erin, 艾琳·道尔顿 135, 140, 142, 144, 153, 157–158, 164–165, 170–172, 185
Daniels, Mitch, 米奇·丹尼尔斯 44–49, 53, 69, 71–73, 79–80, 179
Dare, Tim, 蒂姆·戴尔 141
Data, 数据
　　analytics, regime of, 分析制度 9, 37
　　mining 数据挖掘 7, 16, 116, 122, 144, 153, 190, 196, 199
　　and right to be forgotten, 被遗忘权 187–188
　　security, 数据安全 5, 11, 148
　　warehouse, 数据仓储 135–136, 139, 144, 146–147, 153, 157, 161, 164, 166, 187
decision making, 决策
　　automated, 自动化 3, 5–6, 9–10, 12–13, 36, 81–82, 136–137, 179, 185, 190, 192
　　and big data, 大数据 168
　　human, 人工 142–143, 153, 166–168, 171, 192
　　and inclusion, 包容性 195–196
　　revolutionary change in, 根本性变化 3
　　and scientific charity, 科学慈善 22, 167
　　tracking of, 追踪 7–8
　　and transparency, 透明性 185
Declaration of Independence, 《独立宣言》 193–194, 209
deindustrialization, 去工业化 132, 183
　　in Indiana, 印第安纳州 64
　　in South LA, 南洛杉矶 86, 100, 104
Denton, Nancy A., 南希·丹顿 191
Department of Housing and Urban Development (HUD), 美国住房和城市发展部 12, 84, 94
dependency, 依赖 38, 46, 79
digital decision-making, 数字决策 See automated decision making, 参见自动决策
predictive risk models, 参见自动决策制定；风险预测模型
digital poorhouse, 数字济贫院 199–200
　　and class, 种族 188–189
　　and criminalization, 入罪 178–179, 180–181, 183–184, 189, 194
　　and discrimination, 歧视 190–193
　　dismantling the, 拆除数字济贫院 201–217
　　and diversion from public resources, 分流转移穷人的公共资源 82–83, 177–181, 183–184, 189–190, 194
　　effects of, 效果 16–17, 38, 178–179

# 索　引

and equity, 平等 194–197
eternality of, 恒久性 187–188
and "fear of falling", 堕落恐惧 183–184
as hard to understand, 难以理解 184–185
intractability of, 难以驾驭 186–187
National Welfare Rights Organization (NWRO), 全国福利权利组织 31–32, 203
novel aspects of, 新方面 183–188
origins of, 缘起 12–13, 33, 37
and politics, 政治 197–199
and prediction of future behavior, 预测未来行为 181–183
scalability of, 广泛分布 185–186
and self-interest, 自我利益 189–190
and values, 价值观 193–197
discretion, 裁量自由 3, 109
　of caseworkers, 社工的 35, 79, 80, 187
　in decision-making, 决策制定中的 79–81, 140, 154, 167–168
discrimination, 歧视 68
　and child welfare, 儿童福利 155–156, 168, 175
　and cultural denial, 文化否认 175,
　and digital poorhouse, 数字济贫院 12, 182, 190–192, 195, 204, 205
　and public assistance, 公共援助 27, 29–31, 33, 38
　rational, 理性的 191–192
　and reverse redlining, 反向红线 191
and welfare reform, 福利改革 80–81
Disinvestment, 投资缩减
　in neighborhoods, 街区 103–105, 109, 123–124, 132
　in social service programs, 社会服务项目 47, 75, 91
disproportionality in child welfare decisions, 儿童福利决定中的失衡 153–156, 167
disruptive innovation, 破坏性创新 37, 177–178, 215
Dogon, General, 杰纳勒尔·多贡 91, 120–121, 126
Dreyer, David, 大卫·德雷尔 72–75
driverless cars, 无人驾驶汽车 132, 192
drug and alcohol abuse, 吸毒，酗酒 117, 131, 132, 157
Drug and Alcohol Services, 酗酒和吸毒治疗服务 128, 135
drug and alcohol treatment, 吸毒酗酒问题康复治疗 133, 147, 166
drug testing, 毒品测试 37, 62, 160, 210
Du Bois, W.E.B., 杜波伊斯 19
due process, 正当程序 31, 58–59, 74, 83, 158, 164–165, 185, 193, 194
Dunham, Calvin B., 卡尔文·B.邓纳姆 16
EBT. See electronic benefits transfer, 参见电子给付转账
economic depression, 经济萧条
　of 1819, 1819 年 17, 21, 26
　of 1873, 1873 年 20–21, 26
economic violence, 经济暴力 213–214
Edin, Kathryn J., 凯瑟琳·J.艾丁 209
Ehrenreich, Barbara, 芭芭拉·埃伦里奇 184
electronic benefits transfer (EBT), 电子给付转账 7–9, 56
Electronic Data Systems, 电子数据系统 36
eligibility rules, 资格限定规则 28–29, 31, 33
　"employable mother" rules, "可就业的母亲"规则 29, 33, 78

"man in house" rules, "家庭存在成年男性" 规则 78

"substitute father" rules, "代父" 规则 29, 31, 78

"suitable home" rules, "合适的居住环境" 规则 29, 78

empathy, 同理心 168, 206–207

"employable mother" rules, "可就业的母亲" 规则 29, 33, 78 See also eligibility rules, 参见资格限定规则

equity as a national value, 平等作为国家价值观 193–196, 199

Errington, Sue, 苏·埃林顿 67

eugenics, 优生学 22–25, 186

expungement, 删除 114, 163–164

"failure to cooperate", 未能配合 42–44, 50–54, 57, 59, 69–70, 78, 185

fair hearings, 公平听证 31, 57–60, 76

Family Assistance Program (FAP), 家庭援助项目 31–32, 35

false negatives, 假阳性 145–146

false positives, 假阴性 145–146, 155

"fear of falling", 堕落恐惧 184

Federal Bureau of Investigation (FBI), 联邦调查局 121, 203

Federal Emergency Relief Administration (FERA), 联邦紧急救济署 25–26

Flaherty, David, 大卫·弗莱尔蒂 187

food banks, 食品银行 65, 70

food stamps, 食品券 46–49, 51, 53, 55–57, 59–60, 63, 65, 68, 78–80, 116, 131, 143. See also Supplemental Nutrition Assistance Program (SNAP), 参见补充营养援助项目

Ford, Ezell, 埃泽尔·福特 184

Ford, Ira B., 艾拉·B. 福特 15–16

Ford, Mabel, 梅布尔·福特 133

Ford, Shawntee, 肖恩蒂·福特 133

foster care, 寄养 131, 133–135, 144, 146, 149, 152–155, 158–159, 161, 166, 173

fraud detection, 欺诈检测 189
  and algorithms, 算法 3–6
  and Indiana, 印第安纳州 45–46, 49
  technologies, 技术 34–38, 49, 74, 76, 79–81
  and universal basic income (UBI), 全民基本收入 211

Freeland, Mary, 玛丽·弗里兰 133–134

Galton, Francis, 弗朗西斯·高尔顿 22

Gambrill, Eileen, 艾琳·甘布里尔 141

"gaming" the system, "赌博" 155, 185

Gandy, Oscar, 奥斯卡·甘地 122, 190

Gangadharan, Seeta Pena, 西塔·佩纳·甘加达兰 191

Garcetti, Eric, 埃里克·加希提 110

Garza, Alicia, 艾丽西亚·加尔萨 214

gentrification, 贵族化 103, 104, 121, 192
  See also urban renewal, 城市复兴

Gilbert, Fred, 弗雷德·吉尔伯特 63

Gilens, Martin, 马丁·吉伦斯 33

Gillespie, Sarah, 萨拉·吉勒斯皮 113

*Goldberg v. Kelly*, 戈德伯格诉凯利案 31, 58, 59, 195

Gordon, Pat, 帕特·戈登 127–132, 138–140, 146–147, 165, 168–169

Gray, Freddie, 弗雷迪·格雷 184

Great Depression, 大萧条 25, 82, 85, 177

Great Railroad Strike of 1877, 1877 年铁路工人大罢工 21, 177

Great Recession of 2007, 2007 年经济衰

# 索 引

退 8，73，99，136

Gregory, Justin E., 贾斯汀·E. 格雷戈里 15

Gresham, Jane Porter, 简·波特·格雷瑟姆 55，61-64，76

Grzyb, Patrick, 帕特里克·格里兹 147-149，151-154，160-161，173，182，197

Gustafson, Kaaryn, 凯伦·古斯塔夫森 116

Hankins, Tanya, 坦尼娅·汉金斯 156-157

harm reduction, 减少伤害 106

Hawkins, Amanda Green, 阿曼达·格林·霍金斯 163-165

health care, 医保 3-6，70，197
    and child neglect, 儿童忽视 157
        and mental health, 精神健康 110，128
    and passbook system, （南非种族隔离时期）有色人种身份证 199
    and poorhouses, 济贫院 19
    as a right, 作为一种权利 206，208
    and surveys, 调查 93，94

health-care fraud, 医保欺诈 3-4

health-care system, 医保体系 7
    and employment, 就业 25
    and Indiana, 印第安纳州 44，47
    providers and employees, 3，94，160

health insurance, 医疗保险 1-6
    and Indiana, 印第安纳州 41-43，54
    start dates for, 起保时间 2-3
    See also Medicaid, （低收入群体）医疗补助

Higgins, Will, 威尔·希金斯 78

Hippocratic oath for technology and administration, 技术人员和行政官员应宣誓的希波克拉底誓言 212-213

Holden, Ollice, 奥利斯·霍尔登 70

Holland, Gale, 盖尔·霍兰 211

Holly, Chris, 克里斯·霍利 53-55，76-77

Holmes, Oliver Wendell, 奥利弗·温德尔·霍姆斯 23

Homeless Management Information System (HMIS), 无家可归者管理系统 94，114-116

Homelessness, 无家可归
    and criminalization of poverty, 贫困入罪 180-181
    and encampments, 临时居住营地 84，90，96，100，106，112，116-118，120-124
    Homeless Outreach Program Integrated Care System (HOPICS), 无家可归外展项目综合护理系统 108
    Los Angeles Homeless Services Authority (LAHSA), 洛杉矶无家可归者服务局 102，112
    Measure H (sales tax increase), H 措施（增加销售税）110，111，117，123
    Measure HHH (Homelessness Reduction and Prevention, Housing and Facilities Bond), HHH 措施（减少防控无家可归，发行住房和设施债券），110-113，117，123
    "no wrong door" approach, "不会出错"的方法 85
    shelters, 庇护所 90，92-93，96，103-108，113
    and storage units, 存储处 123
    See also housing, 参见住房

Honkala, Cheri, 谢里·洪卡拉 206,

207

Hoover, J. Edgar, 埃德加·胡佛 203
Housing, 住房
   American Housing Act (1949), 1949 年《美国住房法》, 86, 87
   block-busting, 把黑人居民介绍到传统白人居住区 191
   court cases, 判例 111–112, 117–118, 124
   Fair Housing Act (1968), 1968 年《公平住房法》191
   gentrification, 贵族化 103, 104, 121, 192
   Home for Good, "永恒之家" 93, 111, 113
   Housing Authority of the City of Los Angeles (HACLA), 洛杉矶市房屋管理局 87, 95, 108, 128
      "housing readiness" model, 住房准备模式 92–93
   National Housing Act (1934), 1934 年《全国住房法》26–27
   permanent supportive housing, 永久性援助房 89–90, 92, 95–97, 104–108, 111–114, 117, 120–121, 180
   redlining, 红线 27, 191–192
   single room occupancy, 出租单间的廉价公寓 88, 90, 91, 120, 124
      SRO Housing Corporation, SRO 住房公司 97
   Wagner Act,《瓦格纳法》27
   See also homelessness, 参见无家可归
housing first philosophy in homeless services, 无家可归服务中的住房优先理念 91–93, 106
Hunt, Quanetha, 夸内莎·亨特 105–107
Hurricane Katrina, 卡特里娜飓风 99
hybrid eligibility systems, 混合资格审查制度 72, 74–77, 82, 179
IBM, 国际商业机器公司 48, 63, 67, 69–75, 82
   and apartheid,（前南非政府推行的）种族隔离 199
   *Indiana v. IBM*, 印第安纳州诉 IBM 72–75, 185
Incarceration, 监禁
   and child welfare, 儿童福利 135, 160
   and digital poorhouse, 数字济贫院 197
   and homelessness, 无家可归 92, 98, 101, 106, 111–112, 117, 119–121, 123, 125–126
   mandatory sentencing, 强制量刑 81, 194
   mass, 大规模 214, 215
   and modernization, 现代化 77
   and poverty, 贫困 17, 20, 176–177, 180, 183, 186, 215
   reentering communities after, 重返社会 92
inclusion as a national value, 包容作为一种国家价值观 193, 195–196
Indiana, 印第安纳州
   Committee on Welfare Privatization Issues (COWPI), 福利私营议题委员会 67
   Concerned Hoosiers, "忧心忡忡的印第安纳人" 67
   eligibility modernization, 福利资格审查现代化 48–55, 67–73, 76–82
   Family and Social Services Administration (FSSA), 家庭与社会服务管理局 41–49, 51–57, 59–67, 69–72, 74, 76–79, 179
   First Steps program, "第一步" 计划 40
   Generations Project, 世代项目 44,

218

# 索 引

66，83

Greater Faith Missionary Baptist Church，伟大信仰传教士浸信会 46，79–80

Healthy Indiana Plan，印第安纳州健康计划 41，43

Hoosier Healthwise，印第安纳居民健康计划 55–56，60

hybrid eligibility system，混合资格审查制度 72，74–77，82

*Indiana v. IBM*，印第安纳州诉 IBM 72–75，185

industry and manufacturing in，印第安纳州工业和制造业 64

Stipes family，斯泰普斯一家 39–44，77，82，196–197

township system of，城镇体系 65

United Senior Action，长者行动组织 43

Indiana Client Eligibility System (ICES)，印第安纳州福利资格系统 47–48

Indiana Legal Services，印第安纳法律服务中心 49，75

*Indiana v. IBM*，印第安纳州诉 IBM 72–75，185 *See also* IBM 参见 IBM

integration，data systems，整合，数据系统 119–120，135–136，139，144，146–147，153，157，161，164，166，187

Irvine，Huston，休斯顿·欧文 85

Jim Crow era，吉姆·克劳时代 23

Johnson，Lyndon，林登·约翰逊 208

Jones，Melinda，梅琳达·琼斯 68

*Jones v. City of Los Angeles*，琼斯诉洛杉矶市案 111–112，117，124

Joseph，Deon，迪翁·约瑟夫 118–119

Judge，Rob，罗伯·贾琦 192

"Justice on Trial" (report)，《审判中的正义》81

Katz，Michael，迈克尔·卡茨 19–20

Kennedy，Howard，肯尼迪·霍华德 29

Key Information and Demographics System (KIDS)，关键信息和人口统计系统 127–130

Kidwell，Lindsay，林赛·基德威尔 55–60，82，197

King，Christina，克里斯蒂娜·金 68

King，Martin Luther，Jr.，马丁·路德·金 201–204，208–209，211，213

and Poor People's Campaign，穷人运动 202–204，207–209

"Remaining Awake through a Great Revolution,"在大变革中保持清醒 201–202，216–217

*King v. Smith*，金诉史密斯 31

Kittell，John，约翰·基特尔 16

Ko，Chris，克里斯·科 109–113，115

Kotz，Nick，尼克·科茨 203

Kuehl，Sheila，希拉·库尔 109

Kusmer，Ken，肯·库斯默 71

Lanane，Tim，提姆·拉娜 67

Laughlin，Harry，哈里·劳克林 186

*Lavan v. City of Los Angeles*，拉万·洛杉矶市案 111

LePage，Paul，保罗·勒帕吉 7–8

Lewis，Tracey McCants，特蕾西·麦坎茨·刘易斯 163

Lewis，Veronica，维罗妮卡·刘易斯 108

liberty as a national value，自由作为一种国家价值观 193–196，202，208

Lopez，Hazel，黑兹尔·洛佩兹 109，113

Lopez，Steve，史蒂夫·洛佩兹 84

Los Angeles，California，加利福尼亚州

洛杉矶

Blue Book plan, 蓝皮书提案 88

Bunker Hill neighborhood, 邦克山街区 86, 87

Cecil Hotel, 塞西尔旅馆 90

Centropolis plan, "中心城市"规划 87

Compton neighborhood, 康普顿街区 104

Downtown Women's Center (DWC), 市妇女中心 95–98, 103

Elysian Park Heights plan, 艾丽西亚公园高地公共住房区规划 86–87

Gateways Apartments, Gateways 公寓 95–98, 109

homelessness statistics, 无家可归数据统计 103

Lamp Community, 兰普社区 91, 109, 113, 119

Little Tokyo neighborhood, 小东京社区 89

Los Angeles Police Department (LAPD), 洛杉矶警察局 94, 111–112, 115, 118, 125

Pathways to Home (shelter), "回家之路"庇护所 96, 103, 105–108

population statistics, 人口数据分析 89

poverty, 贫困 174–175

public housing, 公共住房 86–87, 104

Safer City Initiative (SCI), "安全城市计划" 118

Silver Book plan, "银皮书"方案 87–88

Skid Row, 贫民街 84–91, 93, 96, 98–99, 101, 103–104, 108, 112, 117–121, 124

South Central LA, 洛杉矶南部中心街区 10, 103–104

South LA, 南洛杉矶 96, 103–108, 124

Stop LAPD Spying Coalition, "停止洛杉矶警察监视"联盟 214

Vernon neighborhood, 弗农街区 104

Watts neighborhood, 瓦茨街区 87, 104

wealth gap, 财富差距 174–175

Los Angeles Community Action Network (LA CAN), 洛杉矶社区行动网 118, 120, 125

Los Angeles County, 洛杉矶县

coordinated entry system (CES), 协调入住系统 11–12, 84–85, 91–98, 101, 103, 106, 108–109, 110–113, 117–125, 178, 180–181, 185, 198

Downtown Women's Center (DWC), 市妇女中心 96–98, 103

Homeless Management Information System (HMIS), 无家可归者管理系统 94–95, 114–116

Housing Authority of City of Los Angeles (HACLA), 洛杉矶市房屋管理局 95, 108 See also Los Angeles, California, 参见加利福尼亚州洛杉矶市

Lynn, Mary, 玛丽·林恩 203

magical thinking, 魔幻思维 178, 183

Main, Zach, 扎克·曼因 69–70

"man in house" rules, "家庭存在成年男性"规则 78

See also eligibility rules, 参见资格限定规则

March on Washington for Jobs and Freedom, 华盛顿争取就业和自由大游行 30

Massey, Douglas S., 道格拉斯·S.梅西 191

McGairk, Dionna, 迪奥娜·麦盖克 68

McHugh, Patricia, 帕特里西亚·迈克

# 索 引

休 91
McKenna, Natasha, 娜塔莎·麦肯纳 184
McKnight, Gerald, 杰拉尔德·麦克奈特 203, 204
Medicaid, 医疗补助 128, 175, 189
 and automation, 自动化 46, 51–57, 50–60, 65, 68, 70, 71, 75, 77–79, 82
 and "failure to cooperate", 未能配合 42–44, 50–54, 57, 59, 69–70, 78
 registry for, 登记 36
 Select Joint Commission on Medicaid Oversight, 医疗补助监督联合委员会 71
mental health, 精神健康 44, 180, 187
 and child welfare, 儿童福利 128, 135, 137, 140, 147, 160–166
 and homelessness, 无家可归 89, 93–94, 102, 110, 125
 and welfare reform, 福利改革 37
middle class, 中产阶级 See professional middle class, 参见职业中产阶级
midnight raids, 午夜突袭 12, 29
Mills, Lawren, 劳伦·米尔斯 45
"mop-up" public assistance programs, "扫尾性"公共援助项目 28
Morris, Gilbert E., 吉尔伯特·莫里斯 86
motherwork, 母亲的日常工作 30
Mounk, Yascha, 耶斯查·芒克 176
Movement for Black Lives, "黑人生命同样重要运动" 214
Mulvey, Laurie, 劳里·穆尔维 136, 172
Murphy, Anne Waltermann, 安妮·沃尔特曼·墨菲 71–72, 74, 76
Murphy, Kim, 基姆·墨菲 65, 67

Murphy, Mary, 玛丽·墨菲 16
Musk, Elon, 埃隆·马斯克 210
NAACP, 全国有色人种促进会 29
Nadasen, Premilla, 布勒密拉·那达森 28, 30
National Alliance to End Homelessness, "终止无家可归全国联盟" 84–85
national values, 国家价值观 193–197
National Welfare Rights Organization (NWRO), 全国福利权利组织 31–32, 203 See also welfare rights movement, 参见福利权利运动
Nationwide Demonstration Project, 全国示范项目 35
Nazism, 纳粹 24, 148, 186, 199
Needell, Barbara, 芭芭拉·尼德尔 137
New Deal programs, 新政项目 25–28, 30
New Poor People's Campaign, 新穷人运动 207
New Voices Pittsburgh, "匹兹堡新声音"组织 165
New York State Board of Charities, 纽约州慈善委员会 16
New Zealand Ministry of Social Development (MSD), 新西兰社会发展部 137–138
Nilles, Ginny, 金妮·尼尔斯 66
Nixon, Richard, 理查德·尼克松 31–32, 35, 129, 210
Noel, Bruce, 布鲁斯·诺埃尔 142, 192
O'Brien, J. C., J.C.奥布莱恩 116
Occupy Wall Street, "占领华尔街"运动 214
O'Neil, Cathy, 凯西·奥尼尔 142–143, 195
Operation Talon, "泰龙行动" 116
Orwell, George, 乔治·奥威尔 6

outdoor relief, 院外救济 17, 19, 25
oxycodone, 羟考酮 5
painkillers, 止痛药 2, 4, 5
panhandling, 街头乞讨 118
Panic of 1819, 1819 年恐慌 17, 21, 26
Panic of 1873, 1873 年恐慌 20–21, 26
passbook system (South Africa),（南非种族隔离时期）有色人种身份证 199
paupers oath, 济贫院居住者誓言 18
paupers and pauperism, 济贫院居住者与赤贫现象 15, 17–18
*See also* poverty 参见贫困
Peel, Mark, 马克·皮尔 24
Pennsylvania, 宾夕法尼亚州 *See* Allegheny County, Pennsylvania 参见宾夕法尼亚州阿勒格尼县
*Perdue v. Murphy*, 普度诉墨菲案 59, 71–72, 74, 76
Perot, Ross, 罗斯·佩罗 36
Personal Responsibility and Work Opportunity Reconciliation Act (PRWORA),《个人责任和工作机会平衡法》36–37
Pierce, Matt, 马特·皮尔斯 40, 69–70
Piven, Frances Fox, 弗朗西斯·福克斯·皮文 25, 177
policing, 治安 9, 28, 104, 121, 177, 180, 214–215
   community policing, 社区治安管理 118–119
   culture of,"治安"文化 214
policy 政策
   and child welfare, 儿童福利 133
   digital decision-making as replacement for, 数字决策作为政策的替代品 2, 8, 45–46, 67, 72, 172–173
   and economic borderlands,"经济边境" 205

and homelessness, 无家可归 96, 103, 110–111, 123–124
microtargeting, 微目标定位, 细化目标对象 196
New Deal programs, 新政项目 25–28, 30
punitive public policy, 惩罚性公共政策 7, 12, 176, 196
Poor People's Economic Human Rights Campaign (PPEHRC), 贫困者经济人权运动 206–207
poorhouses, 济贫院 12–20, 37–38
   cadaver dissection "Poorhouse Ring", "贫民区"贩卖尸体用以解剖 15
   death rates in, 死亡率 20
   and fraud and profiteering, 欺诈, 牟取暴利 15–16, 18–19
   as home of last resort, 最后的寻求庇护的家园 20
   integration of, 融合 19–20
   legacy of, 遗毒 16–17
   memorializing, 记忆 14
   and "pauper problem", 赤贫问题 17–18
   physical conditions of, 硬件设施情况 15, 18–19
   poor farms, 济贫院农场 14, 147
   Rensselaer County House of Industry, 伦斯勒县勤劳之家 15–16
   *See also* digital poorhouse; poverty, 参见数字济贫院；贫困
Potts, Monica, 莫妮卡·波茨 205
Poverty, 贫困
   as borderland, "边境" 205–206
   criminalization of, 入罪 12, 116, 117, 121, 180–181, 183–184, 189
   and cultural denial, 文化否认 175–178

denial of, 否认 176–177

"deserving" and "undeserving" poor, "值得帮助"和"不值得帮助的穷人" 16, 22, 24–25, 27–28, 38, 123, 181, 211

and Great Railroad Strike of 1877, 1877年铁路工人大罢工 21, 177

line, 线 31, 36, 175–176, 189, 209

as majority experience in America, 美国多数人的经历 175

over life course, 一生 175

and parenting, 育儿 162

paupers and pauperism, 济贫院居住者与赤贫现象 15, 17–18

political and media portrayals of, 政治刻画与媒体刻画 176–177

statistics, 统计 175

See also digital poorhouse; poorhouses, 参见数字济贫院; 济贫院

poverty profiling, 贫困定性 158

predictive analytics, 预测分析 9, 16, 136, 181–183

predictive risk models, 风险预测模型 3, 9, 11–12, 127, 181–182, 185

and call screening, 电话筛查 11, 154

and constitutional rights, 宪法权利 164

and human bias, 人类偏见 167

and human vs. automated discretion, 人类自由裁量 v. 自动裁量 168

outcome variables, 结果变量 143–144, 167

predictive variables, 预测变量 144–145

proxies, 测算指标 143–146, 155, 167

risk for everyone, 人人皆有风险 152

validation data, 验证数据 145–146

See also Allegheny Family Screening Tool (AFST), 阿勒格尼县家庭筛查工具

pre-empting politics, 取代政治 197–200

Priddy, Albert, 阿尔伯特·普里迪 23

prioritization in homeless services, 无家可归服务私营化 91–93, 97–98, 123, 126

privacy, 隐私 29, 31, 78, 94, 112,

and class, 阶级 156, 158, 167

data, 数据 11, 187–188

and eligibility rules, 资格限定规则 31, 78

and homelessness, 无家可归 94, 112

and *King v. Smith*, 金诉史密斯案 31

and welfare, 福利 29, 78

See also confidentiality privatization, 40, 45–46, 49, 67, 75–76, 80, 179, 210

professional middle class, 职业中产阶级 5, 7, 89, 189–190, 197, 209, 216

and activism, 行动主义 207–208

backlash against welfare rights, 抵制福利权利 38

and child welfare, 儿童福利 156–157, 166–167, 182

and civil rights movement, 民权运动 202–203

and denial of poverty, 贫困否认 176

and economic borderlands, "经济边境" 205–206

and ethical distance from poverty, 道德上与穷人保持距离 13, 183

and "fear of falling", "堕落恐惧" 184

and Great Depression, 大萧条 25

and homelessness, 无家可归 123, 124, 181

and housing, 住房 86–87

middle class backlash, 中产阶级抵

223

制 38
and the New Deal, 新政 26, 29
and scientific charity, 科学慈善 22
and social movements, 社会运动 214
and welfare rights movement, 福利权利运动 32
profiling, 定性 158
public assistance See welfare and public assistance, 公共援助, 参见福利与公共援助
public housing, 公共住房 8, 86–87, 104, 124 See also affordable housing, 参见可负担住房
Putnam-Hornstein, Emily, 艾米莉·普特南-霍恩斯坦 136–137, 142, 251n17
Quincy, Josiah, III, 约西亚·昆西 17–18, 27
Rank, Mark, 马克·兰克 175
rapid re-housing, 快速重新安置计划 110–111, 113–114, 117, 180
rational discrimination, 理性歧视 190–192
Reagan, Ronald, 罗纳德·里根 33, 45, 78–80
red flagging, "标红"预警 3, 5, 7, 189
redlining, 红线 27, 191
reverse redlining, 反向红线 190–192
referral bias, 转介偏见 153
Reich, Jennifer, 詹妮弗·里奇 165
Renteria, Richard, 理查德·伦特里亚 106–109
Richmond, Mary, 玛丽·里奇蒙德 22
Riecken, Gail, 盖尔·里肯 76
right to be forgotten, 被遗忘权 187–188
Rockefeller, Nelson, 纳尔逊·洛克菲勒 35–36
Roob, Mitch, 米奇·鲁布 44–48, 67–69, 71, 73

Roosevelt, Franklin D., 富兰克林·罗斯福 25–26, 28
Rose, Gavin, 加文·罗斯 54, 59
Rysman, Molly, 莫莉·莱斯曼 109, 122
Saba, Mariella, 玛丽拉·萨巴 214
safety net, social, 社会安全网 12, 176, 199, 209
sanctions, welfare, 福利惩罚 36–37, 43, 79, 194, 211
Sandusky, Jerry, 杰瑞·桑达斯基 160
Schemm, Jessie, 杰西·斯凯姆 141
Schillinger, Ruth, 露丝·席林格 16
scientific charity, 科学慈善 21–30, 37–38
casework, 社工 22–24, 26, 29
and child welfare, 儿童福利 167–168, 183, 188
data clearinghouse, 数据清算所 24
eugenics, 优生学 22–25
origins of, 起源 21–22
relief investigation, 救济调查 24
segregation, 隔离
in housing, 住宅隔离 27, 87
in public institutions, 公共机构隔离 199
in trade unions, 公会中的隔离 27
self-determination, 自决权 5, 29, 81, 103, 181, 187, 193–194, 212
self-interest, 自身利益 189–190
Shaefer, H. Luke, H. 卢克·谢弗 209
Shapiro v. Thompson, 夏皮罗诉汤普森案 31
Shepherd, Angel, 安吉尔·谢泼德 147–152, 154, 160, 164, 173, 182, 197
Simmons, Pamela, 帕梅拉·西蒙斯 167
Simpson, Vi, 维·辛普森 69–70
Sizemore-Thompson, Tiffany, 蒂芙尼·西

# 索 引

泽莫尔 汤普森 166

Skid Row (Los Angeles)，洛杉矶贫民街 84–91，93，96，98–99，101，103–104，108，112，117–121，124

Skinner, Michael "Dan"，迈克尔·丹斯金纳 39，43–44，55，82

slavery，奴隶制 20，194

social media，社交媒体 5，139

Social Security Act of 1935，1935 年《社会保障法》26–28，198

social security number，社保号码 34，66，94，95，115，135

social sorting，社会分类 122，180，184，199

South Central LA See Los Angeles California South LA See Los Angeles, California Southern Christian Leadership Conference (SCLC)，南方基督教领袖协会 202–204，208

status crimes，身份犯罪 116–119，125

sterilization, involuntary，非自愿绝育 23–24，184，186

Stewart, Jeff，杰夫·斯图尔特 51–52

Stipes family，斯泰普斯一家 39–44，77，82，196–197

Stuart, Forrest，弗雷斯特·斯图尔特 88，118

Suess, Jacquelyn Bowie，杰奎琳·鲍伊·苏斯 59

Supplemental Nutrition Assistance Program (SNAP)，补充营养援助项目 10，49–50，53，55–57，59–60，80，155–156，175 See also food stamps surveillance，参见食品券监控使用 7–9，11，12，28，33，117，119，121–122，138，152，161，190，193–194，200，203，209–210，213–214

Talley, Monique，莫妮克·塔莉 96–98，103，109

task-based case management system，基于"任务"的个案管理制度 62，74，76

Taylor, Linda，琳达·泰勒 78–79

"technology poor"，"远离科技" 8

Temporary Assistance to Needy Families (TANF)，贫困家庭临时援助计划 7，10，36–37，45–46，48，59–60，80，82，155–156，175，179

Thomas, George，乔治·托马斯 102

Tillmon, Johnnie，约翰尼·蒂蒙 32，203

Tolley, Anne，安妮·托利 138

Tometi, Opal，欧帕尔·托米提 214

"Tough on Crime" laws，"严惩犯罪"的立法 80

Trattner, Walter，沃尔特·特拉特纳 20

triage system，分级制度 122–123，136，211

Troy, New York，纽约州特洛伊市 1，8，14–16，190

Trump, Donald，唐纳德·特朗普 184，195

truth commissions，真相委员会 207

Tyler, Dennis，丹尼斯·泰勒 67，68

Uber，优步 132，192

United States Interagency Council on Homelessness，无家可归者机构间委员会 12

United Way，联合劝募协会 44，52，55，93，115

Universal Basic Income (UBI)，全民基本收入 209–211

Universal Declaration of Human Rights，《世界人权宣言》206

urban renewal，城市复兴 124

225

See also gentrification, 参见贵族化

Vaithianathan, Rhema, 瓦伊蒂阿内森·拉赫玛 136–138, 141–142, 144–145, 170, 173, 198, 166nl

Vietnam War, 越南战争 208, 209

Villaraigosa, Antonio, 安东尼奥·维雅莱构沙 118

Volponi, Catherine, 凯瑟琳·博洛尼 157, 162, 166

Voluntary Community Assistance Network (V-CAN), 志愿社区援助网 65–66, 69

Vulnerability Index-Service Prioritization Decision Assistance Tool (VI-SPDAT), 弱势指数——服务优先级决策辅助工具 93–95, 97–98, 101–102, 107–109, 112, 115, 121, 126, 181, 185

Wagner, David, 大卫·瓦格纳 20n2

Walters, Paul M., 保罗·M. 沃尔特斯 100

Ware, Nathanial, 纳撒尼尔·韦尔 20

Welch, Peggy, 佩吉·韦尔奇 69–70

welfare and public assistance, 福利与公共补助
　　benefits as personal property, 作为个人财产的福利 58
　　and due process, 正当程序 31, 58–59, 74, 83
　　eligibility modernization, 福利资格审查现代化 48–55, 67–73, 76–82
　　eligibility rules for, 资格限定规则 28–29, 31, 33, 78
　　and "mop–up" programs, 扫尾项目 28
　　and privatization, 私营化 40, 45–46, 49, 67, 75–76, 80, 179, 210
　　racial discrimination in, 种族歧视 27–33, 80–81, 190–192, 204, 205
　　sanctions, 制裁 36–37, 43, 79, 194, 211
　　social insurance as distinct from public assistance, 有别于公共援助的社会保险 28–29
　　and voluntary resettlement plan, 自愿移居安置计划 35
　　"welfare queen" stereotype, "福利女王"刻板印象 78–79
　　See also individual programs

welfare diversion, 福利移转 82–83, 179–180, 181, 183, 189–190, 194

welfare rights movement, 福利权利运动 30–34
　　and Adequate Income Act, 《充分收入法》32, 210
　　backlash against, 抵制 33–34, 37, 177, 178, 197
　　Mothers for Adequate Welfare, 充分母亲福利组织 30
　　National Welfare Rights Organization (NWRO), 全国福利权利组织 31–32, 203
　　success of, 成功 31, 58, 78, 197, 203

West, Terry, 特里·韦斯特 50

White, Magner, 马格纳·怀特 86

white supremacy, 白人至上 23, 26, 28, 30

Wilde, Dylan, 迪伦·王尔德 101

Willis, Tom, 汤姆·威利斯 78

Wilmot, William, 威廉·威尔默特 16

Wong, Julia Carrie, 茱莉亚·凯利·王 192

Workflow Management System (WFMS), 工作流管理系统 61–62

Works Progress Administration (WPA), 公共事业振兴署 26

World Courts of Women，世界妇女法庭 206–207

World War II，第二次世界大战 24，86，104，186

Xerox，施乐公司 76

Yates，John Van Ness，约翰·范内斯·耶茨 15

Yellow Pages test，黄页检测 45

Young, Omega，欧米加·扬 77–78, 81–82

Zimmerman, Roger，罗杰·齐默尔曼 71

Zuckerberg, Mark，埃隆·马斯克 210

### 图书在版编目(CIP)数据

自动不平等：高科技如何锁定、管制和惩罚穷人/(美)弗吉尼亚·尤班克斯著；李明倩译. —北京：商务印书馆，2021 (2021.11 重印)
(法律与科技译丛)
ISBN 978-7-100-19506-5

Ⅰ.①自… Ⅱ.①弗… ②李… Ⅲ.①数字技术—应用—法律—研究 ②法律—平等观—研究 Ⅳ.①D9-39

中国版本图书馆 CIP 数据核字(2021)第 035164 号

**权利保留，侵权必究。**

法律与科技译丛
**自动不平等**
——高科技如何锁定、管制和惩罚穷人
〔美〕弗吉尼亚·尤班克斯　著
李明倩　译

商 务 印 书 馆 出 版
(北京王府井大街36号　邮政编码100710)
商 务 印 书 馆 发 行
北 京 冠 中 印 刷 厂 印 刷
ISBN 978-7-100-19506-5

2021年4月第1版　　　　　开本 710×1000 1/16
2021年11月北京第3次印刷　印张 14¾ 插页 2

定价：78.00元